T0053290

DESCARGA
GRATUITA

OBRAS *escogidas*
de
TERTULIANO

· APOLOGÍA CONTRA GENTILES ·
· EXHORTACIÓN A LOS MÁRTIRES ·
· VIRTUD DE LA PACIENCIA ·
· LA ORACIÓN CRISTIANA ·
· LA RESPUESTA A LOS JUDÍOS ·

EDITOR:
Alfonso Ropero

editorial clie

EDITORIAL CLIE
Ferrocarril, 8
08232 VILADECAVALLS
(Barcelona) ESPAÑA
E-mail: clie@clie.es
www.clie.es

Editado por: Alfonso Ropero Berzosa

OBRAS ESCOGIDAS DE TERTULIANO
ISBN: 978-84-944527-2-7
Depósito Legal: B 16835-2016
Teología cristiana
Historia
Referencia: 224993

Impreso en USA / *Printed in USA*

ÍNDICE GENERAL

Prólogo a la Colección *PATRÍSTICA*

A la Iglesia del siglo XXI se le plantea un reto complejo y difícil: compaginar la inmutabilidad de su mensaje, sus raíces históricas y su proyección de futuro con las tendencias contemporáneas, las nuevas tecnologías y el relativismo del pensamiento actual. El hombre postmoderno presenta unas carencias morales y espirituales concretas que a la Iglesia corresponde llenar. No es casualidad que, en los inicios del tercer milenio, uno de los mayores *best-sellers* a nivel mundial, escrito por el filósofo neoyorquino Lou Marinoff, tenga un título tan significativo como *Más Platón y menos Prozac;* esto debería decirnos algo...

Si queremos que nuestro mensaje cristiano impacte en el entorno social del siglo XXI, necesitamos construir un puente entre los dos milenios que la turbulenta historia del pensamiento cristiano abarca. Urge recuperar las raíces históricas de nuestra fe y exponerlas en el entorno actual como garantía de un futuro esperanzador.

"La Iglesia cristiana –afirma el teólogo José Grau en su prólogo al libro *Historia, fe y Dios*– siempre ha fomentado y protegido su herencia histórica; porque ha encontrado en ella su más importante aliado, el apoyo científico a la autenticidad de su mensaje". Un solo documento del siglo II que haga referencia a los orígenes del cristianismo tiene más valor que cien mil páginas de apologética escritas en el siglo XXI. Un fragmento del Evangelio de Mateo garabateado sobre un pedacito de papiro da más credibilidad a la Escritura que todos los comentarios publicados a lo largo de los últimos cien años. Nuestra herencia histórica es fundamental a la hora de apoyar la credibilidad de la fe que predicamos y demostrar su impacto positivo en la sociedad.

Sucede, sin embargo –y es muy de lamentar– que en algunos círculos evangélicos parece como si el valioso patrimonio que la Iglesia cristiana tiene en su historia haya quedado en el olvido o incluso sea visto con cierto rechazo. Y con este falso concepto en mente, algunos tienden a prescindir de la herencia histórica común y, dando un «salto acrobático», se obstinan en querer demostrar un vínculo directo entre su grupo, iglesia o denominación y la Iglesia de los apóstoles...

¡Como si la actividad de Dios en este mundo, la obra del Espíritu Santo, se hubiera paralizado tras la muerte del último apóstol, hubiera permanecido inactiva durante casi dos mil años y regresara ahora con su grupo! Al contrario, el Espíritu de Dios, que obró poderosamente en el nacimiento de la Iglesia, ha continuado haciéndolo desde entonces, ininterrumpidamente, a través de grandes hombres de fe que mantuvieron siempre en alto, encendida y activa, la antorcha de la Luz verdadera.

Quienes deliberadamente hacen caso omiso a todo lo acaecido en la comunidad cristiana a lo largo de casi veinte siglos pasan por alto un hecho lógico y de sentido común: que si la Iglesia parte de Jesucristo como personaje histórico, ha de ser forzosamente, en sí misma, un organismo histórico. *Iglesia* e *Historia* van, pues, juntas y son inseparables por su propio carácter.

En definitiva, cualquier grupo religioso que se aferra a la idea de que entronca directamente con la Iglesia apostólica y no forma parte de la historia de la Iglesia, en vez de favorecer la imagen de su iglesia en particular ante la sociedad secular, y la imagen de la verdadera Iglesia en general, lo que hace es perjudicarla, pues toda colectividad que pierde sus raíces está en trance de perder su identidad y de ser considerada como una secta.

Nuestro deber como cristianos es, por tanto, asumir nuestra identidad histórica consciente y responsablemente. Sólo en la medida en que seamos capaces de asumir y establecer nuestra identidad histórica común, seremos capaces de progresar en el camino de una mayor unidad y cooperación entre las distintas iglesias, denominaciones y grupos de creyentes. Es preciso evitar la mutua descalificación de unos para con otros que tanto perjudica a la cohesión del Cuerpo de Cristo y el testimonio del Evangelio ante el mundo. Para ello, necesitamos conocer y valorar lo que fueron, hicieron y escribieron nuestros antepasados en la fe; descubrir la riqueza de nuestras fuentes comunes y beber en ellas, tanto en lo que respecta a doctrina cristiana como en el seguimiento práctico de Cristo.

La colección PATRÍSTICA nace como un intento para suplir esta necesidad. Pone al alcance de los cristianos del siglo XXI, lo mejor de la herencia histórica escrita del pensamiento cristiano desde mediados del siglo I.

La tarea no ha sido sencilla. Una de las dificultades que hemos enfrentado al poner en marcha el proyecto es que la mayor parte de las obras escritas por los grandes autores cristianos son obras extensas y densas, poco digeribles en el entorno actual del hombre postmoderno, corto de tiempo, poco dado a la reflexión filosófica y acostumbrado a la asimilación de conocimientos con un mínimo esfuerzo. Conscientes de esta realidad, hemos dispuesto los textos de manera innovadora para que, además de resultar asequibles, cumplan tres funciones prácticas:

1. Lectura rápida. Dos columnas paralelas al texto completo hacen posible que todos aquellos que no disponen de tiempo suficiente puedan, cuanto menos, conocer al autor, hacerse una idea clara de su línea de pensamiento y leer un resumen de sus mejores frases en pocos minutos.

2. Textos completos. El cuerpo central del libro incluye una versión del texto completo de cada autor, en un lenguaje actualizado, pero con absoluta fidelidad al original. Ello da acceso a la lectura seria y a la investigación profunda.

3. Índice de conceptos teológicos. Un completo índice temático de conceptos teológicos permite consultar con facilidad lo que cada autor opinaba sobre las principales cuestiones de la fe.

Nuestra oración es que el arduo esfuerzo realizado en la recopilación y publicación de estos tesoros de nuestra herencia histórica, teológica y espiritual se transforme, por la acción del Espíritu Santo, en un alimento sólido que contribuya a la madurez del discípulo de Cristo; que esta colección constituya un instrumento útil para la formación teológica, la pastoral y el crecimiento de la Iglesia.

Editorial CLIE

Eliseo Vila
Presidente

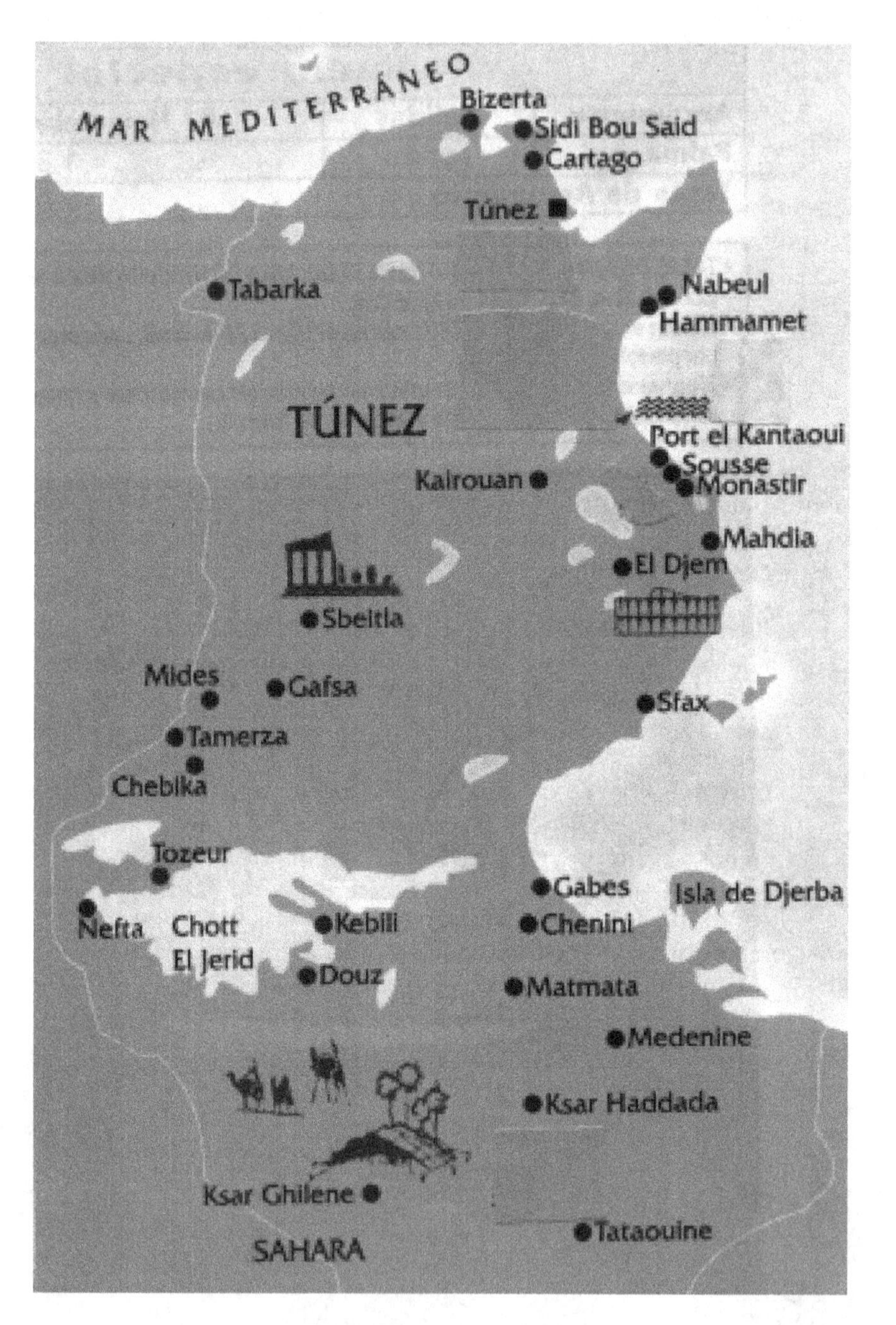

Cartago en la actual Túnez,
antigua África proconsular

Introducción
Tertuliano,
el triunfo de la fe

Tertuliano es el primer escritor latino del cristianismo. Gladiador de la palabra, toma la ley romana y arremete contra sus jueces.

Tertuliano es el primer escritor latino del cristianismo. Su formación fue jurídica, pero estaba al tanto de la filosofía, la historia y la ciencia de su tiempo, propio del nuevo tipo de sabio cristiano que, desde el centro de la cruz se abre a las inquietudes humanas con afán transfigurador, "derribando argumentos y toda altivez que se levanta contra el conocimiento de Dios, y llevando cautivo todo pensamiento a la obediencia a Cristo" (2ª Co. 10:5). Buen conocedor del griego y del latín, propio de personas cultas, Tertuliano toma de la ley romana los argumentos del derecho que, unido a su cultura filosófica y literaria, le convierten en un contrincante implacable y revolucionario, cuyo principal punto de apoyo y final consiste en la superior excelencia moral del carácter cristiano sometido a difamación y persecución ilegal de sus enemigos, por más que los edictos persecutorios partan de la autoridad legalmente establecida.

Gladiador de la palabra, Tertuliano arremete contra sus jueces convenciéndolos por todos los medios y maneras de que ellos eran más culpables que aquellos a quienes juzgan. Ni una sola vez trata de ganarse su favor, sino de poner al descubierto su duplicidad, su falta de consecuencia lógica, su vanagloria; no sabemos si convenció a alguno, pero ciertamente irritó a muchos. Tertuliano no pide perdón ni ofrece excusas por ser cristiano, sino que defiende el cristianismo exponiendo los absurdos e injusticias de sus acusadores, precisamente aquellos que falsamente atribuyen a los cristianos; como buen abogado sabe que la mejor defensa es el ataque. Observa el movimiento del enemigo para devolverle el golpe y convierte cada acusación en un arma afilada que se vuelve contra sus autores. Si alguna vez parece que se pone en el lugar de los jueces y se muestra comprensivo con ellos, forzados por el pueblo a dar espectáculos a costa de los cristianos, en seguida

Tertuliano va más allá de una simple defensa de la fe cristiana. No pide clemencia para los mártires, demuestra que son más sensatos, más éticos, más útiles al gobierno y a la sociedad que la mayoría de sus conciudadanos.

arremete contra ellos y les acusa de querer congraciarse con el pueblo mediante sentencias de condenación a tortura y muerte.

Comparte con sus contemporáneos una indubitable creencia en los demonios a los que, como cristiano, atribuye la persecución de la que es objeto la verdad cristiana, pues el Diablo es mentiroso y padre de mentira (Jn. 8:44). La muerte por el testimonio de Jesús, el martirio, es considerado por los creyentes como un combate contra Satanás. Tienen conciencia de que lo que está en juego es superior a ellos. De ahí el furor rabioso de los ataques injustificados. Es Cristo quien, por ellos y en ellos, se enfrenta al mal. No son ellos los que únicamente sufren, Cristo sufre en ellos. Pero es el sufrimiento de la victoria, del justo por los injustos. "Somos vencedores muriendo y escapamos cuando sucumbimos" (*Apología* L, 3).

Se le ha considerado extremista, riguroso, mordaz, inflexible. Y lo es en relación directa a su idealismo y su amor a la verdad y la justicia que siente pisoteada, silenciada y triturada sin lugar a la defensa. Tertuliano, buen soldado de la fe, no rehúye la confrontación y la muerte consiguiente, pero le duele ser silenciado sin que se le ofrezca la oportunidad de defenderse al menos. A Tertuliano le duele la ignorancia de los jueces del cristianismo. Entiende la furia del populacho, pero no puede aceptar la deserción de los administradores de justicia de los principios básicos del procedimiento jurídico.

Como adivinando que, por la naturaleza de las cosas y del ser humano, sus peticiones de justicia iban a ser ignoradas por sus jueces y críticos, Tertuliano presenta algo más que una defensa de la fe cristiana. No pide medrosamente un derecho a la vida y al respeto, hace ver que el mismo hecho de negárselos constituye la mayor prueba de injusticia y error que se pueda dar en la sociedad que persigue a los cristianos, ya que, sin lugar a dudas, los cristianos son más útiles al gobierno, más sensatos, más éticos que la mayoría de sus conciudadanos. Los dioses gentiles son héroes divinizados, la Divinidad cristiana convierte en héroes a los creyentes. Tertuliano fustiga implacablemente a sus probables lectores gentiles, se burla de sus dioses, de sus tradiciones, expone sus vicios, sus faltas. Tertuliano no pide perdón por nada, sino que parece reclamar una petición de perdón de quienes con tanta saña como injusticia persiguen a hombres y mujeres tan inocentes, valerosos, honrados y veraces como los cristianos. Si en una ocasión dice, respecto a la filosofía, ¿qué tiene que ver Jerusalén con Atenas?, en esta pregunta, ¿qué tienen que ver los cristianos con los gentiles?

Más que un rigorista, Tertuliano es un triunfalista. No se lamenta ni suplica, escribe como quien está seguro de la victoria inminente, en el triunfo de la fe.

Sólo un idealista podía escribir como él acerca de las virtudes del nuevo hombre cristiano. Elogió de corazón la vida de sus hermanos, hombres y mujeres, que aman y cuidan sinceramente unos de otros. Para él los cristianos representan el nuevo tipo de hombre que la humanidad estaba reclamando. Superiores sin soberbia, porque la suya es la superioridad del espíritu, de la santidad, de la *inocencia,* en el sentido propio y etimológico de la palabra: no ser nocivo, no dañar a nadie. Al final este tipo de hombre acabaría por imponerse a la fuerza del imperio, no por ardides políticos, sino por el mismo valor de su espíritu, de sus ideales, de su limpieza de miras.

Más que un rigorista, y quizás por ello, Tertuliano es un triunfalista. Él no podía prever los años que aún restaban a los cristianos de sufrir una persecución tras otra, hasta el triunfo definitivo de la Iglesia perseguida sobre el Imperio perseguidor; sin embargo, Tertuliano escribe como quien está seguro de la victoria, por eso no se lamenta, ni suplica, está firmemente convencido de la justicia y la verdad de su caso, y por lo tanto en la victoria inminente, en el triunfo de la fe. Por ella hay que purificarse y mantenerse firme.

El escrito dirigido al procónsul Escapula, entre los años 202-212, con motivo de una fiera y cruel persecución, representa el último grito de triunfo del viejo gladiador de la palabra: "Cuanto más nos abatís, más nos levantamos. No devolvemos mal por mal, pero os lo advierto: ¡No luchéis contra Dios!" A los oídos de sus enemigos todo esto sonaba a insolencia, a amenaza incluso, como cuando Tertuliano, tanto en su primera como en su última apología, insinúa que por su número los cristianos serían capaces de levantarse contra el imperio y echarlo a perder si no fuera porque les estaba prohibido en sus Escrituras. Con sólo negarse a trabajar, los cristianos pondrían en peligro todo el sistema imperial de comercio y dominio.

Coliseo romano de El Djem,
en el África proconsular, actual Túnez

El cristianismo en África romana

Procedente de África se supone que el Evangelio pasó a España a través de miembros del ejército romano; lo que constituyó un importante medio de cristianización.

No sabemos cómo llegó el Evangelio al norte de África, esa franja del Mediterráneo que va de la actual Libia hasta Marruecos, con su centro de gravedad en Cartago (en la actual Túnez); sólo podemos decir que para el siglo II, los cristianos se contaban por miles. El Evangelio prosperó de tal modo que se expandió hacia las tierras vecinas de la Península Ibérica. Pues, dejando a un lado la fabulosa leyenda de la evangelización de España por parte de Santiago y la más que probable visita de Pablo a las colonias mediterráneas, el cristianismo entró en España desde África, quizá por un medio tan relativamente sorprendente como el ejército romano, que en más de una ocasión y lugar constituyó un decisivo vehículo de cristianización. Se explica, por el contacto a que obliga la vida castrense y por los frecuentes traslados de unidades, que transportan consigo nuevas ideas y costumbres, o el veterano licenciado que trae de regreso al hogar el conocimientos de otras gentes y otras creencias.

Parece que la *Legio Vll Gemina* estacionada al norte de África fue diseminada por el norte de la Península Ibérica, por la zona de Astorga-León, Mérida y Zaragoza, donde para el año 254 se documentan comunidades cristianas. Marcelo, centurión de la *Legio VII Gemina,* posiblemente de origen hispánico, fue martirizado en Tánger por su fe cristiana. Soldados mártires de la mencionada legión fueron Prudencio, Celedonio y Emeterio.

Félix, un misionero cristiano del norte de África disfrazado de mercader, predicó en Ampurias y fue martirizado en Gerona. Cucufate, otro predicador cristiano procedente de África, lo fue en Barcelona.

Al lado del ejército tenemos también el comercio y los comerciantes como factores estratégicos de expansión de las doctrinas cristianas. Mercaderes de antiguo, los norteafricanos mantenían una estrecha relación comercial con los peninsulares de Iberia. Dos de ellos, Cucufate y Félix, fueron martirizados en Barcelona y Gerona, respectivamente. Félix era en realidad un misionero africano disfrazado de mercader, que predicó en Barcelona, Ampurias y Gerona. Cucufate, o Cugat, nació en Scillis, de padres nobles y cristianos, y fue de África a Barcelona. Por las ciudades de donde proceden los mártires de la persecución de Diocleciano: Barcelona, Gerona, Zaragoza, Valencia, Calahorra, León, Mérida, Sevilla, Alcalá de Henares, Córdoba y Toledo, se deduce que el cristianismo había hecho progresos en ciudades de la costa o situadas en las grandes vías de comunicación mercantil (cf. Luis García Iglesias, en *Historia de España Antigua,* t. II, *Hispania Romana,* cap. XX. Ed. Cátedra, Madrid 1978; A. Tovar, A. y J. M. Blázquez, *Historia de la Hispania romana.* Alianza, Madrid 1980, 2ª ed.).

El abandono del pueblo beréber, ganado posteriormente por el Islam, motivó la desaparición del cristianismo en esa área

Tristemente, el cristianismo en el norte de África olvidó a las tribus beréberes y las abandonó a su suerte. Fue un grave error que años después se convirtió en la semilla de la expansión del Islam.

Volviendo a Cartago, lugar de nacimiento de Tertuliano, sabemos que por aquellas fechas tenía una población numerosa y contaba con riquezas iguales a Roma. La población de Cartago, fundada de antiguo por colonizadores fenicios, consistía básicamente en tres grupos: los romanos, que formaban la clase alta con el monopolio de la propiedad y de las grandes empresas comerciales, los fenicios o púnicos, que formaban la clase media, y los beréberes indígenas, en su mayoría agricultores y obreros. Se hablaban tres idiomas, berberisco, púnico y latín. Los cristianos pertenecían en su mayoría a la clase romana, seguidos de los púnicos. Los beréberes, de etnia africana, empujados hacia el norte por la desertización del Sahara, apenas si conocían la fe cristiana. Nada en absoluto en las ciudades del interior. El cristianismo era predominantemente urbano y latino. Los beréberes hablaban distintos dialectos, que los hacía menos receptivos e interesados por el cristianismo de corte y lengua romana. Por lo general apoyaron casi todas las doctrinas y movimientos que se opusieron a Roma, donatistas y montanistas, herejías de corte puritano que pervivieron en África durante siglos, constituyéndose en una verdadera amenaza para la Iglesia. Por el lado social, los beréberes pasaron a formar parte de los *circumceliones*, bandas de campesinos sin tierra que vivían de la práctica del bandolerismo y que tuvieron en jaque a las legiones romanas, siendo el terror de los grandes propietarios. Como hicimos notar en nuestra introducción a la obra de Agustín de Hipona (cf. *La utilidad de creer*), el abandono del pueblo beréber constituyó el mayor error de la Iglesia, siendo la causa de la desaparición del cristianismo en el norte de África con la aparición del Islam y la conversión en masa de los beréberes al mismo.

La población cristiana de África del Norte fue mayor que la de ninguna otra parte del Imperio, con la excepción de Asia Menor, cuna del montanismo. Cuando los césares iniciaron la persecución del cristianismo, África se convirtió en una especie de refugio para los huidos de Roma, debido a la paz relativa que disfrutaba. Las conversiones se multiplicaban, llamando la atención de las autoridades y del pueblo, que no veían con buenos ojos una creencia tan radicalmente contraria a las costumbres y las divinidades populares. A finales del siglo II la persecución estalló violenta, atroz y letal. El procónsul Vigelio Saturnino fue "quien primero usó aquí la espada contra nosotros" (Tertuliano, *A Scapulam*, III). El primer relato que nos ha llegado de un martirio se refiere a siete hombres y cinco mujeres de la ciudad de Escilia en Numidia, todos con nombres latinos, que fueron ejecutados en Cartago.

Al iniciarse las persecuciones, los senadores dictaminaron que no se oyese a los cristianos en su defensa, siendo reos de muerte por el solo nombre de "cristianos". Tertuliano escribe con letras empapadas en sangre.

La persecución solía surgir por un motivo ajeno a la fe, la celebración de una victoria, por ejemplo, en honor del César y los dioses del Imperio. Se difundió el rumor de que los cristianos se apartaban de las fiestas en honor del emperador por ser parte de una conjuración contra el mismo. ¿Acaso no despreciaban los cristianos la sociedad presente en nombre de otra futura mejor? No había más que decir. El pueblo, como suele ocurrir en estas ocasiones, pidió la cabeza de los cristianos y, por si no se le daba, decidió cortarlas él mismo. Las autoridades, siguiendo una política de no resistir al pueblo, se plegaba a los deseos del mismo y solían concederles lo que querían bajo viso de legalidad. El Senado dictaminó el modo de llevar a cabo la represión de los cristianos. No pudo ser más malévolo. Los senadores dictaminaron que no se oyese a los cristianos en su defensa, siendo reos de muerte por el solo nombre de "cristianos". El pueblo salía desbocado por las calles, entregado a una orgía de sangre y muerte. Se degollaba, abrasaba y despedazaba a los cristianos. Todo era horror, llanto, gemidos de inocentes, sangre pura miserablemente derramada. Bien se ha dicho que Tertuliano escribe con letras empapadas en la sangre de sus hermanos de fe.

Pero si la actuación del pueblo era condenable, más lo era la de las autoridades que la permitían o hacían bien poco para impedirla, violando así la ley de justicia criminal, como Tertuliano les echa en cara una y otra vez. Como vemos en el caso de los plateros de Éfeso que vivían del culto local a Diana, los primeros en sentirse amenazados con el crecimiento del cristianismo eran los artesanos y negociantes que vivían del culto pagano a los dioses, astrólogos, videntes y nigromantes. Sin embargo, como escribe Ludwig Hertling, lo que más debió influir sobre la opinión pública fue la actitud del gobierno. "Por lo común, el hombre corriente no está en situación de mantener por mucho tiempo una opinión distinta de la de sus autoridades. Muchos pensarían: no sé lo que serán los cristianos, pero sus razones tendrá el gobierno para proceder una y

Tertuliano nació en el norte de África Cartago (actual Túnez) unos años antes del 160 d.C., hijo de un centurión romano al servicio proconsular. Estudió leyes y se convirtió en un famoso y reconocido experto en derecho romano.

otra vez con tanto rigor contra ellos" (*Historia de la Iglesia,* p. 71. Herder, Barcelona 1979, 6ª ed.).

Ningún delito podía imputarse a los cristianos, excepto *llamarse* tales. Una incomprensible y banal "guerra por causa del nombre" (Tertuliano, *Apología* II, 18) llevada con más o menos eficacia por los funcionarios del Imperio sin remordimientos de conciencia, tranquilizados por la reacción del pueblo siempre deseoso de carne fresca para el circo y las fieras. Muchos historiadores de la Iglesia se han esforzado en encontrar las causas legales de las persecuciones, dado el sentido jurídico que los romanos dieron a todas sus actuaciones, pero no hubo ninguna otra que el odio al nombre "cristiano" mantenido por la inercia de los funcionarios. "Los cristianos fueron reprimidos por la autoridad imperial por el simple hecho de declararse seguidores de un cabecilla subversivo juzgado, condenado y justiciado. Es decir, en la terminología de la época, por el simple nombre de cristianos" (José Montserrat Torrents, *El desafío cristiano, las razones del perseguidor,* p. 44. Anaya & Mario Muchnik, Madrid 1992).

Ningún lector moderno puede leer las actas de los mártires, o la misma *Apología* de Tertuliano sin percibir el horror que suponía ser juzgado por cristiano, sin posibilidad de defensa, entregado al verdugo sin causa. Tanta ceguera y tanta crueldad, aun admitiendo las razones del Estado perseguidor, desacreditan al Imperio romano y nos llevan a cuestionar una y otra vez la racionalidad del ser humano.

Vida y obra

Quinto Septimio Florencio Tertuliano nació aproximadamente unos años antes del 160 d.C., en Cartago. Hijo de un centurión en el servicio proconsular tuvo la oportunidad de acceder a los estudios superiores que la sociedad tenía reservada entonces a los afortunados. Leyó los poemas de Homero y estudió los sistemas filosóficos, por cuyos autores sentía poca simpatía en cuanto personas sometidas a muchas debilidades de carácter moral. Al parecer, Tertuliano desarrolló en su infancia un fuerte sentido del deber y el ideal. Acabados sus estudios fue a pasar un tiempo en Roma, donde ejercitar su profesión, "famoso y distinguido experto en ley romana" (Eusebio, *Hist. Ecl.* II, 2).

Conocía tanto el latín como el griego, aunque hasta nosotros no ha llegado ningún trabajo de los que escribió en esta lengua. Pagano por educación y nacimiento, compartía con el resto de sus conciudadanos los prejuicios comunes contra el cristianismo hasta bien entrado en la mitad de su vida. Hacia 195-197 se convirtió al cristianismo, y desplegó una incansable e impetuosa actividad literaria en defensa y explicación de su fe recién hallada.

Pagano por educación y nacimiento, sintió –como Pablo– aversión al cristianismo hasta la mitad de su vida. Hacia 195-197 abrazó la fe, sin que se conozcan las causas exactas que le impulsaron a tomar esa decisión: quizás el ejemplo heroico de los mártires.

No conocemos los motivos exactos que le llevaron a dar un paso tan importante como la conversión a un grupo de gentes que se consideraba la hez de la tierra. Al parecer fue atraído por la constancia y fortaleza de los cristianos en el martirio, como podría deducirse de su escrito a Escapula: "No tenemos ningún señor, sino Dios. Él está ante usted, no puede ocultarse de usted y, sin embargo, usted no le puede hacer ningún daño. Pero esos a quienes considera como señores son sólo hombres, y un día ellos mismos deben morir. Por contra, esta comunidad será eterna, puede estar seguro; justamente en el tiempo de su abatimiento se levantará con más poder. *Todos los que han presenciado la noble paciencia de sus mártires, como golpeados con dudas, han sido inflamados con el deseo de examinar la materia en cuestión; y tan pronto como conocen la verdad, se enrolan directamente como sus discípulos*" (*A Scapulam*, V). ¿Acaso no fue Tertuliano quien acuñó la célebre frase "semilla es la sangre de cristianos"?

La conversión de Tertuliano debió tener lugar en la ciudad de Cartago y no en Roma, donde tenía su residencia habitual. Es demasiado tentador imaginar sus circunstancias. Debió ocurrir algo inusitado para que un hombre de su educación y temperamento abandonara su carrera jurídica, próspera y distinguida, para ponerse al servicio de un culto religioso popularmente despreciado. "Había recibido el mejor tipo de educación literaria romana que lo constituía en un maestro de la lengua latina y hasta competente en la lengua griega. Se había ido de Cartago a Roma para completar su preparación y practicar su profesión. Había sido lo que los romanos llamaban un *causidicus*, un procurador de los tribunales, y al parecer, de los que tenían mucho éxito. ¿Habría sido en alguna ocasión en que algún cristiano haya sido arrastrado ante el tribunal romano y condenado sumariamente a ser ejecutado, que la atención de Tertuliano se fijó por primera vez en el cristianismo?

Nombrado presbítero de la iglesia de Cartago, se unió a los montanistas, de los cuales se separó después para formar con sus seguidores un grupo de "tertulianistas" que subsistió hasta los días de Agustín.

El procedimiento tan severo, ¿habrá despertado un innato sentido de justicia y su admiración por la noble fortaleza de los religiosos perseguidos?" (S. Jackson Case, *Los forjadores del cristianismo*, p. 92. CLIE, Terrassa 1987).

Nombrado presbítero de la iglesia de Cartago alrededor del año 200. Llevado por sus posturas rigoristas se une a la secta montanista en el año 206, aproximadamente, sin romper en todo con la iglesia. Situación que se mantiene hasta el 211-212 cuando se separa definitivamente de la Iilesia. Inquieto hasta el final, en ese afán de idealidad no siempre atemperado por las realidades terrestres, dada su independiente posición económica, también se separó de los montanistas y se hizo de un número de seguidores conocidos como "tertulianistas", que perduraron hasta los días de Agustín, que logró reconciliarlos con la iglesia. No se conoce la fecha del fallecimiento de Tertuliano, pero según Jerónimo vivió hasta alcanzar la vejez extrema. La fecha de su muerte se calcula entre el año 220 y 240.

Obras y contenido

1) Período católico. Escritos apologéticos (c. 197-198):

Ad martyres; Apologeticum; De Testimonio animae; Ad nations; Adversus judaeos.

2) Escritos de doctrina y controversia en el mismo período:

De oratione; De baptismo; De poenitentia; de spectaculis; De cultu feminarum; De idolatría; De patientia; Ad uxorem; De praescriptione haereticorum; Adv. marcionem.

3) Período montanista.

a) Escritos en defensa de la Iglesia y sus enseñanzas (c. 202-203):

De Corona; De fuga in persecutione; De exhortatione castitatis;

b) Escritos varios:

De virginibus velandi (203-204); *Adv. Marcion* (206); *Adv. Hermogenem; Adv. Valentinianos; de carne Christi; De resurretione carnis; De pallio; De anima* (208-209); *Scorpiace* (212); *Ad Scapulam* (212); *De monogamia; De jejunio; De pudicitia; Adv. Praexeas* (223).

a) La persecución y el martirio

La *Exhortación a los mártires* más que un tratado es un discurso dirigido por Tertuliano a los cristianos encarcelados por la fe en la ciudad de Cartago, por los meses de enero y febrero del año 197 para animarlos a perseverar en su confesión y merecer la gracia del martirio. Es la más antigua de las obras, de las que han llegado hasta nosotros, de este fecundo autor. Precede en algunos meses a su *Apología* o *Apologeticum* que tanta celebridad le alcanzó no sólo entre sus contemporáneos, sino también ante la posteridad. "Antes de dirigir su alegato a los jueces imperiales y antes de redactar aquel otro documento a todos los pueblos –*Ad nations*–, en defensa de miles de inocentes, parece que hubiera sentido la necesidad de volverse hacia los que quería defender para consagrarles todo su ingenio, su elocuencia y su afecto" (A. Seage). Comienza su escrito disculpándose por la humildad de su persona, recién llegada a la fe, e indicando el carácter de su ofrenda. Les pide que mantengan entre ellos la paz y la concordia para poder gozar de la fortaleza del Espíritu Santo y proporcionar con su conducta esos mismos bienes a la comunidad creyente. Como soldados de Cristo deben considerar la cárcel, en la que se encuentran, como la palestra o campo de entrenamiento donde han de prepararse para la batalla final y la victoria definitiva. Ahí debe fortalecerse su fe considerando que el mundo es una prisión más dañina para el alma, de lo que pueda ser la cárcel material para el cuerpo. Ahí debe acrecentarse el espíritu de oración como Daniel en el terrible foso de los leones.

Su *Exhortación a los mártires* es un discurso dirigido a los cristianos encarcelados en la ciudad de Cartago para animarlos a perseverar en la fe y merecer la gracia del martirio.

Ad nations va dirigida a un público culto, mientras que *Apologeticum* se dirige directamente a los jueces y magistrados, donde perfecciona los argumentos del anterior y le dobla en contenido. El estilo de Tertuliano es bastante difícil por lo conciso, como si no quisiera perder el tiempo en otras consideraciones retóricas secundarias. Va directamente al tema, con golpes certeros que impiden reaccionar, provocativos. Sigue el estilo comprimido de Tácito, y se convierte en creador genial de frases categóricas que serán conocidas y citadas una y otra vez: "el alma naturalmente cristiana", por ejemplo, o "semilla es la sangre de cristianos"; "un cristiano da gracias aun cuando le condenan"; "no es arrogante ni con el pobre"; "cuando vosotros nos condenáis, Dios nos absuelve".

En su *Apología contra los gentiles,* destaca la injusticia e irracionalidad del odio al cristianismo y la perversa persecución al mero nombre de "cristiano".

En estas primeras obras Tertuliano destaca la injusticia e irracionalidad del odio al cristianismo, que es una "guerra por el nombre". No hay delitos que condenar tras la acusación de profesar la fe cristiana, se trata sólo de una ilógica y perversa persecución al mero nombre de "cristiano", al que la ignorancia y malicia populares han ido acumulando todo tipo de crímenes calumniosos y falsas abominaciones. Los jueces, en lugar de actuar como es su deber, se limitan a dar por buena la opinión popular, ignorando la verdadera naturaleza del caso y de las incriminaciones. No hacen nada para investigar, aunque a veces quisieran salvar a los inculpados; luego ellos son los verdaderos culpables de infringir la ley.

El pueblo y los magistrados persiguen a los cristianos por "ateos", cuando tanto el pueblo como los jueces son precisamente los primeros en despreciar a sus propios dioses: los destierran, prohíben su adoración, se burlan de ellos en las obras teatrales. Dando fe de lo antiguo de la acusación, que representa a los cristianos adorando la cabeza de un asno, Tertuliano replica que ellos sí que adoran todas las clases de animales y dioses zoomorfos. Sobre la acusación de infanticidas responde que es el pueblo quien expone en el mercado a sus propios hijos no deseados y mata al nonato, mientras que los cristianos se cuidan de los nacidos y los no nacidos por igual.

El cristiano no desprecia la muerte por obstinación, sino por convicción y obediencia. Él prefería no morir ni ser perseguido, por eso apela a los jueces y magistrados, pero si tiene que salvar la vida a costa de negar a su Señor prefiere la muerte. Si los magistrados hicieran justicia a los cristianos, éstos se aplicarían, como es de ordinario, a sus negocios y el bien de la sociedad.

"Somos sólo de ayer, pero llenamos el mundo", dice Tertuliano triunfal. El argumento de las multitudes que se convierten al cristianismo, incluso en medio de grandes dificultades e impedimentos, es patente en Tertuliano y casi todos los escritores de su época. El propio Agustín se sintió atraído al catolicismo de su día por el gran número de creyentes que contaba en todo el mundo conocido. No es de extrañar que un escritor muy posterior dijera que lo mejor que tiene la Iglesia es su pueblo, ese pueblo anónimo y masivo que la ha salvado en las circunstancias más angustiosas.

b) La paciencia, virtud sin igual

La paciencia pertenece al grupo de obras ascéticas producidas durante sus primeros años de presbítero. Entre ellas cabe destacar sus tratados sobre *La oración, La penitencia* y *El bautismo,* con los cuales se había propuesto resumir y completar la instrucción oral dada a los catecúmenos, describiendo y profundizando el hondo y misterioso sentido moral y litúrgico que encerraban algunos ritos eclesiásticos de la iniciación cristiana.

En su tratado sobre *La virtud de la paciencia,* se dirige no tanto a los demás como a sí mismo, al confesar su carácter impaciente y de natural combativo.

El estilo del tratado sobre *La paciencia* es bastante peculiar, no parece que haya sido compuesto tanto para los demás como para sí mismo, en cuya primera línea confiesa su carácter impaciente, de natural combativo ("¡Desgraciado de mí! ¡Me abraso constantemente en el fuego de la impaciencia!"), y, por lo tanto, necesario de *recordarse* a sí mismo la necesidad de la paciencia a modo de remedio y medicina. Medita sobre las virtudes de la misma y, a partir de ella, desarrolla un punto de vista interesante sobre la psicología del primer pecado, que es la madre de todos los pecados. "¡Cuántos desastres causa la impaciencia!", dice.

No se escribe mucho sobre el tema en la actualidad, tan común a las filosofías éticas de entonces, y presente en los escritos posteriores de los grandes Padres de la Iglesia como Cipriano y Agustín; lo que hace de este breve escrito una joya primordial de la literatura moral cristiana.

Para Tertuliano la paciencia es una virtud superior e imprescindible, cuyo origen se encuentra en el mismo Dios en su trato con los hombres. Forma parte de la revelación de Cristo y se distingue de la resignación pusilánime y de la indiferencia calculada que pregonaban algunos filósofos. La paciencia según Cristo es el fundamento y corona de la vida recta, que acompaña y protege a la fe en todas las circunstancias.

El *Testimonio del alma* es, según Neander, uno de sus escritos más agudos y originales. Puesto que los paganos no atenderán a los escritos y argumentos cristianos, Tertuliano busca que presten atención a ellos mismos, según el dicho del apóstol: "No estás lejos de ser cristiano". El testimonio que el alma ofrece de Dios se encuentra en los dichos populares, indicativos del temor divino.

Hacia el año 200 escribe uno de sus tratados más brillantes contra la herejía, en el que se ocupa de un gran número de herejías surgidas en el seno de la Iglesia desde el principio.

c) Las herejías y la regla de fe

Hacia el año 200 escribió uno de sus tratados más brillantes contra la herejía, el *Liber de praescriptione haereticorum*. En él se ocupa del gran número de herejías surgidas desde el principio. No debe sorprendernos, dice, estaba profetizado. Los herejes recurren al texto para probar sus ideas, pero no es el parecer del individuo –sujeto a tantos caprichos–, sino la regla de fe de la Iglesia, la que tiene que ser aceptada sin dudas. "Deje la curiosidad paso a la fe y la vanagloria al camino de la salvación." Los herejes discuten sobre la Escritura; pero ésta prohíbe la discusión con ellos. Lo realmente verdadero es preguntarse: "¿A quién pertenece la fe? ¿De quién son las Escrituras? ¿Por quién y a quién ha sido transmitida la disciplina por la que somos cristiano?" La respuesta es simple: Cristo envió sus apóstoles, quienes "fundaron iglesias en cada ciudad, y de éstas las demás iglesias tomaron luego el retoño de la fe y la semilla de la doctrina, como lo siguen haciendo todos los días para ser constituidas como iglesias. Por esta razón éstas se tenían también por iglesias apostólicas, puesto que eran como retoños de las iglesias apostólicas" (*De praescriptione* 7). Los que sobre este fundamento edifican forman la única Iglesia fundada por los apóstoles de Cristo. Por lo tanto, el testimonio a la verdad es: "Nos comunicamos con las iglesias apostólicas". Los herejes contestarán que los apóstoles no supieron toda la verdad. ¿Algo podría ser desconocido a Pedro, el que llamaron la roca sobre la que la Iglesia debía ser construida? ¿O a Juan, quien se pone sobre el pecho del Señor? Pero ellos dirán, las iglesias han errado. Unas de verdad se equivocaron, y han sido corregidas por el apóstol; aunque para otras no tuviera nada más que alabanzas. "Pero concedamos que todas han errado: ¿Es creíble que todas estas grandes iglesias debieron haberse apartado en la misma fe?" Admitiendo esta absurdidad –que contradice la promesa del Espíritu que guía a toda verdad–, entonces todos los bautismos, dones espirituales, milagros, los martirios, han sido en vano hasta que Marción y Valentino aparecieron por fin. Más adelante, cuando él mismo se convierta en defensor de la secta montanista, repudiará la regla de fe y de vida de la Iglesia, para buscar la verdad únicamente en la inspiración carismática de los que se sienten arrebatados por una extraña nueva efusión del Espíritu.

Una serie de trabajos cortos se dirige a catecúmenos y pertenecen también a sus días católicos, entre 200 y 206. *De spectaculis* explica y probablemente exagera la imposibilidad para el cristiano de asistir a cualquier tipo de espectáculos, incluidos las carreras y las funciones teatrales, en cuanto se encuentran manchadas de idolatría, por la dedicación de los mismos o por su contenido. En otro escrito de carácter semejante, *De idolatría,* explica el porqué de la prohibición cristiana de fabricar ídolos, al tiempo que arremete contra la astrología, la venta de incienso, etc. El cristiano tiene que eludir toda contaminación demoníaca, que en última instancia está detrás de la idolatría. Entonces, se preguntan sus lectores perplejos, "¿cómo debo vivir?", a lo que Tertuliano responde con rigor que la fe no teme el hambre; por la fe debemos afrontar la muerte; ¿cuánto más dar nuestra vida?

Para Tertuliano, el bautismo es un sacramento tan serio y necesario que estima como mejor dejar que los niños se "hagan cristianos cuando sean capaces de aprender y conocer a Cristo..."

d) La importancia del bautismo

De baptismo es una instrucción sobre la necesidad de bautismo y sobre sus efectos, en una línea que preludia la teología sacramental. Establece las bases teológicas de los sacramentos como signos de la gracia y nos confirma lo que ya sabíamos por otras fuentes, y que será costumbre durante siglos: que el bautismo se administraba con regularidad por el obispo, aunque con su consentimiento podría ser administrado por presbíteros, diáconos y hasta profanos. Las ocasiones apropiadas eran las fiestas de Pascua y Pentecostés. Los catecúmenos se preparaban mediante el ayuno, la vigilia y la oración (cf. Cirilo de Jerusalén, *El sello del Espíritu. Catequesis,* de esta misma colección).

Para Tertuliano el bautismo es un sacramento tan serio y necesario para el cristiano que advierte a los que tienen el oficio de oficiar el bautismo que no lo confieran con ligereza. "Todo el que pide el bautismo puede engañar o puede engañarse, y así puede ser más conveniente demorar el bautismo según la condición y disposición de las personas, y también según la edad." En consecuencia es mejor dejar que los niños se "hagan cristianos cuando sean capaces de aprender y conocer a Cristo. ¿Para qué se apresura la edad inocente hacia la remisión de los pecados? En las cosas temporales se procede con mayor cautela: ¿Por qué confiar las cosas divinas a aquellos a quienes

Exhorta a los catecúmenos al arrepentimiento anterior al bautismo. En el acto del bautismo se les sumerge, se les unge, se les confirma con la imposición de las manos y se les hace partícipes de la Santa Cena

no se confían los bienes de la tierra? Que aprendan a pedir la salvación, para que claramente la des a los que la han pedido" (*De baptismo,* XVIII).

En el acto del bautismo se sumerge al catecúmeno, se le unge, se le confirma con la imposición de las manos y se le hace partícipe de la Santa Cena, conforme a un estricto sentido simbólico de la realidad operada en el mismo: *Caro abluitur ut anima maculetur; caro ungitur ut anima consecretur; caro signatur ut et anima muniatur; caro manus impositione adumbratur ut et anima spiritu illuminetur; caro corpore et Christi optimista vescitur ut et anima de Deo saginetur* ("La carne es lavada, para que pueda limpiar el alma; la carne es untada, que el alma pueda ser consagrada; la carne es signada [con la cruz], que el alma, también, pueda ser fortificada; la carne es sombreada con la imposición de manos, que el alma también pueda ser iluminada por el Espíritu; la carne ha de comer al cuerpo y la sangre de Cristo, para que el alma de la misma manera pueda llenarse de Dios" (*íd.* VIII).

De paenitentia exhorta a los catecúmenos al arrepentimiento anterior al bautismo. Por entonces Tertuliano admitía la posibilidad de una penitencia aun después del bautismo, postura que modificará a partir de su entrada en el montanismo rigorista, que aprovecha para atacar lo que considera la laxitud católica en conceder perdón de los pecados a los ya bautizados. A tal efecto escribió sobre el pudor (*De pudicitia),* donde mantiene que la Iglesia no puede perdonar los pecados graves o capitales, a los que nos referiremos después.

e) La vida cristiana

De oratione contiene la exposición del Padrenuestro u Oración del Señor, *totius evangelii breviarium,* a la vez que trata asuntos de moralidad pública a los que luego dedicará extensos tratados. El capítulo final de este libro es una verdadera mina de pensamiento espiritual.

De cultu feminarum es una instrucción sobre la modestia y la sencillez en el vestido. Además de estos trabajos didácticos a catecúmenos, Tertuliano escribió en el mismo período dos libros, *Ad uxorem,* en defensa del matrimonio entre cristianos.

Su tratado contra los judíos contiene alguna cronología curiosa, usada para demostrar el cumplimiento de la profecía de Daniel de las setenta semanas. La última mitad del libro es casi idéntica con el tercer libro contra Marción. *Adversus Hermogenem* está contra cierto Hermógenes, un pintor que enseñó que Dios creó el mundo de la materia que preexiste. Tertuliano reduce la cuestión al *absurdum*, y establece la creación de nada, según la Escritura y la razón.

Está contra cierto Hermógenes, un pintor que enseñó que Dios creó el mundo de la materia que preexiste. Tertuliano reduce la cuestión al *absurdum*, y establece la creación de nada, según la Escritura y la razón.

El período siguiente de la actividad literaria de Tertuliano muestra el cambio de opinión que se ha operado en él como consecuencia de su aceptación del montanismo hacia el año 207. En un primer momento no rompe abiertamente con la Iglesia, que aún no había condenado la profecía nueva. Montano y las profetisas Priscila y Maximila hacía tiempo que habían muerto. Tertuliano sostuvo que las palabras de Montano estaban realmente inspiradas por el Espíritu. A partir de entonces exagera su rigorismo y condena absolutamente el segundo matrimonio, el perdón de ciertos pecados, e insiste sobre hechos nuevos. Su enseñanza siempre se había destacado por su severidad; ahora se deleita en la dureza. Harnack y d'Alës consideran *De virginibus velandis* como el primer trabajo de este tiempo, aunque esto haya sido colocado más tarde por Monceaux y otros debido a su tono irritado. Por él vemos que la comunidad cristiana de Cartago estaba dividida por una discusión sobre si las vírgenes deberían llevar velo o no. Tertuliano y el partido pro montanista apoyaron el punto de vista afirmativo. Tertuliano declara que la "regla de fe" es inmutable, pero la disciplina es progresiva.

f) La unidad de Dios trino en el Antiguo y el Nuevo Testamento

Poco después publicó su trabajo contra Marción consistente en cinco libros. El primer libro de la edición final fue terminado en el decimoquinto año de Severo, 207. Esta controversia es la más importante para nuestro conocimiento de la doctrina de Marción. Tertuliano refuta a Marción basándose en su propio Testamento Nuevo reducido, a saber, el Evangelio de Lucas y algunas Epístolas de Pablo. A esta obra le siguió un trabajo contra los valentinianos, basado principalmente en el primer libro de Ireneo, *Adversus haereses*. Contra el marcionismo, Tertuliano defiende la unicidad del Dios creador y redentor, del Dios

Tertuliano expresa la verdadera unidad de naturaleza y de sustancia en Dios juntamente con la verdadera trinidad de personas, y al combatir el monarquianismo no cae, como los padres griegos, en expresiones de tendencia subordinacionista.

del Antiguo y del Nuevo Testamento. La misma creación material es en sí buena, manifestando en su orden y belleza la bondad de Dios, que la hizo para bien del hombre. En el tratado contra Práxeas, hereje monarquianista, Tertuliano defiende la doctrina trinitaria con fórmulas que preludian el definitivo pensamiento agustiniano en esta materia; aunque se encuentra todavía con dificultades de expresión por falta de un lenguaje teológico preciso. Tertuliano expresa la verdadera unidad de naturaleza y de sustancia en Dios juntamente con la verdadera trinidad de personas, y al combatir el monarquianismo no cae, como los padres griegos, en expresiones de tendencia subordinacionista. "En él se encuentra ya el germen de lo que será la explicación psicológica de la Trinidad que desarrollará san Agustín" (Josep Vives). "La herejía de Práxeas –dice Tertuliano– piensa estar en posesión de la pura verdad cuando profesa que para defender la unicidad de Dios hay que decir que el Padre, el Hijo y el Espíritu Santo son lo mismo. Como si no se pudiera admitir que los tres sean uno por el hecho de que los tres preceden de uno por unidad de sustancia, manteniendo el misterio de la economía divina, que distribuye la unidad en la trinidad, poniendo en su orden el Padre, el Hijo y el Espíritu. Son tres, no por la cualidad, sino por el orden; no por la sustancia, sino por la forma, no por el poder, sino por el aspecto; pues los tres tienen una sola sustancia, una sola naturaleza y un mismo poder, porque no hay más que un solo Dios, a partir del cual, en razón del rango, la forma y el aspecto, se dan las designaciones de Padre, Hijo y Espíritu Santo; y aunque se distinguen en número, no por eso están divididos" (*Adv. Praxean*, 2, 3, 4).

En el 209 escribió un folleto ingenioso, *De pallio,* con el que trató de hacer frente a la extrañeza y al desdén de los que habían criticado su cambio de indumentaria. *¡A toga ad pallium!* "¡Ha cambiado la toga por el manto!", exclamaban irónicamente los cartagineses al verlo con su nueva prenda de vestir, propia de filósofos.

g) El alma, el juicio y la resurrección de la carne

Un libro más extenso, *De anima,* el primero que un autor cristiano dedica especialmente a esta cuestión, presenta la psicología de Tertuliano y su doctrina al respecto. "Definimos el alma como nacida del soplo de Dios, inmortal, incorpórea, de forma humana, simple en su sustancia, consciente de sí misma, capaz de seguir varios cursos, dotada de libre albedrío, sometida a circunstancias externas, mudable en sus capacidades, racional, dominadora, capaz de adivinación y procedente de un solo tronco común" (*De anima* 22, 2). El alma es una a imagen de Dios, unidad que le viene dada por el bien, que es espiritual, lo que es distinto a la inmaterialidad en el sentido más pleno, que Tertuliano no capta. Las almas individuales tienen su origen en Dios y se transmiten mediante el acto de generación humana, según la teoría que posteriormente se llamará *traducianismo*, es decir, que el alma se transmite y se multiplica a través del semen paterno en el acto de la generación (*íd.* 27). Todas nuestras almas, cree Tertuliano, han sido contenidas en Adán, y nos son transmitidas con la corrupción del pecado original de nuestros padres.

La doctrina cristiana de la resurrección, tan prominente en Tertuliano y en todo el pensamiento cristiano ortodoxo, corrige el espiritualismo de la tradición platónica ("despensa de que se han alimentado todos los herejes"), y defiende la dignidad de la carne y del cuerpo humano, que ha de servir a Dios junto con el alma, y que con ella ha de recibir el premio de la vida bienaventurada.

La doctrina cristiana de la resurrección, tan prominente en Tertuliano y en todo el pensamiento cristiano ortodoxo, corrige el espiritualismo de la tradición platónica ("despensa de que se han alimentado todos los herejes"), y defiende la dignidad de la carne y del cuerpo humano, que ha de servir a Dios juntamente con el alma, y que con ella ha de recibir el premio de la vida bienaventurada.

Si bien es cierto que los filósofos son "los patriarcas de los herejes", cuando son utilizados sin conocimiento, lo mismo se puede aplicar a la doctrina tertulianista del alma, que, debido a su ignorancia de terminología filosófica, presenta la extraña noción de que todas las cosas, los espíritus puros y hasta el Dios, deben ser *cuerpos*, como la luz y el color del aire. En base a su concepto de la "corporalidad" del alma, Tertuliano cree que ésta pasa a recibir el premio o el castigo merecido inmediatamente después de su muerte, sin esperar a la resurrección final; creencia que se generaliza en la teología posterior. "Es muy conveniente que el alma, sin esperar a la carne, sufra castigo por lo que haya cometido sin la complicidad de la carne. E igualmente es justo que en recompensa de los buenos y santos pensamientos que haya tenido sin cooperación de la carne, reciba también consuelos sin la carne... Por consiguiente, es conveniente que la sustancia que ha sido la primera en merecer la recompensa sea

Contra los docetas que niegan la Encarnación real del Verbo destinado a morir por la salvación del mundo escribe *De carne Christi*, donde afirma con energía el misterio del Dios que se hace hombre verdadero para que el hombre arruinado por el pecado se eleve a la categoría de lo divino.

también la primera en recibirla. En una palabra, ya que por el calabozo de que nos habla el Evangelio entendemos el infierno en el que hay que *pagar hasta el último céntimo de la deuda*, hemos de entender que en este mismo lugar hay que purificarse de las faltas más ligeras, en el intervalo de tiempo que precede a la resurrección; y nadie ha de poner en duda que el alma puede recibir ya algún castigo en el infierno, sin perjuicio de la plenitud de la resurrección, en la que recibirá su merecido juntamente con la carne" (*De anima*, 58).

Contra los docetas que niegan la Encarnación real del Verbo destinado a morir por la salvación del mundo escribe *De carne Christi*, donde afirma con energía el misterio del Dios que se hace hombre verdadero para que el hombre arruinado por el pecado se eleve a la categoría de lo divino. "Dios se pone al nivel del hombre, para que el hombre pudiera ponerse al nivel de Dios. Dios se hizo pequeño para que el hombre adquiriera su grandeza" (*Adv. Marc.* 2, 27). "Cristo, que fue enviado para morir, hubo necesariamente de nacer a fin de que pudiera morir. No suele estar sujeto a la muerte más que lo que está sujeto a nacimiento" (*De carne Christi*, 6, 3-6).

A los gnósticos dirige *De resurrectione carnis*, acentuando la realidad del cuerpo de Cristo y el nacimiento *virginal* de Cristo, ya que cree que María pudo tener otros hijos. La resurrección corporal de todos los hombres al final de los tiempos habla de la indisolubilidad del alma y del cuerpo querida por Dios. "Mi propósito es vindicar para la carne todo aquel honor que le confirió el que la creó" (*De carnis resurr.* 7). Milenarista en escatología, Tertuliano está convencido del reinado de los justos durante mil años sobre esta tierra a la segunda venida de Cristo. "Porque realmente es digno de él y conforme a su justicia que sus servidores encuentren la felicidad en los mismos lugares en los que sufrieron antes por su nombre" (*Adv. Marc.* 3, 24).

En el *De corona militis* defiende a un soldado que había rechazado llevar una corona de flores sobre su cabeza cuando fue concedida al ejército para celebrar el acceso de Caracalla y Geta en el 211. El soldado había sido degradado y encarcelado. Muchos cristianos pensaron que su acción era extravagante, y rechazaron considerarlo como un mártir. Tertuliano no sólo declara que llevar la corona es signo de idolatría, sino que afirma que ningún cristiano puede ser soldado sin comprometer su fe.

El *Scorpiace*, o antídoto contra la mordedura del escorpión, va dirigido contra la enseñanza de Valentiniano, que aseguraba que Dios no puede aprobar el martirio, ya que Él no desea la muerte del hombre; por lo que sería preferible un acto externo de idolatría. Tertuliano cree que Dios desea el valor y coraje de los mártires y su victoria sobre la tentación; demuestra con la Escritura el deber de sufrir la muerte por la fe y señala la gran promesa que acompaña a este heroísmo. Al año 212 pertenece la carta abierta a *Scapulam*, procónsul de África que renovaba la persecución, inactiva desde el año 203. Tertuliano advierte solemnemente al procónsul de la venganza divina que alcanza a perseguidores, cuyos ejemplos multiplica.

Tertuliano y el montanismo

La secesión formal de Tertuliano de la Iglesia católica de Cartago parece haber ocurrido a finales del 211 o en el 212. La fecha más temprana es fijada por Harnack debido a la conexión cercana entre el escrito *De corona*, del año 211 con el *De fuga*, que debió seguir inmediatamente después del *De corona*, según Harnack. Es totalmente seguro que *De fuga* fue escrito después de la secesión. En esta obra condena la huida a tiempo de la persecución, ya que la providencia de Dios ha querido el sufrimiento. Esta doctrina fatalista no la había sostenido en sus días católicos, a quienes ahora llama *psychici* (físicos), a diferencia de los montanistas, que son *espirituales*.

Tertuliano no menciona la causa de su cisma. Conociendo su alto aprecio de la tradición, la regla de fe de la Iglesia, el principio de antigüedad en el orden de la verdad, es improbable que él dejara la Iglesia por su propia voluntad. Su pertenencia al montanismo debió ser considerada por él como una opción personal paralela que buscaba en este grupo un modo más firme y riguroso de expresar su fe y sus sentimientos. Cuando llegó la condena oficial del montanismo, ya le fue imposible seguir perteneciendo a él sin tener que decidir entre romper con uno o con otro. Defensor ardiente de los principios montanistas, escribió con violencia en contra del segundo

Tertuliano cree que Dios desea el valor y coraje de los mártires y su victoria sobre la tentación; demuestra con la Escritura el deber de sufrir la muerte por la fe y señala la gran promesa que acompaña a este heroísmo. Su pertenencia al montanismo debió ser considerada por él como una opción personal paralela que buscaba en este grupo un modo más firme y riguroso de expresar su fe y sus sentimientos.

Para Tertuliano el pecado se divide en tres categorías. Primera los crímenes terribles de idolatría, blasfemia, homicidio, adulterio, fornicación, falso testimonio y fraude. Entre estos y los meros pecados veniales hay *pecados serios* que se dan en las relaciones humanas, representados por la ira, el enojo y la falta de perdón sostenida.

matrimonio (*De monogamia*), permitido por la Iglesia; defendió el ayuno montanista (*De jejuni*).

Su escrito contra Práxeas (*Adversus Praexeas*) es, como ya hemos citado, una obra dogmática de primera importancia. Práxeas, según Tertuliano, habían impedido el reconocimiento de la profecía montanista por el obispo de Roma; como es costumbre en él, Tertuliano convierte al acusador en acusado y lo denuncia como monarquiano, y aprovecha la ocasión para desarrollar su propia doctrina de la Trinidad que vendrá a ser oficialmente aceptada.

a) Tres clases de pecados

En De *pudicitia* arremete contra un decreto episcopal que otorgaba el perdón a adúlteros y fornicarios, después de cumplir la penitencia prevista. En esta obra desarrolla en todo su rigor lo que ya estaba implícito en su anterior escrito sobre la penitencia, donde, de mala gana, admitía la remisión del pecado postbautismal mediante la confesión y una larga penitencia en harpillera y cenizas. En *De pudicitia* declara que no hay ningún perdón para los pecados más graves. Para Tertuliano el pecado se divide en tres categorías. Primera los crímenes terribles de idolatría, blasfemia, homicidio, adulterio, fornicación, falso testimonio y fraude (*Adv. Marc.*, IV, 9); en *De pudicitia* substituye la apostasía por el testimonio falso. Como montanista llamaba a estos pecados irremisibles.

Entre estos y los meros pecados veniales hay *pecados serios* que se dan en las relaciones humanas (*De pud*, I), representados por la ira, el enojo y la falta de perdón sostenida, como había escrito en su trabajo sobre la oración. Maldecir, jurar precipitadamente, romper un contrato, mentir por vergüenza o necesidad. "¡Cómo nos tientan en el negocio, en los impuestos, en el comercio, en el alimento, en la vista, en el oído! Si no hubiera ningún perdón de tales cosas, ninguno podría ser salvado. Por lo tanto habrá perdón de estos pecados por la oración de Cristo al Padre" (*íd.* XIX).

La tercera categoría de pecados (*íd.* VII) está representada por aquellos que hacen del creyente "una oveja perdida", a diferencia de la "que está muerta": "El fiel se pierde si asiste a las carreras de carros, a combates de gladiadores, al teatro obsceno, a espectáculos atléticos, a banquetes sobre alguna solemnidad secular relacionada con algún ídolo; si ejercido un arte u oficio de algún modo sirve a la idolatría, y si ha incurrido sin consideración en alguna negación o blasfemia". Para estos pecados hay perdón. ¿Cómo se obtiene?: "Aquella clase de penitencia que es subsecuente a la fe, que puede obtener el perdón del obispo para pecados menores, o de Dios sólo para los que son irremisibles" (*íd.* XVIII). Así Tertuliano admite el poder del obispo para todos los pecados, excepto los irremisibles, que se dejan a la misericordia divina.

En esta obra rechaza su anterior interpretación de que Cristo había dejado las llaves del reino de los cielos a Pedro y la Iglesia (*Scorpiace*, X); por contra declara que el don de las llaves fue una prerrogativa personal de Pedro, que no puede ser reclamado por la Iglesia de los "físicos" (*De pud.*, XXI).

En esta obra rechaza su anterior interpretación de que Cristo había dejado las llaves del reino de los cielos a Pedro y la Iglesia; por contra declara que el don de las llaves fue una prerrogativa personal de Pedro, que no puede ser reclamado por la Iglesia de los "físicos".

b) El canon de la Biblia

Tertuliano incluyó los libros apócrifos o deuterocanónicos en el canon del Antiguo Testamento, que cita en su mayor parte. También cita el *Libro de Enoch* como inspirado, y piensa que los que lo rechazaron cometieron un error. Parece también reconocer *IV Esdras*, y *Sibila*, aunque admita que hay muchas falsificaciones sibilinas. Del Testamento Nuevo reconoce los cuatro Evangelios, Hechos, las Epístolas de San Pablo, 1ª de Pedro, 1ª de Juan, Judas y el Apocalipsis. Ignora la carta de Santiago y 2ª Pedro, sin que podamos decir lo mismo de 2ª y 3ª de Juan. Atribuye la carta a los Hebreos a Barnabas. Tertuliano es el primer testimonio de la existencia de una Biblia latina, aunque con frecuencia parece haber traducido de la Biblia griega, como él escribió.

Montano y los "espirituales"

En pleno auge del carismatismo en las grandes iglesias tradicionales, la figura de Montano y su movimiento se nos presenta lleno de interés, pese a que todo lo que sabemos de él lo debemos a sus enemigos. Montano apareció en el horizonte cristiano en el segundo siglo, auxiliado por dos profetisas, Maximila y Prisca, a veces llamada Priscila. El factor femenino ha sido siempre, y sigue siendo, un aspecto muy importante en este tipo de movimientos.

Montano comenzó a profetizar en Frigia y a enseñar que la revelación sobrenatural no termina con los apóstoles, sino que ahora, en la dispensación del Espíritu, cabía esperar manifestaciones sobrenaturales aún más maravillosas.

Muchos son los escritores que se ocuparon de este cisma, tal como nos relata Eusebio en su *Historia eclesiástica* (V, 16-20).

Montano era un recién convertido procedente de Asia Menor, nacido en Ardabau, ciudad de Frigia. Según Jerónimo había sido un sacerdote de Cibeles (*Ep. ad Mercellam*), aunque es probable que se trata de una invención posterior, debido al deseo de emparentar sus éxtasis proféticos con los de los sacerdotes y devotos "de la gran diosa". Montano comenzó a profetizar en Frigia y a enseñar que la revelación sobrenatural no termina con los apóstoles, sino que ahora, en la dispensación del Espíritu, cabía esperar manifestaciones sobrenaturales aún más maravillosas. El don profético también recayó en sus dos compañeras, Maximila y Prisca, que hicieron de Pepuza su residencia habitual. Bien pronto se convirtió en un foco de interés que atraía gentes de todas partes deseosas de presenciar la restauración de los dones y las profecías.

a) El carácter de la nueva profecía

Los escritores católicos acusaron a Montano de hacerse pasar por el Paráclito o Espíritu Santo prometido, debido a su peculiar manera de introducir sus profecías. Pero en realidad no pasó de considerarse un órgano del Espíritu. Creía que la relación entre Dios y el profeta era semejante a la del músico y su instrumento musical; por tanto, las palabras del profeta no debían considerarse propias de la persona humana, sino de la actividad divina que en él actuaba. Cuando, por ejemplo, Montano decía que venía no como un ángel o embajador, sino como Dios Padre, lo hacía no en su propio nombre, sino en lo que suponía que Dios había puesto en su boca. "Soy el Padre, la Palabra, y el Paráclito"; estas y otras expresiones semejantes de Montano se prestaban a ser interpretadas como una pretensión arrogante y blasfema, como si enseñase la identificación formal entre el profeta y el Ser divino que le inspiraba. Montano no pretendía ser otra cosa que "una lira en manos del divino Músico". Es una pena que se haya perdido la obra que Tertuliano escribió al respecto: *De ecstasi...*

Los verdaderos profetas nunca hablaron así, argumentaban sus enemigos. Ellos siempre iniciaban sus oráculos con un claro "así dice el Señor"; Montano, por contra, actuaba como un poseído que caía en trance de un poder superior y ocupaba el lugar de Dios mismo. Montano se defendía replicando que la profecía nueva pertenecía a un orden superior a la vieja, lo que sus enemigos interpretaban como un nuevo cargo contra él: la arrogancia de pretender que sus enseñanzas estaban por encima de los apóstoles, y de la misma enseñanza de Cristo.

Parece que, en general, Montano no tenía ninguna doctrina particular que afectase a la ortodoxia, excepto el carácter abierto de la revelación, y que sus profetisas fueron más lejos que él. Las extravagancias de su grupo después de muerto él y las profetisas es difícil de averiguar, dado el carácter polémico de las fuentes. Todo lo escrito por Montano se ha perdido. En principio los profetas no enseñaron doctrinas falsas. De hecho eran ortodoxos y enemigos del gnosticismo, inclinándose más bien por el rigor moral y ascético, en especial ayunos y abstinencias. Se recomendaba la virginidad, como por otra parte hacía la Iglesia, y se prohibía el segundo matrimonio, permitido por aquélla. La castidad, según declaró Priscila, era una preparación para el éxtasis. Los que purifican sus corazones ven visiones y oyen voces.

Parece que, en general, Montano no tenía ninguna doctrina particular que afectase a la ortodoxia, excepto el carácter abierto de la revelación, y que sus profetisas fueron más lejos que él.

Se concedía tanta importancia al martirio que se condenaba huir a tiempo de la persecución. "No busques marcharte de esta vida en cama o de alguna suave dolencia, sino en el martirio, para que quien sufrió por ti pueda ser glorificado" (Tertuliano, *De fuga*, IX). "Los que reciben el Paráclito no saben huir de la persecución, ni sobornar" (*íd.* XIV).

Montano murió antes de ver consolidado a sus seguidores que nunca se llamaron "montanistas", sino "espirituales" (*neumatikoí*) frente a los católicos "carnales" o "físicos", como los llamaba Tertuliano, común, por otra parte, a los gnósticos.

Como ocurre en nuestros días, mucha gente se sentía atraída por lo que allí ocurría y acudían a Pepuza en masa, considerada ahora la nueva Jerusalén. Priscila dijo que Cristo fue a Pepuza y durmió a su lado en forma de mujer vestida de ropa brillante, "y puso la sabiduría en mí, y me reveló que este lugar es santo, y que aquí desciende la Jerusalén de arriba". Sobra decir que la profecía no se cumplió, sino que Pepuza fue abandonada y convertida en un desierto.

La cuestión que se debatía no era un dogma concreto, sino la *manera* de profetizar, tan contraria a la tradición y tan semejante a la costumbre de la religión pagana de los frigios. Los fenómenos que les acompañaban parecían más de posesión por malos espíritus que de los profetas del Antiguo Testamento, o del Nuevo, como Silas, Agabo, y las hijas de Felipe el Diácono.

La condena de Montano y los montanistas no fue uniforme. En una primera etapa fueron simplemente desaprobados. Sólo después de la muerte de Montano encontramos a obispos como Zotico de Cumana y Julián de Apamea, intentando exorcizar a Maximila en Pepuza, a quien creían posesa por un espíritu malo, sin que se les permitiera hacerlo (Eusebio, *Hist. ecl.* V, 16, 18).

La cuestión que se debatía no era un dogma concreto, sino la *manera* de profetizar, tan contraria a la la tradición y tan semejante a la costumbre de la religión pagana de los frigios. Los fenómenos que les acompañaban parecían más de posesión por malos espíritus que de los profetas del Antiguo testamento, o del Nuevo, como Silas, Agabo, y las hijas de Felipe el Diácono; o de profetas recientemente habidos en Asia, Quadrato (el obispo de Atenas) y Ammia, la profetisa de Filadelfia, de quien los profetas montanistas se jactaron de ser sus sucesores. Por hablar en la primera persona como el Padre o el Paráclito fueron acusados de blasfemos. Los profetas más viejos habían hablado "en el Espíritu", como instrumentos del Espíritu, pero conservando libre su personalidad.

b) reacción al "secularismo"

Albrecht Ritschl defendió la teoría de la secularización del siglo II como causa que motivó la reacción de Montano y sus profetas. Esta teoría fue seguida por Harnack, Bonwetsch y otros críticos alemanes. Es interesante recordarla, toda vez que el peligro del "secularismo" sigue siendo invocado en la actualidad, como lo fue en el pasado, para volver a las fuentes y despertar el celo religioso. La secularización de la sociedad no es un fenómeno moderno, sino que aparece tan pronto como los hombres se ponen a organizarse independientemente del sacerdote. Para el siglo II, la Iglesia había alcanzado un éxito notable, reflejado en una organización cada vez más compleja a imagen y semejanza del orden político del Imperio, con la consiguiente desaparición de los elementos carismáticos o "entusiastas", cada vez más controlados por los obispos monárquicos. Muchos cristianos ortodoxos carecían de celo y parecían haber perdido todo interés en el reino milenario.

Los creyentes de la vieja escuela protestaron en nombre del Evangelio contra esa Iglesia secular, adaptada al sistema caduco del mundo. Como dice Harnack, el movimiento entusiástico provino de un pequeño círculo de una provincia remota, que tenía al principio una importancia simplemente local. Entonces, en Frigia, el llamamiento en pro de una vida cristiana estricta fue reforzado por la creencia en un derramamiento nuevo y final del Espíritu antes del fin del mundo. El deseo dio nacimiento a la realidad; y así se formaron sociedades de cristianos "espirituales" deseosos de llevar vidas santas en espera del inminente fin del siglo. La teoría, aunque atractiva, está lejos de ser confirmada por los hechos. Ofrece una respuesta posible, pero no toda la respuesta.

Creemos que el montanismo fue esencialmente un movimiento escatológico tan común en todas las épocas de la Iglesia, con los que comparte su origen y destino. Los "últimos días" han llegado, la Jerusalén celestial está a punto de descender, sólo así se explica la rigurosidad moral, el rechazo del matrimonio y el énfasis en el ayuno. Hay que estar preparados para cuando el Señor venga.

c) Escatología y rigidez

Creemos que el montanismo fue esencialmente un movimiento escatológico tan común en todas las épocas de la Iglesia, con los que comparte su origen y destino. Los "últimos días" han llegado, la Jerusalén celestial está a punto de descender, sólo así se explica la rigurosidad moral, el rechazo del matrimonio y el énfasis en el ayuno. Hay que estar preparados para cuando el Señor venga.

Cuando no se cumple la expectativa de la llegada inmediata del fin del mundo, el grupo no desaparece sino que reemplaza su énfasis escatológico, sin perderlo, por un complejo de preceptos morales estatuidos, y a la antigua libertad del Espíritu sucede la dictadura de los *espirituales*. "Al perder su entusiasmo original el movimiento gana en rigidez" (R. Seeberg). La tradición triunfa sobre el Espíritu. El lenguaje se convierte en recriminación y alarmismo, pierde su fuerza profética y su esperanza. Yerra por tanto. "El mal triunfa cada vez más y esto anuncia el fin del mundo. El bien ya no puede nacer, tan corrompidos están los gérmenes; ni puede desarrollarse, tan abandonado está el trabajo; ni puede ser impuesto, tan desarmada está la justicia" (Tertuliano, *De pudicitia* 1). Pronóstico desmentido por la historia subsiguiente.

Nota bibliográfica

Apología contra gentiles o *Apologético* es la obra por excelencia traducida al español. El breve tratado sobre la *Oración* es por primera vez traducido aquí y publicado.

Apología contra los gentiles. trad. Pedro Manero, Madrid 1889 / Espasa-Calpe, Buenos Aires 1947, Madrid 1962.

El Apologético. trad. Germán Prado. Ed. Aspas, Madrid 1943 / Apostolado Mariano, Sevilla 1991.

Apologétic. trad. M. Dolç. Barcelona 1960.

El Apologético. trad. Julio Andión Marán. Ed. Ciudad Nueva, Madrid 1997.

Tratado de la paciencia y exhortación a los mártires. tr. Arsenio Seage, Apostolado Mariano, Sevilla 1992.

ALFONSO ROPERO

Libro I
Apología contra los gentiles en defensa de los cristianos

Apologeticum[1]

[1] Escrito alrededor del año 197.

1

No pedimos favores, sólo ser conocidos

1. Magistrados del imperio romano, que presidís los tribunales de justicia en lugar visible y elevado, casi en lo más alto de la ciudad,[2] si vosotros no podéis examinar en audiencia pública qué hay de cierto en la causa contra los cristianos; si sólo en este asunto vuestra autoridad teme o se avergüenza de indagar en público con diligente justicia; si finalmente, como acaba de suceder, el odio a nuestra secta,[3] valiéndose de indicios de nuestros propios domésticos,[4] obstruye el camino a la defensa, déjese a la verdad llegar a vuestros oídos, siquiera sea por la oculta vía de un silencioso escrito.

2. No pide ella favor alguno para su causa porque tampoco se asombra de su condición. Sabe que procede como peregrina en la tierra,[5] que se halla entre extraños, los que fácilmente se toman enemigos, y que, por lo demás, en los cielos tiene su familia, su mansión, su esperanza, su crédito y su dignidad. Entre tanto una sola pide: que no se le condene sin ser conocida.

No pide ella favor alguno para su causa porque tampoco se asombra de su condición. Sabe que procede como peregrina en la tierra, que se halla entre extraños, los que fácilmente se toman enemigos, y que, por lo demás, en los cielos tiene su familia, su mansión, su esperanza, su crédito y su dignidad. Entre tanto una sola pide: que no se le condene sin ser conocida.

3. ¿Qué tienen que perder las leyes imperantes en su propio reino si se la deja oír? ¿Podrá gloriarse más su poderío por el simple hecho de que condenen la verdad oída? Pero si la condenan sin oírla, amén de lo odioso de la injusticia, se atraerán la sospecha de un prejuicio, pues rehúsan oír algo que no podrían condenar una vez oído.

---

[2] En el monte Capitolio de Roma.

[3] Cf. Hechos 24:14: "Esto te confieso, que conforme a aquel Camino que llaman herejía, así sirvo al Dios de mis padres, creyendo todas las cosas que en la ley y en los profetas están escritas".

[4] Las autoridades se valían contra los cristianos de testigos tan poco idóneos como niños y esclavos, que podían dar lugar a sus temores, caprichos o deseos de venganza. Así, por ejemplo, fue martirizado Apolonio, ciudadano romano y primer escritor latino de la Iglesia, degollado por el emperador Cómodo por la traición de un esclavo que le entregó.

[5] Cf. Filipenses 3:20: "Mas nuestra vivienda es en los cielos; de donde también esperamos al Salvador, al Señor Jesucristo" (He. 11:13; 1ª P. 2:11).

La injusticia de la ignorancia

He aquí el primer agravio que ante vosotros formulamos: la injusticia del odio contra el nombre cristiano. El título que parece excusar tamaña iniquidad es precisamente el que la agrava y la prueba, a saber, la ignorancia. ¡Sólo aquí se muestra perezosa la humana curiosidad!, aman el ignorar, así como otros se alegran de conocer.

4. He aquí el primer agravio que ante vosotros formulamos: la injusticia del odio contra el nombre cristiano. El título que parece excusar tamaña iniquidad es precisamente el que la agrava y la prueba, a saber, la ignorancia. Porque, ¿qué cosa más inicua que el amar los hombres lo que desconocen, aun cuando la cosa mereciese odio? Entonces lo merece cuando se conoce que lo merece.

5. No habiendo noticia de mérito, ¿por dónde se defiende lo justo del odio, lo que no ha de probarse por un hecho, sino por la conciencia? Mas cuando los hombres odian porque ignoran qué cosa sea lo que odian, ¿por qué no ha lícitamente de existir aquello que no deben odiar? Así, pues, censuramos ambas cosas: que desconocen lo mismo que odian y que injustamente odian cuando ignoran.

6. Prueba de tal ignorancia, que excusa la injusticia cuando al mismo tiempo la condena, es que todos los que hasta aquí odiaban, porque ignoraban cuál era lo que odiaban, cesan de odiar al tiempo mismo en que cesan de ignorar. De ellos se hacen algunos cristianos cuando llegan a enterarse, comenzando a detestar lo que fueron y a profesar lo que odiaron, y son tantos cuantos notáis que somos.

7. Se vocifera que la ciudad está sitiada viendo que no hay campo, ni poblados fortificados, ni islas que no estén llenos de cristianos;[6] se duelen como de una pérdida de que personas de todo sexo, edad, condición y dignidad pasen al nombre cristiano. Mas con todo, no levantan el ánimo a pensar que hay por dentro algún bien latente.

8. No pueden sospechar en algo más recto, no quieren cerciorarse desde más cerca. ¡Sólo aquí se muestra perezosa la humana curiosidad!, aman el ignorar, así como otros se alegran de conocer. Con cuánta mayor razón hubiera reprendido Anarcasis[7] a estos imprudentes que

---

[6] Para el año 200 se había multiplicado tanto la fe, que no había palacio, ni ciudad, ni aldea que no estuviese llena de cristianos.

[7] Filósofo escita de sangre real, tío y tutor del rey Limne, dejó la tutoría para estudiar filosofía en Grecia. De regreso a su patria fue asesinado por Saulio, rey de Escitia, por su deseo de reformar las leyes (Diógenes Laercio, *Vitae philosophorum* 2, 8; Plutarco, *Solón* 5).

juzgan de los prudentes, como reprende a los que sin ser letrados juzgan de los letrados.

Los cristianos, sin embargo, no son nada de esto: ninguno se avergüenza, ninguno se arrepiente si no es, naturalmente, de no haberlo sido antes.

9. Prefieren no conocer porque ya odian, por lo cual prejuzgan que lo que ignoran es tal que, si lo conociesen, no podrían odiarlo. Pues de no descubrirse algún motivo de odio merecido, lo mejor, ciertamente, es dejar de odiar sin causa. Mas si consta que hay motivo, no sólo no disminuye el odio, sino que hay razón para perseverar en él, invocando incluso la autoridad de la justicia.

10. Pero diréis: "Una cosa no es buena precisamente porque convierta a muchos. Porque, en efecto, ¡cuántos se forman para el mal, cuántos apóstatas se inclinan a lo perverso!" ¿Quién lo negará? Mas lo que verdaderamente es malo ni los mismos a quienes arrastra osan defenderlo como bien. Todo lo malo lo envuelve la naturaleza bajo el temor o el pudor.

11. Después de todo, los maleantes tratan de ocultarse, niegan cuando se les acusa y ni siquiera por la tortura confiesan fácilmente y siempre; cierto, al ser condenados se entristecen, revuelven en sus adentros los ímpetus de la mala conciencia atribuyéndolos al hado o a los astros, no queriendo que sea suyo lo que reconocen como malo.

12. Los cristianos, sin embargo, no son nada de esto: ninguno se avergüenza, ninguno se arrepiente si no es, naturalmente, de no haberlo sido antes. Si es denunciado, a gala lo tiene; si es acusado, no se defiende; si es interrogado, él mismo confiesa su fe; si es condenado, da gracias. ¿Qué linaje de mal es ese, que no tiene los caracteres naturales del mal, ni temor, ni vergüenza, ni tergiversación, ni pesar, ni lloro?

13. ¿Qué mal es ese, del que el reo se alegra, cuya acusación es deseada, cuya pena es una victoria?[8] No puedes llamar demencia lo que tú estás convencido de ignorar.

---

[8] Cf. Lactancio: "Este es el triunfo verdadero: cuando los vencedores resultan vencidos" (*De la muerte de los perseguidores* 16, 7).

2

Obligados a guardar silencio

Si finalmente es cierto que nosotros somos los grandes criminales, ¿por qué somos tratados por vosotros mismos de modo distinto que nuestros semejantes, o sea, los demás criminales, pues idéntico crimen debe recibir idéntico tratamiento?

1. Si finalmente es cierto que nosotros somos los grandes criminales, ¿por qué somos tratados por vosotros mismos de modo distinto que nuestros semejantes, o sea, los demás criminales, pues idéntico crimen debe recibir idéntico tratamiento?

2. Cuando otros son acusados de los delitos de que se nos acusa pueden ellos por su propia boca, o bien llamando a un asalariado, defender su inocencia. Déjase amplia facultad de responder y de disputar, no siendo por ningún concepto permitido el condenar a los indefensos y a los no oídos.

3. Sólo a los cristianos no se les permite hablar para decir lo que sincere su causa y defienda la verdad y no haga injusto al juez, sino que solamente se espera lo necesario al odio público: la confesión del nombre (cristiano), no el examen del crimen.

4. Siendo así que cuando practicáis indagación acerca de algún malhechor, no os contentáis, para al punto sentenciar, con que se reconozca culpable de homicidio o de sacrilegio, o de incesto, o de hostilidad al Estado –por no hablar sino de las imputaciones contra nosotros lanzadas–, sino que luego le exigís las circunstancias del hecho, el número, el lugar, el tiempo, los testigos, los cómplices.

5. Nada de esto hacéis con nosotros, cuando en justicia convendría arrancarnos la confesión de los crímenes que falsamente nos echan en cara: de cuántos niños degollados ha gustado ya; cuántos incestos ha cometido al amparo de las tinieblas; qué cocineros, qué perros asistieron.[9] ¡Cuánta sería la gloria del gobernador si descubriese alguno que se hubiese ya tragado cien niños!

---

[9] Alude a los delitos que se imputaban a los cristianos: sacrificio de niños en las celebraciones nocturnas, cuya sangre bebían. También se creía que se ataban unos perros a los candelabros para que, esforzándose por comer el pan bañado en sangre, los derribasen y en las tinieblas se mezclasen con sus hermanas y madres y otros delitos, a los que se refiere en el cap. VII.

El ejemplo de Plinio

Sólo al cristiano no es lícito examinarle, buscarle, y en cambio se le puede denunciar, como si la busca tuviese objeto distinto que la denuncia. Condenáis, pues, al denunciado, siendo así que nadie quiso fuera denunciado.

6. Pero nos encontramos con que aún está prohibido el informar en contra nuestra. En efecto, Plinio Segundo,[10] cuando gobernaba la provincia (de Bitinia, en Asia menor), tras haber condenado a ciertos cristianos y haber privado a otros de su posición, alarmado por su gran número consultó entonces al emperador Trajano sobre qué había de hacer en adelante, alegando que, aparte de la obstinación en no sacrificar, ninguna otra cosa había descubierto en sus misterios, sino que celebraban reuniones antes de apuntar la luz para cantar a Cristo como Dios y para afianzar la disciplina que prohíbe el homicidio, el adulterio, el fraude, la perfidia y demás crímenes.

7. Trajano entonces respondió que a esa gente no se les debía buscar, pero a los presentados al tribunal convenía castigarlos.

8. ¡Sentencia por necesidad ilógica! Niega se busquen como inocentes (*inocentes*) y manda se castiguen como delincuentes (*nocentes*). Perdona y se ensaña; cierra los ojos y castiga. ¿Por qué, oh censor, te envuelves a ti mismo con una censura? Si condenas, ¿por qué no inquieres también? Si no inquieres, ¿por qué también no absuelves? Para seguir la pista a los ladrones, asignado hay en cada provincia un puesto militar; contra los reos de lesa majestad y de lesa sociedad todo hombre es soldado, extendiéndose la inquisición a los cómplices y confidentes.

9. Sólo al cristiano no es lícito examinarle, buscarle, y en cambio se le puede denunciar, como si la busca tuviese objeto distinto que la denuncia. Condenáis, pues, al denunciado, siendo así que nadie quiso fuera denunciado. ¡Pero que si merece pena no es por ser culpable, sino por haber sido hallado el mismo que no debía ser buscado!

10. Pero, además, no nos tratáis tampoco según las formas del procedimiento judicial, pues cuando los otros acusados niegan, les aplicáis el tormento a fin de que declaren, y a los cristianos sólo a fin de que nieguen ser tales. Pero si fuese malo el ser cristiano, nosotros mismos lo negaríamos, y vosotros, con la tortura, empujaríais a

---

[10] Cf. Eusebio, *Historia eclesiástica* 5, 1, 14.

Sospechad de esta perversión de la justicia, no sea que se oculte algún oculto poder que de vosotros se sirva para juzgar contra los procedimientos, contra la naturaleza de los juicios y aun contra las mismas leyes.

confesarlo. Y no por eso creeríais vosotros inútil el indagar con preguntas los crímenes de los cristianos, dándoos la confesión del nombre cristiano certeza de que los tales crímenes fueron cometidos, porque vosotros mismos, hoy, si un homicida confiesa, aunque sepáis lo que es el homicidio, le arrancáis el modo de cometerlo.

La perversidad del sistema judicial

11. ¿Hay algo más perverso que, siendo para vosotros ya una presunción de nuestros crímenes la mera confesión del nombre cristiano, nos forcéis con el tormento a apartarnos de esa confesión para que negando el nombre neguemos también, a la par, los crímenes de los que habíais sospechado por la confesión del nombre?

12. Pero llego a pensar que no queréis que perezcamos, aun cuando nos creéis los peores de los hombres. Porque así soléis decir al homicida: "niega"; y mandáis despedazar al sacrílego si persiste en confesar. Si no obráis así con los criminales (*nocentes*) es que nos juzgáis completamente inocentes, puesto que no queréis que, como inocentísimos, perseveremos en esa confesión, lo que sabéis debe ser por vosotros condenada por necesidad, no ya en justicia.

13. Grita cualquier hombre: "¡Cristiano soy!" Dice lo que es; tú quieres oír lo que no es. Magistrados que arrancáis la verdad, "¡de nosotros sólo os esforzáis por oír la mentira!" "Soy –dice– lo que buscas si soy. ¿Por qué me atormentas contra toda justicia? Confieso y me torturas. ¿Qué harías si negase?" Cierto que cuando otros niegan no les prestáis fácilmente crédito; mas a nosotros, si negamos, en seguida nos creéis.

14. Sospechad de esta perversión de la justicia, no sea que se oculte algún oculto poder que de vosotros se sirva para juzgar contra los procedimientos, contra la naturaleza de los juicios y aun contra las mismas leyes. Porque, si no me equivoco, las leyes mandan descubrir a los malos, no esconderlos; prescriben condenar a los confesos, no absolverlos. Esto es lo que definen los senadores, esto los decretos de los príncipes, esto el Imperio del que sois ministros. Civil es vuestra dominación, no tiránica.

15. Porque entre tiranos se utilizaban las torturas como castigo; entre vosotros sólo sirven para la investiga-

ción. Guardad vuestra ley en relación a la tortura que es necesaria hasta que confiesen, y si le adelanta la confesión, no deberá darse la tortura y se pasará a la sentencia: el criminal debe cargar con su pena; no se le ha de eximir de ella.

16. Finalmente no hay juez que procure absolver al malvado, no siendo lícito querer esto, por lo que nadie es forzado a negar. Al cristiano le tienes por reo de todos los crímenes: por enemigo de los dioses, de los emperadores, de las leyes, de las costumbres y de la naturaleza entera, y lo obligáis a negar a fin de absolverle, pues no podrías absolverle si no negase.

17. Faltáis contra las leyes queriendo que niegue ser culpable para hacerle inocente, y eso ya contra su voluntad y no siendo reo por el pasado. ¿De dónde tal perversidad, que ni siquiera discurráis se debe dar más fe a quien espontáneamente confiesa que a quien por la fuerza niega?, o bien que penséis es de temer que forzado a negar no niegue sinceramente y que una vez absuelto, tan pronto como haya salido del tribunal, se ría de vuestro odio, confesándose de nuevo cristiano.

Por eso creen de nosotros lo que no prueban y no quieren inquirir, a fin de que no se pruebe cómo no hay tales cosas, temiendo se demuestre lo contrario de lo que ellos quieren creer para poder condenar ese nombre, que estiman ser malo.

Guerra de nombre

18. Ya pues que en todo nos tratáis distintamente que a los demás criminales; ya que únicamente os empeñáis en que dejemos el nombre cristiano –y somos de él excluidos si hacemos lo que hacen los no cristianos–, podéis entender que no se trata aquí de un crimen, sino de un nombre, nombre perseguido por una labor de odio que no tiene sino un fin: que no quieran los hombres saber como cierto lo que saben de cierto que desconocen.

19. Por eso creen de nosotros lo que no prueban y no quieren inquirir, a fin de que no se pruebe cómo no hay tales cosas, temiendo se demuestre lo contrario de lo que ellos quieren creer para poder condenar ese nombre, que estiman ser malo, como enemigo de esa campaña de odio, no ya probando los crímenes, sino presumiéndolos y tras de una simple confesión. Por eso se nos tortura cuando lo confesamos, se nos castiga cuando en ello perseveramos, se nos deja libres cuando lo negamos, porque es guerra de nombre.

¡Nefasto es el nombre de cristiano, que no es reo de crimen alguno, cuyo solo crimen es el del nombre!

20. En fin, cuando leéis en la tablilla la sentencia "tal persona es cristiana",[11] ¿por qué no decís que es también homicida? Si un cristiano es homicida, ¿por qué no es incestuoso o cualquier otra cosa que creéis somos? Sólo tratándose de nosotros os avergonzáis o no decís los nombres de crímenes semejantes. ¡Nefasto es el nombre de cristiano, que no es reo de crimen alguno, cuyo solo crimen es el del nombre!

---

[11] Era costumbre –recuérdese el caso de Cristo– escribir en una tablilla la condenación y sentencia de los reos y el motivo de su condenación.

3

Ceguera para lo bueno

1. ¿Qué más queréis que os diga? Muchos lo atacan ciegamente y con saña, no acertando a dar testimonio alguno favorable, sin mezclar en ello algún reproche a semejante nombre: "Buena persona es Cayo Seyo, sólo que es cristiano". Y otro dice: "Me asombro de que Lucio, siendo hombre sensato, se haya hecho de repente cristiano". Nadie recapacita diciendo: "¿No será bueno Cayo y prudente Lucio por ser cristianos?" O: "Por eso es cristiano: por ser prudente y bueno".

Alaban lo que conocen, vituperan lo que ignoran y corrompen lo que conocen con aquello que ignoran, cuando sería más justo prejuzgar lo oculto basándose en lo manifiesto, que no condenar de antemano lo manifiesto basándose en lo desconocido.

2. Alaban lo que conocen, vituperan lo que ignoran y corrompen lo que conocen con aquello que ignoran, cuando sería más justo prejuzgar lo oculto basándose en lo manifiesto, que no condenar de antemano lo manifiesto basándose en lo desconocido.

3. Otros atacan precisamente lo que alaban en los que antes de tener este nombre conocieron como vagabundos, viles, de mala fama; con la ceguera del odio salen a su defensa. "Esa mujer, ¡qué lasciva era, qué alegre! Este joven, qué entregado al juego y a los amores. ¡Pues se hicieron cristianos!" Y así este nombre les es imputado como un crimen.

4. Hay quienes sacrifican a este odio sus intereses, contentos de no tener en casa lo que aborrecían. La esposa, ya casta, es repudiada por el marido,[12] libre ya de celos; el hijo, ya sumiso, es desheredado por el padre, que antes aguantaba sus desórdenes; el esclavo, ya fiel, es alejado de los ojos del dueño, que antes se mostraba sufrido. El bien que de ello resulta no cuenta tanto como el odio a los cristianos.

Odio a hombres inofensivos por un nombre inofensivo

5. Ahora bien: si lo que se odia es el nombre, ¿qué culpa tienen los hombres? ¿De qué se puede acusar a los

---

[12] O: "Mas quiere el marido a su mujer deshonesta si es gentil, que casta si es cristiana".

Pero ahora ambas cosas se desprecian; ni se trata de inquirir la pureza de la doctrina ni la vida perfecta de su autor; sólo el nombre es acusado, sólo el nombre es perseguido.

vocablos, sino de que suena a bárbaro la voz de algún nombre, o a mal augurio, o a maldición, o a impurezas? El nombre cristiano, empero, en cuanto a su etimología derívase de *unción*. Aun cuando vosotros malamente lo pronunciáis diciendo "crestiano",[13] que ni siquiera tenéis exacta noticia de este nombre, compuesto de suavidad y de bondad. Se odia, pues, en hombres inofensivos un nombre inofensivo.

6. Pero dirás: "Es la secta la que se odia en el nombre, que es ciertamente el de su autor". ¿Y qué tiene de nuevo si una doctrina da a sus seguidores un sobrenombre tomado de su maestro? ¿Los filósofos no se llaman, por causa de sus fundadores, platónicos, epicúreos, pitagóricos, o, por los lugares de sus reuniones y su estancia, estoicos, académicos? ¿Y los médicos no reciben el nombre de Erasístrato, y los dramáticos de Aristarco, y los cocineros de Apicio?

7. Y, sin embargo, nadie se ofende de que éstos lleven un nombre, transmitido por su maestro con su doctrina. Sin duda, el que pruebe que una secta es mala y, por tanto, malo también su fundador, ése probará que también el nombre es digno de odio a causa de la culpabilidad de la secta y del autor. Y, por tanto, antes de odiar el nombre convenía conocer a la secta por su autor o a su autor por la secta.

8. Pero ahora ambas cosas se desprecian; ni se trata de inquirir la pureza de la doctrina ni la vida perfecta de su autor; sólo el nombre es acusado, sólo el nombre es perseguido. Basta una sola palabra para condenar de antemano a una secta desconocida, y a su autor desconocido, por llevar tal nombre, no por ser convictos de culpa alguna.

---

[13] Los gentiles pronunciaban *crhesto, crhestianos,* y así lo nombran Tácito, Seutonio, Plinio.

4

Los cristianos no son peores, sino iguales a los mejores

1. Hasta aquí he hablado a modo de introducción para reprender la injusticia del odio público contra nosotros, me enfrentaré ahora para defender la causa de nuestra inocencia, no ya sólo refutando lo que se nos imputa, sino devolviendo los reproches contra los que nos los lanzan, a fin de que por ahí también sepan todos que no se hallan en nosotros, cristianos, los crímenes que saben que están en ellos mismos, y también para que se avergüencen de acusar no digo ya los peores a los mejores, sino también, como ellos pretenden, a los que son iguales a ellos.

Hasta aquí he hablado a modo de introducción para reprender la injusticia del odio público contra nosotros, me enfrentaré ahora para defender la causa de nuestra inocencia, no ya sólo refutando lo que se nos imputa, sino devolviendo los reproches contra los que nos los lanzan.

2. Responderemos a cada una de las cosas que se dice cometemos en oculto y lo que se nos ve cometer en público, y por lo cual se nos tiene ya por criminales, ya por vanos, ya por dignos de castigo o de irrisión.

Reformabilidad de la ley

3. Mas como para todo tiene salida nuestra verdad, al fin se le obstruye el paso con la autoridad de las leyes, diciendo que "nada cabe decir después de haber hablado las leyes", o bien que, "queramos o no, la necesidad de obedecer está sobre la verdad", voy por de pronto a discutir con vosotros acerca de las leyes como con tutores de las mismas leyes.

4. En primer lugar, cuán duramente sentenciáis al decir: "No os está permitido existir" (*Non licet esse vos*). Y esto lo prescribís sin consideración humanitaria alguna, haciendo profesión de violencia y de inicua tiranía desde las alturas del poder, pues negáis ser lícita una cosa porque no queréis concederla, no porque deba concederse.

5. Mas si no queréis que una cosa sea lícita porque no debe serlo, sin duda no ha de permitirse lo que es malo, pudiendo también de ahí prejuzgar como permitido lo bueno. Si se halló ser bueno lo que tu ley prohibió, ¿no es cierto que, según ese principio, no puede prohibírseme lo que en derecho se me prohibiría si fuese malo? Si tu ley

Y vosotros también a diario, mirando a la luz de la experiencia las tinieblas de la antigüedad, ¿no podáis y cortáis toda aquella vieja y marchita selva de leyes con la nueva seguridad de los rescriptos y edictos imperiales?

cae en error, me parece que ha sido concebida por un hombre y que no ha llovido del cielo.

6. ¿Os extrañáis de que un hombre pudiera errar al establecer una ley o que le pese y la repudie? ¿No fueron enmendadas por los lacedemonios las leyes del mismo Licurgo, lo cual afligió tanto a su autor que se hizo a sí mismo justicia dejándose morir de hambre en un rincón?

7. Y vosotros también a diario, mirando a la luz de la experiencia las tinieblas de la antigüedad, ¿no podáis y cortáis toda aquella vieja y marchita selva de leyes con la nueva seguridad de los rescriptos[14] y edictos imperiales?

8. Las vanísimas leyes Papias, que obligan a tener hijos antes del tiempo fijado para el matrimonio por la ley Julia, a pesar de tanta autoridad como su antigüedad le daba,[15] ¿no fueron recientemente eliminadas por Severo,[16] el más constante de los príncipes?

9. También existieron leyes permitiendo a los acreedores cortar en pedazos a los juzgados previamente como insolventes; mas por público acuerdo fue después erradicada tamaña crueldad, quedando conmutada en vergonzosa pena de infamia;[17] con el embargo de los bienes se prefirió que la sangre sonrojara de vergüenza a derramar la sangre de un hombre.[18]

10, Y cuántas leyes os quedan aún por expurgar, a las que no basta para recomendar ni el número de años, ni la dignidad de sus autores, sino sólo su equidad. Y he ahí por qué cuando se las reconoce injustas merecidamente se las condena, aunque ellas mismas condenen.

---

[14] Rescripto es decreto con que el príncipe responde a súplica, edicto es definición deliberada por consejo del magistrado y autoridad del príncipe.

[15] La ley Papia Popea obligaba al matrimonio a las jóvenes antes de los doce años, cuando apenas pueden engendrar, y por esto se llama vana. Esta ley se modificó por la ley Julia, que no lo ordenaba sino lo permitía. Severo dejó en libertad el matrimonio.

[16] *Vere pertinax, vere severus*, dice de él su biógrafo jugando con su nombre. En un principio defendió a los cristianos contra el populacho; después les persiguió.

[17] La confiscación de bienes se hacía poniendo en vergüenza al deudor en la puerta del Capitolio sobre un león de piedra.

[18] O: "Era mayor castigo sacar la sangre a la cara que sacarla de las venas". A pesar de todo, esta ley bárbara duró 500 años en Roma, hasta que en el año 630 de su fundación, los cónsules Papirio Mugelano y Cayo Petelio, conmutaron la pena capital en la cesión vergonzosa.

La legislación contra los cristianos es injusta y absurda

Ninguna ley debe la conciencia de su justicia sólo a sí misma, sino también a aquellos que deben acatarla. Por lo demás, sospechosa es la ley que no quiere ser examinada; tiránica es si se impone sin examen.

11. Mas, ¿por qué las llamo «injustas» y aun las llamo «insensatas» si castigan un mero nombre? Si son actos lo que condenan, ¿por qué castigan nuestros actos por causa del mero nombre cuando en otros persiguen crímenes probados por el hecho, no por el nombre? Soy incestuoso. ¿Por qué no indagan? Soy infanticida. ¿Por qué no me arrancan la confesión? Cometo algo contra los dioses, contra los césares. ¿Por qué no se me oye, pues tengo algo que pagar?

12. Ninguna ley prohíbe examinar lo que se prohíbe cometer, porque ni el juez castiga justamente si primero no conoce que se ha cometido lo ilícito, ni el ciudadano puede fielmente obedecer a la ley ignorando lo que la ley castiga.

13. Ninguna ley debe la conciencia de su justicia sólo a sí misma, sino también a aquellos que deben acatarla. Por lo demás, sospechosa es la ley que no quiere ser examinada; tiránica es si se impone sin examen.

5

Los peores gobernadores, los mayores perseguidores

1. Volviendo a tratar algo acerca del origen de tales leyes, existía un viejo decreto de que ningún dios fuese consagrado por ningún emperador sin haber sido antes aprobado por el Senado. Bien sabe M. Emilio lo que pasó con su dios Alburno.[19] Esto favorece a nuestra causa, el que entre vosotros la voluntad (*arbitrio*) humana sea la que decide acerca de la divinidad. Si al hombre no le agrada un dios no será dios; es el hombre quien habrá de mostrarse propicio con el dios.

2. Así Tiberio, en cuyo tiempo el nombre cristiano penetró en el mundo, expuso al Senado, según informes a él remitidos de Siria Palestina, hechos que habían allí revelado la verdad sobre la divinidad de Cristo, apoyándolo con su propio sufragio. Mas el Senado, no aprobándolos por su parte, lo rechazó. El César persistió en su sentir, amenazando con muerte a los acusadores de cristianos.

3. Consultad vuestros anales: allí encontraréis que Nerón fue el primero en perseguir ferozmente con la espada cesariana a esta secta, que acababa de nacer en Roma.[20] Pero es glorioso para nosotros el que haya sido él quien primero nos condenase. Quien le conoce puede comprender que Nerón no pudo condenar sino un bien grande.

Consultad vuestros anales: allí encontraréis que Nerón fue el primero en perseguir ferozmente con la espada cesariana a esta secta, que acababa de nacer en Roma. Pero es glorioso para nosotros el que haya sido él quien primero nos condenase. Quien le conoce puede comprender que Nerón no pudo condenar sino un bien grande.

4. También Domiciano, un pequeño Nerón por su crueldad, lo intentó; mas, como era también hombre, detuvo en seguida lo comenzado y aun llamó a los que había desterrado. Tales fueron siempre nuestros perseguidores, injustos, impíos, torpes, a quienes vosotros mismos acostumbráis a condenar y soléis rehabilitar a los que ellos condenaron.

---

[19] Este dios Alburno debía ser un dios de los galos, dominados por Marco Emilio, también Metelo, cónsul por los años de 115 antes de Jesucristo, que se vio resistido por el Senado que consideraba afrentoso a Alburno. La insistencia de Emilio le hizo ganar el consentimiento.

[20] La primera persecución de Nerón de los cristianos fue tan insólita que se conservó en el archivo del Senado. Cf. Tácito, *Annales* XIII, 32; XV, 38; Seutonio, *Nero* III, 6; X, 16.

5. Pero entre tantos príncipes como desde entonces hasta hoy les siguieron, y que tuvieron sentido de lo divino y de lo humano, citad un solo perseguidor de los cristianos.

6. Nosotros, por el contrario, presentamos un protector de cristianos si se quiere buscar la carta de Marco Aurelio, gravísimo emperador, en la que testifica que la crueldad de la sed sufrida por el ejército en Germania fue ahuyentada quizá por las oraciones de los soldados cristianos, que pidieron la lluvia.[21] Y si no revocó expresamente el edicto de persecución,[22] sí neutralizó públicamente sus efectos de otra manera amenazando a sus acusadores con la pena, y cierto una pena más terrible.[23]

Pues, ¿qué clase de leyes son éstas que no ejecutan contra nosotros, sino los impíos, los injustos, los torpes, los crueles, los vanos, los dementes?; que Trajano eludió en parte, prohibiendo buscar a los cristianos.

7. Pues, ¿qué clase de leyes son éstas que no ejecutan contra nosotros, sino los impíos, los injustos, los torpes, los crueles, los vanos, los dementes?; que Trajano eludió en parte, prohibiendo buscar a los cristianos;[24] que ninguno de los Adrianos nos aplicó, aunque explorador de todas las curiosidades; que ningún Vespasiano nos aplicó tampoco, aunque debelador de los judíos; nunca un Antonino Pío,[25] nunca un Vero.

8. Ciertamente sería más comprensible que los peores fueran juzgados por los mejores, como adversarios naturales, más bien que por los que fueran malos como ellos.

---

[21] Alude a la XII legión, llamada *Fulminata,* nombre que llevaba antes del año 65. Dion Casio atribuye esa lluvia a las mágicas artes de Amufis Capitolino, gracias a las oraciones de Marco Aurelio a los dioses.

[22] Lo cierto es que Marco Aurelio siguió persiguiendo a los cristianos. Víctimas destacadas fueron Felicidad, Justino, Cecilia, los mártires de Lyon y otros.

[23] Según Orosio, la pena más terrible fue "quemarlos vivos", y según Eusebio, "romperles las piernas".

[24] Trajano decretó la tercera persecución, pero mandando no inquirir sobre los cristianos, la revocó en parte, pues cuando no se busca no se puede condenar al reo.

[25] No decretó ninguna persecución, aunque durante su tiempo se dieron muchos martirios por autoridad del magistrado, con pretexto de que leían los libros de la Sibilas, que Antonino había prohibido.

6

Cambios en los decretos y costumbres

¿Dónde se fueron aquellas leyes que reprimían el lujo y la ambición, que mandaban no gastar más de cien ases por una cena, ni servir más de una gallina, aunque no estuviese gorda; esas leyes que excluyeron del Senado a cierto patricio por haber poseído diez libras de plata, cual si ello fuese prueba palmaria de su ambición.

1. Quisiera ahora que estos escrupulosísimos protectores y cultivadores de las leyes y de las patrias instituciones me respondan acerca de su fidelidad, de su respeto, de su obediencia a los decretos de los mayores, si de ninguno de ellos se apartaron, si de ninguno se salieron, si no olvidaron precisamente lo más necesario y apto para mantener la disciplina.

Horus, dios egipcio con cuerpo de hombre y cabeza de halcón

2. ¿Dónde se fueron aquellas leyes que reprimían el lujo y la ambición, que mandaban no gastar más de cien ases por una cena, ni servir más de una gallina, aunque no estuviese gorda; esas leyes que excluyeron del Senado a cierto patricio por haber poseído diez libras de plata, cual si ello fuese prueba palmaria de su ambición;[26] que hacían demoler teatros levantados para corromper las costumbres; que no dejaban se usurpasen contra derecho e impunemente las insignias de dignidades y de noble nacimiento?[27]

3. Porque yo estoy viendo cenas que pueden llamarse centenarias por costar cien sestercios y que la plata de las minas viene a convertirse en platos no ya entre senadores, sino entre libertos o entre gentes que aún están sujetos a azote. Veo también que no basta un solo teatro y descubierto, pues, a fin de que ni en invierno el impúdico deleite sintiese frío, los lacedemonios fueron los primeros en inventar para los juegos la odiosa pénula (manto pesado).[28] Veo también que entre matronas y prostitutas no hay ya diferencia alguna en el vestir.

Cayeron también en desuso aquellos preceptos de los mayores referentes a las mujeres que protegían la modestia y la sobriedad, pues ninguna conocía el oro, salvo en el único dedo en que el esposo había puesto el anillo nupcial a modo de prenda.

4. Cayeron también en desuso aquellos preceptos de los mayores referentes a las mujeres que protegían la modestia y la sobriedad, pues ninguna conocía el oro, salvo en el único dedo en que el esposo había puesto el anillo nupcial a modo de prenda; y las mujeres se abstenían también del vino, hasta el punto de hacer morir de hambre a cierta matrona sus parientes por haber abierto las cámaras de una bodega. Y en tiempo de Rómulo, por haber gustado vino, una mujer fue impunemente muerta por su marido.[29] Por eso también habían de abrazar a sus parientes para que se las pudiera juzgar por el aliento.

---

[26] Esas leyes eran ciertas leyes suntuarias represivas del lujo, tales como la ley *Orchia*, la ley *Fania*, la ley *Licinia* o *Centuria* –que mandaba no gastar más de cien monedas–, las que, en detalle, limitaban los gastos aun en los banquetes de boda. La ley *Censoria* no permitía más de diez libras de plata para servicio de los senadores; y por ella condenó el censor a Cornelio Rufino, que había sido cónsul dos veces y dictador, excluyéndole del Senado, porque en sus alhajas tenía más de diez libras de plata.

[27] Insignias eran el zapato rojo senatorial, el *clavus* o banda, a modo de actual estola; la *trabea*, vestido exterior y corto; el anillo de oro y la *bulla* o bola de oro.

[28] La pénula era una especie de chilaba contra la lluvia. Era pesada y en ella tiene origen la actual casulla litúrgica de los sacerdotes.

[29] Plinio, *Historia Natural*, XIV, 13. Lactancio, *Instituciones divinas*, 22.

Vosotros mismos también, tan respetuosos como sois, habéis hecho trizas los sabios decretos de vuestros padres acerca de vuestros mismos dioses.

5. ¿Dónde está aquella felicidad de los matrimonios, fruto de las buenas costumbres, que casi seiscientos años desde la fundación de Roma, ni una sola casa escribió un repudio?[30] Mas ahora, por causa del oro, no hay en las mujeres ni un miembro ágil;[31] por causa del vino no hay ningún beso franco y el repudio es lo que se desea como fruto del matrimonio.

6. Vosotros mismos también, tan respetuosos como sois, habéis hecho trizas los sabios decretos de vuestros padres acerca de vuestros mismos dioses. Al padre Líber[32] con sus misterios le eliminaron los cónsules con la autoridad del Senado, y no sólo de la ciudad (de Roma), sino de toda Italia.[33] Serapis e Isis y Harpócrates con su cinocéfalo[34] fueron alejados del Capitolio, o sea, expulsados de la asamblea de los dioses por los cónsules Pisón y Gabinio, los que ciertamente no eran cristianos, y llegaron incluso a derribar sus altares, reprimiendo por ahí los vicios de esas infames y vanas supersticiones.[35] ¡Y vosotros les habéis revocado del destierro, les habéis conferido la suprema majestad!

7. ¿Dónde está la religión, dónde la veneración que a los antepasados debéis? Habéis renunciado a vuestros padres en vuestro vestir, en vuestro vivir, en vuestro pensar, finalmente en vuestro mismo hablar, habéis renegado de vuestros abuelos. Alabáis siempre a los antiguos, pero vivís a la moda del día. Por donde se comprueba que mientras os apartáis de las buenas normas de vuestros mayores retenéis y conserváis tan sólo lo que no debisteis, no guardando lo que debisteis.

8. Aún os queda algo, que parece legado por vuestros padres y que fidelísimamente parecéis todavía guardar,

---

[30] El año 520 de la fundación de Roma, Carbilio Espurio fue el primero en repudiar a su mujer por estéril, y repudiada la amó con ternura.

[31] Por ir cargadas de oro.

[32] Líber y Líbera eran dioses itálicos de la fertilidad de la vid y del campo; confundidos un día con el griego Baco o Dionisos y con Cora o Proserpina, raptada por Plutón.

[33] En el año 568 de la fundación de Roma, los cónsules Postumio Albino y Marcio Filipo, desterraron de Roma el culto del dios Baco.

[34] Serapis u Osiris era el marido de Isis. Horo o Harpócrates –dios del silencio– y Anubis eran hijos de aquéllos. Anubis, por ser representado con cabeza de perro o chacal, era llamado Cinocéfalo. Estas divinidades, bien que egipcias, eran ya adoradas en Italia en el siglo II.

[35] Además prohibieron bajo pena a los artífices que los labrasen.

acusando sobre todo a los cristianos de no observarlo. Hablo del celo por el culto de los dioses, acerca de lo cual mucho se equivocó la antigüedad. Pero aunque hayáis reconstruido los altares de Serapis, ya romano; aunque inmoléis vuestros furores a Baco, ya itálico, os mostraré en su lugar que esta misma tradición se ve igualmente despreciada, descuidada, destruida por vosotros a despecho de la autoridad de los mayores.

Hablo del celo por el culto de los dioses, acerca de lo cual mucho se equivocó la antigüedad.

Y ahora voy a responder a aquella inculpación de ocultos crímenes, a fin de desembarazarme el paso para discutir los crímenes más notorios.[36]

[36] A esta misma tarea se dedicaron también apologistas tan notables como Atenágoras, Justino, Minucio Félix, Arnobio y Lactancio, cuyas obras publicaremos próximamente en esta colección.

7

Imputación de crímenes sin prueba

A diario se nos asedia, a diario se nos traiciona y más que en nada se nos cohíbe en nuestras reuniones, en nuestras asambleas.

1. Se dice que somos grandes criminales porque cometemos infanticidio en secreto y luego de comernos en seguida al niño muerto, y de incestos tras del banquete, por perros[37] que echan abajo las luces, a modo de alcahuetes de las tinieblas, procuran la desvergüenza de esos impíos placeres.

2. Estos delitos se murmuran contra nosotros desde hace tiempo, sin que vosotros intentéis averiguar la verdad. O bien demostrarlo si lo creéis o no lo creáis si no queréis demostrarlo. Vuestro mismo disimulo prueba no existir lo que ni vosotros mismos os atrevéis a demostrar. Es un oficio muy distinto el que imponéis al verdugo para con los cristianos, debiéndoles forzar no a que digan lo que hacen, sino a que nieguen lo que son.

3. Como ya hemos dicho, el origen de nuestra doctrina está ya registrada en el censo de Tiberio. Su verdad fue detestada nada más nacer. Tantos son sus enemigos cuantos le son extraños, y ciertamente los primeros por envidia fueron los judíos; por causa de atropellos los soldados y por naturaleza nuestros propios familiares.

4. A diario se nos asedia, a diario se nos traiciona y más que en nada se nos cohíbe en nuestras reuniones, en nuestras asambleas.

5. ¿Quién jamás ha llegado a punto de oír los sollozos de ese niño inmolado de que se habla? ¿Quién ha podido jamás conservar, para mostrarlos al juez, esos labios tintos en sangre, como se hallaron los de los Cíclopes y de las Sirenas? ¿Quién ha sorprendido en sus esposas ni el menor rastro de inmundicia? ¿Quién habiendo descubierto crímenes como éstos los ocultó primero y vendió su secreto, arrastrando a los hombres mismos ante el juez? Si siempre estamos ocultos, ¿cuándo, pues, han salido a la luz los desmanes que cometemos?

---

[37] A estos perros atados al candelabro e incitados a tirarlo alude también en su *Apología* Minucio Félix, cap. IX.

6. Más aún: ¿quiénes pudieron revelarlos? De seguro no los propios culpables, siendo norma de todos los misterios la imposición de un inviolable silencio.[38] Los misterios de Samotracia y de Eleusis se guardan en el secreto; ¿cuánto más aquellos cuya revelación provocaría el castigo de los hombres antes incluso que el castigo divino?

7. Por tanto, si los cristianos no son traidores de sí mismos, síguese que sus acusadores son extraños. Y ¿de dónde les viene a extraños el conocimiento, cuando aun las piadosas iniciaciones [en los misterios] rechazan a los profanos y evitan testigos, a no ser que se diga que los impíos temen menos?

¿Quién da crédito a la fama, sino el irreflexivo? El que es cuerdo no cree lo incierto. Todos pueden apreciarla, cualquiera que sea la amplitud de su difusión, cualquiera que sea la aseveración sobre la cual está cimentada, y por muy disimulado que sea su fundamento, en su origen nos encontramos con una sola persona.

El nefasto poder del rumor

8. La naturaleza de la fama es de todos conocido. Vuestro es el dicho: "La fama es el más veloz de todos los males" (*fama malum, quo non aliud velocius ullum*).[39] ¿Por qué es un mal la fama? ¿Por qué es veloz? ¿Porque todo lo revela o por ser muy mentirosa? Ya que ni aun cuando algo verdadero trae está sin vicio de mentira, quitando, añadiendo, mudando algo de la verdad.

9. Pues, ¿qué? Es de tal condición que no persevera, sino cuando se miente y en tanto vive en cuanto no prueba lo que dice, ya que desde que probó, cesa de ser y, como quien ha cumplido con su oficio de anunciar, entrega la cosa y desde entonces es algo que se retiene, algo que cuenta.

10. Y nadie dice, por ejemplo: "Esto se dice ha pasado en Roma". O "Es fama que a fulano le ha cabido en suerte el gobierno de tal provincia", sino "fulano ha alcanzado el gobierno de tal provincia" y "Eso ha pasado en Roma".

11. La fama, nombre de lo incierto, no tiene lugar donde está lo cierto. Pero, ¿quién da crédito a la fama, sino el irreflexivo? El que es cuerdo no cree lo incierto. Todos pueden apreciarla, cualquiera que sea la amplitud de su

[38] Misterio (del vergo griego *myo*, "cerrar la boca") son cultos del silencio, cultos secretos, a los que se admite sólo a los iniciados (gr. *mysésis*), no a los profanos. Los más célebres en Grecia fueron los de Dionisos Zagreo; los Eleusinos, en honor de Deméter, y los de la isla de Samotracia en honor de los Cabiros.

[39] Virgilio, *Eneida* IV, 174.

A nadie se le ocurre pensar si aquella primera boca no sembró mentira, lo que con frecuencia sucede, ya por el ingenio propio de la envidia, ya por la temeridad de la sospecha o bien por el ingénito placer que algunos sienten al mentir.

difusión, cualquiera que sea la aseveración sobre la cual está cimentada, y por muy disimulado que sea su fundamento, en su origen nos encontramos con una sola persona.

12. Después se va ramificando de boca en boca y de oído en oído. Y así el vicio inherente a esta diminuta semilla va de tal modo disimulado por el vocerío de los rumores, que a nadie se le ocurre pensar si aquella primera boca no sembró mentira, lo que con frecuencia sucede, ya por el ingenio propio de la envidia, ya por la temeridad de la sospecha o bien por el ingénito placer que algunos sienten al mentir.

13. Aunque felizmente el tiempo todo lo revela, como atestiguan también vuestros proverbios y máximas y habiéndolo así dispuesto la naturaleza misma, pues de tal modo ordenó las cosas que nada se oculta mucho tiempo, incluso de lo que la fama no llegó a divulgar.

14. Con razón, pues, durante tanto tiempo únicamente la fama o rumor se hizo eco de los crímenes de los cristianos. Aducís como juez en contra nuestra a la fama que un día tales patrañas lanzó y por tanto espacio de tiempo fue acreditándolas, bien que sin poderlas probar hasta la fecha.

8

Acusaciones inverosímiles

1. Para apelar al testimonio de la naturaleza contra aquellos que presumen han de creerse semejantes cosas, proponemos ahora la recompensa de tales crímenes, la promesa de la vida eterna. Creedlo por el momento. Pero pregunto a este propósito: Tú que lo crees, ¿piensas que vale la pena llegar a la vida eterna con tal conciencia manchada?

2. Ven, hunde el hierro de tu cuchillo en el infante, de nadie enemigo, de nadie reo, de todos hijo. O bien, si este oficio incumbe a otro, vete tú siquiera a ver a ese hombre que muere antes de haber comenzado a vivir; aguarda a que huya esa alma nueva, recoge la joven sangre, con ella empapa tu pan y cómetelo con ganas.

3. Mientras estás sentado en tal mesa, cuenta los puestos: el de la madre, el de la hermana; anótalos cuidadosamente para que cuando los perros provoquen las caninas tinieblas no te equivoques, ¡porque te harás culpable de sacrilegio si no cometes incesto!

4. Iniciado y consignado en tales misterios, vives para siempre. Deseo que respondas si tanto como eso vale la eternidad, o si no lo vale, no se ha de creer en nada de eso. Y aunque creyeses, afirmo que no lo quieres; y aunque lo quisieras, afirmo que no lo puedes. Mas, ¿por qué otros lo podrían hacer si no lo podríais vosotros?, ¿por qué no lo podríais, cuando otros lo pueden?

5. ¿Tenemos otra especie de naturaleza, como la de los cynópenos o de los sciápodos?[40] ¡Como si tuviéramos una disposición diferente de nuestros dientes o tuviéramos conformados los nervios para la pasión incestuosa! Tú, que tal crees de un hombre, puedes también otro tanto; hombre eres también, lo mismo que el cristiano. Tú, que eres incapaz de cometerlo, no debes creerlo, porque también el cristiano es hombre, y tanto como tú.

Tú, que tal crees de un hombre, puedes también otro tanto; hombre eres también, lo mismo que el cristiano. Tú, que eres incapaz de cometerlo, no debes creerlo, porque también el cristiano es hombre, y tanto como tú.

---

[40] Quizás habría que leer cinocéfalo, esa clase de hombres monstruosos con cara de perro de que habla Plinio como existentes en la India. Los sciápodos se llaman así, según Plinio, por cuanto se protegen con los pies de los calores del sol poniéndose boca arriba.

Pero diréis que los que entran son ignorantes del rito que se les impone. No sabían, en efecto, que tales cosas se afirmaban de los cristianos. Debían, por tanto, observarse a sí mismos e investigar con todo cuidado.

6. Pero diréis que los que entran son ignorantes del rito que se les impone. No sabían, en efecto, que tales cosas se afirmaban de los cristianos. Debían, por tanto, observarse a sí mismos e investigar con todo cuidado.

7. De todas formas, me parece que los que quieren iniciarse acostumbran acudir primero a aquel *pater sacrorum*[41] que preside los sagrados misterios para fijar con él los preparativos. Éste, entonces, dice: "Necesitas un niño tierno aún, que todavía no sepa lo que es el morir, que sonría bajo tu cuchillo; necesitas también pan para empapar el chorro de sangre; además, candeleros y lámparas y algunos perros y bocados de carne que les hagan brincar y derribar las luces. Ante todo, habrás de venir con tu madre y con tu hermana".[42]

8. ¿Y qué si no pueden venir o si no tiene ni una ni otra? ¿Qué harán los cristianos que son únicos en su familia? ¿No será, opino yo, legítimo cristiano, sino el hermano o el hijo?

9. Ahora bien ¿qué será si tales preparativos se hacen sin enterarse los neófitos? Pero ciertamente después los conocen y los aguantan cerrando los ojos. Temen ser castigados los que si lo proclaman merecerán ser de vosotros defendidos, aunque ellos preferirán morir antes que vivir con esa conciencia. Pero sea: teman éstos; mas, ¿por qué también perseveran? Es obvio que no querrías ser más lo que no hubieras sido antes, de haberlo conocido de antemano.

---

[41] Alusión al "padre de las cosas sagradas" de los misterios de Mitra, dios persa cuyo culto estaba muy extendido entre los soldados romanos.

[42] Para unirse a ellas aprovechando las tinieblas. No pudo el odio del pueblo imaginar mayores atrocidades cometidas por aquellos a quienes presentaban como el colmo de las perversidades, según aquella vieja tendencia de mentir con exageración para conseguir alguna credibilidad.

9

Los acusadores acusados de aquello mismo que acusan

1. Para que mi refutación sea completa voy a demostrar que sois vosotros los que cometéis tales crímenes, parte en público, parte a escondidas, siendo ésta quizás la razón de que lo hayáis creído de nosotros.

En África los niños eran públicamente inmolados a Saturno[43] hasta el proconsulado de Tiberio, quien hizo exponer vivos en cruces votivas a los mismos sacerdotes de ese dios en los árboles de su propio templo.

2. En África los niños eran públicamente inmolados a Saturno[43] hasta el proconsulado de Tiberio, quien hizo

Lucha entre gladiadores
"¿Dónde están, sino entre vosotros, los que, al combatir los gladiadores malvados en la arena del circo, han bebido con avidez para curarse de la enfermedad comicial?"

[43] Se trata del dios fenicio Baal Amon, adorado en Cartago, confundido después con el Saturno romano. Correspondía al Moloc de los tirios, en cuyo culto eran esenciales los sacrificios humanos, tan condenados por los profetas hebreos del Antiguo Testamento. Mientras se sacrificaban los niños se hacía tocar la flauta y otros instrumentos que ahogasen los gritos de las desgraciadas víctimas ante las desdichadas madres.

Mas como el infanticidio es siempre infanticidio, poco importa sea cometido en un rito sacro o por simple capricho, salva, sin embargo, la diferencia que constituye el parricidio.

exponer vivos en cruces votivas[44] a los mismos sacerdotes de ese dios en los árboles de su propio templo, que encubrían sus crímenes con su sombra. Testigo de ello es mi propio padre, quien, como soldado, ejecutó la orden del procónsul.

3. Pero aun hoy día persevera en secreto este crimen sagrado. No son únicamente los cristianos los que os desprecian, ni hay crimen que quede para siempre desarraigado, ni hay dios alguno que cambie sus costumbres.

4. Saturno, que no perdonó a sus propios hijos, perseveró también en no perdonar a los extraños a quienes sus padres los ofrecían, cumpliendo de grado algún voto, y acariciando a sus hijos para que no llorasen mientras eran inmolados.[45] Y sin embargo, mucho difiere el homicidio del parricidio.

5. Entre los galos se segaba para Mercurio a mayores de edad. Relego a los teatros las fábulas de Diana en Táurida.[46] En esta religiosísima ciudad[47] de los piadosos descendientes de Eneas hay un cierto Júpiter que en sus juegos es rociado con sangre humana. Pero decís: "Es sangre de un bestiario". Es, opino, ¿es menos que sangre de hombre? O ¿no será todavía algo más vergonzoso por ser sangre de un mal hombre? Lo cierto es que se derrama como un homicidio. ¡Oh Júpiter cristiano, hijo único de su padre por su crueldad![48]

6. Mas como el infanticidio es siempre infanticidio, poco importa sea cometido en un rito sacro o por simple capricho, salva, sin embargo, la diferencia que constituye

---

[44] *Votivis crucibus*, llamadas así por la promesa o voto que había hecho el procónsul de colgar los sacerdotes que "sacrificaban hombres en las cruces de las ramas de los árboles; que usaban los gentiles para plantar árboles infructíferos a la puerta de los templos, según cuentan Plinio y Apuleyo. La espesura de los árboles, considerados sagrados, daban un aire misterioso al templo y, como aquí se dice, ocultaban las abominaciones en él cometido. En ellos se suspendían los exvotos o anatemas.

[45] Era de mal augurio que llorara la víctima.

[46] En Táurida (Grecia) se sacrificaba a la diosa Diana a los náufragos extranjeros.

[47] Se refiere a Roma, conocida por su superstición, adoradora de numerosos dioses.

[48] "Júpiter cristiano." Lo que con fina ironía Tertuliano quiere decir es lo siguiente: "Júpiter fue hijo de Saturno, que se comía los hijos nada más nacer. Júpiter es venerado en el Lacio (Roma) con sangre humana. Si el cristiano se consagra con sangre humana, como decís, será Júpiter gran cristiano, porque con sangre escapó de los dientes de su padre y con sangre se venera".

el parricidio; me dirijo ahora al pueblo: ¡Cuántos de esos hombres que nos rodean y que suspiran por sangre de cristianos; cuántos aun de esos gobernadores, para vosotros justísimos, para nosotros severísimos! ¿Queréis que pulse sus conciencias diciéndoles que matan a los hijos que acaban de nacerles?

7. A la verdad existe todavía una diferencia en cuanto al género de muerte, siendo ciertamente más cruel el ahogar, o el exponer al frío, o al hambre, o a los perros, pues el morir por el hierro de la espada sería preferido en la edad adulta.[49]

8. A nosotros, en cambio, una vez que el homicidio nos está prohibido, tampoco nos es lícito matar al infante concebido en el seno materno, cuando aún la sangre pasa al ser humano desde la madre. Es un homicidio anticipado impedir el nacer, sin que importe se quite la vida tras nacer o que se destruya al que nace. Hombre es también el que ha de serlo, así como todo el fruto está ya en la simiente.[50]

A nosotros, en cambio, una vez que el homicidio nos está prohibido, tampoco nos es lícito matar al infante concebido en el seno materno, cuando aún la sangre pasa al ser humano desde la madre. Es un homicidio anticipado impedir el nacer, sin que importe se quite la vida tras nacer o que se destruya al que nace. Hombre es también el que ha de serlo, así como todo el fruto está ya en la simiente.

9. Y volviendo a esa comida de sangre y a esa clase de trágicos platos, leed dónde se halla relatado –creo que en Herodoto– que ciertas gentes, al contraer pacto, se han procurado sangre y la han gustado haciéndola fluir de los brazos de las partes contratantes. No sé si también bajo Catilina se probó sangre de parecido modo. Dícese que en ciertas naciones de escitas el difunto es comido por los suyos.

10. Mucho me alejo. Hoy mismo, aquí, la sangre salida del muslo abierto y recogida en la palma de la mano se da a beber a los consagrados a Belona para señalarlos.[51] Y más: ¿dónde están, sino entre vosotros, los que, al combatir los gladiadores malvados en la arena del circo, han bebido con avidez, para curarse de la enfermedad comicial, la sangre caliente de los criminales estrangulados que corría de su cuello?[52]

11. Más aún: ¿quiénes son los que se comen la carne de las fieras que salen muertas de la arena, los que se

[49] Algunos romanos, por encubrir el adulterio mataban a sus hijos. Otros los dejaban al frío, otros los arrojaban al río y otros a los perros.

[50] *Homo est et quie est futurus*, argumento clave contra el aborto utilizado por los cristianos desde el principio.

[51] Los sacerdotes de la diosa Belona sacrificaban a la diosa los jarretillos de los muslos.

[52] Plinio decía que la sangre humana caliente era remedio para el mal de corazón, remedio del que se burlaba Ateneo.

Deberíais avergonzaros de vuestro error sobre los cristianos, los que en nuestros suculentos banquetes ni siquiera admitimos sangre de animales y por esto mismo nos abstenemos de comer animales ahogados o muertos.

abalanzan al jabalí y clavan el diente en el ciervo? ¿El que limpió a ese que al luchar se quedó teñido de sangre humana? ¿Ese jabalí que se lamió la sangre del hombre a quien había matado en la lucha? ¿Ese ciervo que se tumbó sobre la sangre del gladiador muerto? ¡Se buscan aun los miembros de los osos que todavía no han digerido la carne humana! ¡Eructa, pues, un hombre la carne comida de otro hombre! Los que esto coméis, ¡cuántos distáis de los convites de los cristianos!

12. Y los que, por monstruosa pasión, apetecen los miembros humanos, ¿serán menos culpables por devorarlos vivos? ¿No son también por medio de sangre humana consagrados a la impureza, por lamer lo que ha de ser sangre? Cierto que no se comen niños, pero sí adolescentes.[53]

13. Deberíais avergonzaros de vuestro error sobre los cristianos, los que en nuestros suculentos banquetes ni siquiera admitimos sangre de animales y por esto mismo nos abstenemos de comer animales ahogados o muertos, para no contaminarnos con sangre alguna, aun de la que quedó dentro de las carnes.[54]

14. Uno de los medios que usáis también para someter a prueba a los cristianos es presentarles unas morcillas de sangre, convencidos de que eso les está vedado y de que es un medio de hacerles salir del camino recto. Así, pues, ¿cómo podéis creer que quienes se horrorizan de la sangre de un animal, lo cual ya admitís; cómo pensáis que han de estar ávidos de sangre humana, a menos que vosotros mismos no hayáis quizás experimentado ser más dulce?

15. Era, pues, preciso emplear también sangre humana para probar a los cristianos, lo mismo que el fuego del sacrificio o que el cofrecillo del incienso. Serían, en efecto, descubiertos, tanto apeteciendo la sangre humana como rehusando sacrificar; habría, por el contrario, que negar su culpabilidad de cristianos si no gustaban de la sangre humana, como si accedían a sacrificar. ¡Y ciertamente no os faltaría sangre humana mientras interrogáis y condenáis a los detenidos!

---

[53] "¿Comen menos aquellos que con lujuria de brutos comen miembros humanos? Esto no es comer muertos, sino vivos; no es comer niños, sino hombres" (trad. de Pedro Manero).

[54] Seguían así fielmente lo ordenado en Hechos cap. 15.

16. Y siguiendo: ¿quién más incestuoso que aquellos a quienes el mismo Júpiter enseñó a serlo? Refiere Ctesias que los persas se mezclaban con sus madres. También los macedonios son sospechosos, pues al oír por vez primera la tragedia de Edipo les hizo reír el dolor del rey, y gritaban: "Échate sobre tu madre".[55]

17. Recapacitad ahora cuán fáciles son los errores que llevan a cometer incestos, supeditando a veces el desorden de la lujuria. En primer lugar exponéis vuestros hijos, para que los recoja la piedad extraña de algún transeúnte,[56] o bien los emancipáis, a fin de que sean adoptados por padres mejores. Es irremediable que con el tiempo se borre el recuerdo de su familia, para ellos ajena; y tan pronto como el error hubiere arraigado, con la criminal expansión de la familia se extenderá también la ocasión del incesto.

18. Por fin, donde sea que os encontréis, en casa, de viaje, allende los mares, la pasión os acompaña y los saltos que por doquier da pueden fácilmente, casi sin quererlo, haceros procrear aun de un pariente, de suerte que esos niños diseminados, por las relaciones que entre los hombre se traban, caen sobre sus autores sin que lo reconozcan, ignorando un incestuoso parentesco.

19, Nosotros, en cambio, tenemos garantías contra tal eventualidad por la muralla de una diligentísima y vigilantísima castidad y estamos al abrigo tanto del estupro y de todo exceso después del matrimonio como lo estamos de la caída en el incesto. Y aun alguno de nosotros, mucho más seguros, alejan todo peligro de este error por una continencia virginal, así viejos como jóvenes.

20. Si consideraseis que semejantes crímenes entre vosotros se dan, veríais, por lo mismo, que no están entre los cristianos. Los mismos ojos os hubieran dictado lo uno como lo otro. Pero fácilmente coexisten dos especies de ceguera para no ver lo que es y creer ver lo que no es. Es lo que iré demostrando. Hablaré primero de lo que es público.

Si consideraseis que semejantes crímenes entre vosotros se dan, veríais, por lo mismo, que no están entre los cristianos. Los mismos ojos os hubieran dictado lo uno como lo otro. Pero fácilmente coexisten dos especies de ceguera para no ver lo que es y creer ver lo que no es.

[55] En la tragedia de Sófocles, Edipo se casa con su madre Yocasta, sin saberlo, atrayendo con ello males sin cuento a la ciudad de Tebas. Un día descubre ser culpable del incesto. Dolorido entonces y avergonzado, se arranca los ojos y se destierra a sí mismo, guiado por su hija Antígona.

[56] En Roma había una columna llamada Lactaria, en la plaza del Aceite, en la que se exponían los niños huérfanos para ser recogidos por quien quisiere.

10

Los dioses son hombres divinizados

"No honráis a los dioses, nos decís, y no ofrecéis sacrificios por los emperadores." Es lógico que nosotros no sacrifiquemos por la salud de otros.

1. "No honráis a los dioses, nos decís, y no ofrecéis sacrificios por los emperadores." Es lógico que nosotros no sacrifiquemos por la salud de otros, por la misma razón que no lo hacemos por la nuestra, y que no adoremos a los dioses ni una sola vez. Por eso se nos persigue como a culpables de sacrilegio[57] y de lesa majestad. He ahí el punto capital de nuestra causa, o más bien, esa es toda nuestra causa; y ciertamente merecería ser conocida si no nos juzgase la prevención o la injusticia, pues la una no se ocupa de la verdad y la otra la rechaza.

Antonino Pío y su esposa son elevados al cielo sobre las alas de un genio; la mujer sentada personifica a Roma y el joven el Campo de Marte.
(Relieve de la Columna Antonia, año 161 d.C. Museo Vaticano.)
"Dejamos de honrar a vuestros dioses desde el momento que reconocemos no ser tales."

[57] Con la palabra *sacrilegium* parece traducir la voz griega *azeótes*, pues a los cristianos se les acusaba de ateos por cuanto no adoraban a los dioses imperiales.

Apelamos de vosotros mismos a vuestra conciencia; ella nos juzgue, ella nos condene si es capaz de negar que todos estos dioses vuestros fueron hombres.

2. Dejamos de honrar a vuestros dioses desde el momento que reconocemos no ser tales. Y así, lo que debéis exigir es que probemos cómo no son dioses y, por tanto, que no se han de reverenciar, porque sólo se les debiera adorar si fuesen dioses. Entonces habían de ser castigados los cristianos si constara que son dioses aquellos a los que no veneran por entender que no lo son.

3. Pero decís: "Para nosotros son dioses". Apelamos, sí, apelamos de vosotros mismos a vuestra conciencia; ella nos juzgue, ella nos condene si es capaz de negar que todos estos dioses vuestros fueron hombres.

4. Mas si ella también lo niega será confundida ya por los documentos de la antigüedad, de donde le viene el conocer a los dioses, dando de ello testimonio hasta hoy, ya por las ciudades en que los dioses nacieron, ya por los países en donde dejaron huella de algunas hazañas y aun en los que se demuestra están sepultados.[58]

5. ¿Queréis que vaya pasando revista a cada uno de vuestros dioses, tantos y tan diversos, dioses nuevos, viejos, bárbaros, griegos, romanos, adoptivos, propios, comunes, varones, hembras, rústicos, urbanos, marinos, militares?

6. Inútil fuera enumerar aun sus nombres. Pero lo resumiré en compendio, y esto no para dároslo a conocer, sino para que lo recordéis, pues sin duda lo habéis olvidado. Entre vosotros no hay otro dios anterior a Saturno. A él remonta el origen (*census*) de todo cuanto hay de mejor y más conocido de la divinidad. Por tanto, lo que fuere establecido acerca del autor de vuestros dioses se aplicará igualmente a su descendencia.

7. Saturno, si me refiero a lo dicho en los documentos escritos, no es mencionado ni por Diodoro el Griego, ni por Thalo, ni por Casio Severo, ni por Cornelio Nepote, ni por autor alguno de cuantos han tratado de antigüedades religiosas, como dios, sino como un simple hombre. Si acudo a las pruebas de los hechos históricos deducidos, en parte alguna hallo datos más seguros que en la misma Italia, en donde Saturno, tras numerosas expediciones y

---

[58] Que los dioses imperiales fueron hombres idealizados por los poetas y por el pueblo lo decía ya Evemero de Mesina trescientos años antes de Jesucristo. Es el inventor del evemerismo o interpretación de los mitos.

una estancia en Ática, se estableció y fue recibido por Jano,[59] o como prefieren los salios, por Jane.

8. El monte que él había habitado se llamaba monte Saturnio y la ciudad cuyo emplazamiento él señaló se llama Saturnia hasta la fecha; finalmente, toda Italia, tras del nombre Enetria,[60] llevaba el de Saturnia. De él provienen las tablillas de escribir y la moneda sellada con imagen, razón por la cual preside al erario público.

9. Mas si Saturno es un hombre, ciertamente viene de hombre, y si de hombre, ciertamente no del cielo, sino de la tierra. Mas siendo sus padres desconocidos, fácilmente pudo decirse hijo de los que todos también podemos parecer que somos hijos. Porque, ¿quién no llamaría al cielo y a la tierra padre y madre en muestra de veneración y de honor o bien por conformarse con la humana costumbre que nos mueve a decir de los desconocidos y de los que de improviso aparecen que han caído del cielo?[61]

10. Ahora bien, como Saturno apareció de repente, empezó por todas partes a llamársele celeste, pues el vulgo llama también hijos de la tierra a los de origen desconocido. Y no diré que entonces las gentes llevasen una vida tan ruda que la aparición de cualquier hombre desconocido les impresionase por su aspecto como si fuera una aparición divina, cuando hoy mismo, aunque civilizados, consagran como dioses a quienes, pocos días antes, con público luto habían confesado muertos.

11. Y baste ya de Saturno, aunque sea poco lo dicho. Ahora demostraremos también cómo Júpiter es hombre y cómo procede de hombre; y luego, que todo el enjambre de dioses de su familia salidos es tan mortal como semejantes a su simiente.

Y no diré que entonces las gentes llevasen una vida tan ruda que la aparición de cualquier hombre desconocido les impresionase por su aspecto como si fuera una aparición divina, cuando hoy mismo, aunque civilizados, consagran como dioses a quienes, pocos días antes, con público luto habían confesado muertos.

---

[59] Jano era el primer dios patrio de los romanos, por lo cual le invocaban siempre el primero. Era la puerta *ianua;* el paso cubierto, *ianus;* el primer mes del año *iauarius,* enero. Era Jano *bifrons,* pues tenía dos caras, una miraba al oriente y otra al occidente.

[60] Los enetrios habitaban al sur de Italia, en la Lucania.

[61] Alude a lo que sucedía en las representaciones trágicas, que repentinamente se aparecían los dioses pendientes de tramoyas.

11

Inutilidad de los dioses

Si hay quien haga dioses, vuelvo al examen de las razones que tenía de convertir hombres en dioses; mas no encuentro ni una sola, a menos que aquel gran Dios tuviera necesidad de siervos y de ayudas para cumplir sus divinas funciones.

1. Mas como no osáis negar que esos dioses fueron hombres, os habéis puesto a aseverar que después de su muerte fueron hechos dioses. Examinemos, pues, las causas que han obligado a tal apoteosis.[62]

2. Ante todo es preciso concedáis que existe un Dios supremo y como propietario[63] de la divinidad y admitir que de hombres haya hecho dioses, porque ni ellos mismos hubieran podido arrogarse la divinidad, que no tenían, ni pudieran prestarla a los que de ella carecían, sino quien en propiedad la poseía.

3. De lo contrario, si nadie hubiese habido para hacerlos dioses, en vano pretendéis que fueron hechos dioses suprimiendo a su autor. Porque es muy cierto que si ellos hubieran podido hacerse a sí mismos nunca hubieran sido hombres, poseyendo en sí el poder de más noble condición.

4. Por donde, si hay quien haga dioses, vuelvo al examen de las razones que tenía de convertir hombres en dioses; mas no encuentro ni una sola, a menos que aquel gran Dios tuviera necesidad de siervos y de ayudas para cumplir sus divinas funciones. Pero, en primer lugar, resulta indigno eso de que hubiera necesitado ayuda de alguien, y menos de un muerto, habiendo sido más decoroso para Él haber creado desde el principio algún dios en previsión de que podría necesitar ayuda de un muerto.

5. Mas ni siquiera veo haya lugar a tal ayuda, porque todo el cuerpo del mundo ni ha nacido ni ha sido hecho, según Pitágoras, o bien ha nacido y ha sido hecho, según Platón, siendo cierto que después de formado se encuentra dispuesto y provisto de lo necesario, como gobernado por

---

[62] La apoteosis se refiere a la concesión y reconocimiento de la dignidad de dioses a los héroes entre los paganos y al acto de tributarles honores divinos. Era el momento culminante del héroe, el ensalzamiento máximo de su persona.

[63] "Propietario", *manceps*, el que da estimación y precio justo a las joyas, lo que vino a significar el que posee algún bien y tiene potestad de dar a otro lo que no tiene, *mancipia*.

No se dice que tales dioses crearon, sino que descubrieron estas cosas necesarias para la vida. Mas lo que se encuentra es que preexistía; y lo que ya existía no se atribuye a quien lo encontró, sino a quien lo creó, por existir antes de ser descubierto.

las normas de una sabia inteligencia. No pudo ser imperfecto quien a todo dio perfección.

6. No había razón para esperar en modo alguno a Saturno y a la casta Saturnia. Bien simples serán los hombres si no están seguros que desde el principio cayeron lluvias del cielo, y brillaron astros, y resplandecieron luces, y mugieron truenos, y que el mismo Júpiter[64] temió los rayos que vosotros ponéis en su mano, como también que todos los frutos brotaron de la tierra antes que Libero y Ceres,[65] y Minerva; y aun antes del primer hombre, pues nada de cuanto está destinado a conservar y sustentar al hombre pudo ser introducido después de él.

7. Finalmente no se dice que tales dioses crearon, sino que descubrieron estas cosas necesarias para la vida. Mas lo que se encuentra es que preexistía; y lo que ya existía no se atribuye a quien lo encontró, sino a quien lo creó, por existir antes de ser descubierto.

8. Por lo demás, si Líber-Baco es dios por haber dado a conocer la vid, mal se han portado con Lúculo, que fue el primero en divulgar en Italia la cereza del Ponto, sin que por ello le hayan divinizado como autor de un nuevo fruto, aun cuando lo halló y lo dio a conocer.

9. Por donde si desde el principio el universo se sostiene, provisto de lo necesario y definitivamente ordenado que pueda cumplir sus funciones, no hay en ello motivo alguno para asociar la humanidad a la divinidad, pues los empleos y los poderes que habéis distribuido a vuestros dioses existieron desde un principio, aunque no hubierais creado esos dioses.

10. Pero acudís a otro motivo, respondiendo que la colación de la Divinidad tuvo por razón el premiar los méritos. Mas aquí supongo nos concedéis que ese Dios hacedor de dioses se distingue sobre todo por su justicia, no habiendo dispensado premio tan grande ni al azar, ni indigna ni pródigamente.

11. Pues voy a pasar revista a los méritos para ver si son tales que merecieron ser encumbrados hasta el cielo

---

[64] Júpiter nació en Creta. Era el Jovis, Diovis, Diuspipiter (padre del cielo), el Zeus Dieus de los griegos, hijo de Saturno (Cronos) y de Cibeles.

[65] Ceres, Deméter entre los griegos, era la diosa de la tierra, *Terra Mater*, y de la agricultura. Minerva era la diosa de la inteligencia y fue identificada con Palas Athenea, la que dio a los griegos el olivo.

y no más bien sumergidos en el fondo del Tártaro, que vosotros con muchos (*cum multis*) afirmáis cuando queréis (*cum vultis*) como cárcel de penas infernales.

12. Y allí suelen ser encerrados los ingratos con sus padres, los incestuosos contra sus hermanas, los adúlteros con casadas, los raptores de vírgenes y corruptores de niños, y los que cometen crueldades, y los asesinos, y los ladrones, y los que engañan, y cualesquiera semejantes a uno de vuestros dioses, ya que no podréis probar que ninguno se halla exento de crimen o de vicio, a no ser que neguéis que era hombre.[66]

Afrenta para el cielo es vuestra justicia. Haced dioses a todos los mayores criminales, a fin de agradar a vuestros dioses. Es un honor para ellos la apoteosis de sus iguales.

13. Pero además de que no podéis negar que ellos fueron hombres, se añaden estas notas que no permiten creer que después se hicieron dioses. Porque si vosotros presidís vuestros tribunales para castigar a los que se les parecen; si todos los hombres de bien huís el tratar, el hablar y la compañía de los malos e infames, y si, por otra parte, el Dios supremo ha asociado a su majestad los que son semejantes a éstos, ¿por qué, pues, condenáis a aquellos cuyos colegas adoráis?

14. Afrenta para el cielo es vuestra justicia. Haced dioses a todos los mayores criminales, a fin de agradar a vuestros dioses. Es un honor para ellos la apoteosis de sus iguales.

15. Pero, olvidando lo expuesto acerca de sus indignidades, supongamos los haya honrados, íntegros y buenos. Mas, ¡a cuántos hombres que valían más que ellos habéis dejado en los infiernos! A un Sócrates por la sabiduría; a un Arístides, por la justicia; a un Temístocles, por las hazañas militares; a un Alejandro, por su grandeza; a un Polícrates, por su felicidad; a un Creso, por sus riquezas; a un Demóstenes, por su elocuencia. ¿Quién de vuestros dioses es más grave y sabio que Catón, más justo y guerrero que Escipión, más grande que Pompeyo, más feliz que Sila, más rico que Creso, más elocuente que Tulio? ¡Cuánto más digno del Dios supremo haber esperado a estos hombres para asumírselos como dioses, ya que Él de antemano conocía a los mejores! Mas pienso que se precipitó y cerró de una vez el cielo, avergonzado ahora de oír a los mejores murmurar en los infiernos.

---

[66] Júpiter fue adúltero; Marte, asesino; Mercurio ladrón y así una larga lista.

12

La fabricación de dioses

Nosotros, cristianos, que precisamente somos torturados a causa de los dioses, encontramos consuelo en nuestras penas viendo a vuestros dioses aguantar, para serlo en estatua, los mismos tormentos que nosotros.

1. Dejo ya estas cosas, como quien sabe que por la misma verdad he de demostrar lo que no son vuestros dioses, cuando muestre lo que son. En cuanto a vuestros dioses no alcanzo yo otra cosa que nombres de ciertos muertos antiguos y no oigo sino fábulas, en las que reconozco el origen de vuestros cultos.

Sacrificio de un toro por el dios persa Mitra, culto muy extendido entre los soldados romanos

2. En cuanto a vuestras estatuas o simulacros, yo no veo otra cosa que materias gemelas de las de los vasos e instrumentos comunes, o bien materia que proviene de esa misma vajilla y mobiliario, aunque cambiada de destino por la consagración, gracias a la libertad del arte, que cambia la forma, mas de un modo tan ofensivo y por un trabajo tan sacrílego que verdaderamente nosotros, cristianos, que precisamente somos torturados a causa de los dioses, encontramos consuelo en nuestras penas viendo a vuestros dioses aguantar, para serlo en estatua, los mismos tormentos que nosotros.

3. Ponéis a los cristianos en cruces y en postes. ¿Qué estatua no se forma primero con arcilla, adaptándola a una cruz y a un poste? Así, vuestros dioses son primero consagrados en el patíbulo.

4. Con uñas de hierro laceráis los costados de los cristianos; mas todos los miembros de vuestros dioses representados en las estatuas reciben los rudos golpes del hacha; violentamente se ceban el escoplo, las azuelas y las escofinas. A nosotros se nos corta la cabeza; antes del plomo, de las soldaduras y los clavos, vuestros dioses descabezados están. Se nos empuja a las bestias, por cierto, las mismas que ponéis junto a Líber, a Cibeles[67] o a Celeste.[68]

5. Se nos quema al fuego; lo mismo a ellos cuando todavía están en su primera masa. Somos condenados a las minas, de donde salen vuestros dioses. Se nos relega a las islas, y suele suceder que algún dios vuestro en ellas ha nacido o ha muerto.[69] Si por estas cosas consta ser alguno dios, luego los que vosotros castigáis quedan divinizados y habrá que ver en los suplicios una apoteosis.

Somos condenados a las minas, de donde salen vuestros dioses. Se nos relega a las islas, y suele suceder que algún dios vuestro en ellas ha nacido o ha muerto. Si por estas cosas consta ser alguno dios, luego los que vosotros castigáis quedan divinizados y habrá que ver en los suplicios una apoteosis.

6. Pero cierto, vuestros dioses no sienten tales injurias y afrentas al ser fabricados, como tampoco son sensibles a los homenajes. "¡Qué impías voces! ¡Qué injurias sacrílegas!», decís. ¡Rechinad, espumad de rabia! Vosotros mismos sois los que aplaudís a un Séneca al hablar de vuestra superstición más larga y duramente.

7. Por tanto, si no adoramos estatuas y heladas imágenes de muertos, muy semejantes a sus modelos, las que no dejan de conocer los milanos y los ratones y las arañas, ¿no merecía elogio antes que pena el repudio de un error reconocido? Y ¿puede parecer que ofendemos a los dioses, de los que ciertamente sabemos que de ningún modo existen? Lo que no es, nada parece de nadie, porque no es.

---

[67] El culto a Cibeles vino a Roma del Asia Menor, en el 204 antes de Cristo. Consultados los libros sibilinos, declararon que no sería Aníbal arrojado de Italia mientras no se trajese de Pessinonte (Frigia) la piedra negra que representaba a la gran diosa, la *Magna Mater*, la *Mater Deunm* la *Mater Idaea* por causa del monte Ida. Cibeles era la diosa de la naturaleza generativa, la madre de Júpiter, montada sobre un carro tirado por leones.

[68] *Caelestis, Dea Caelestis, Virgo Caelestis* llamaban a Juno de Cartago *Juno Poena*.

[69] Júpiter nació en la isla de Creta y Juno en la de Samos.

13

Falta de respeto a los dioses

En primer lugar, dado que cada cual de vosotros adora a sus dioses, ofendéis ciertamente a los que no adoráis. La preferencia de éste no puede darse sin ofensa del otro, como tampoco la elección del uno sin la reprobación del otro.

1. Pero decís: "Para nosotros, dioses son". Entonces, ¿cómo es que, por el contrario, se os acusa de impíos, sacrílegos e irreligiosos con vuestros dioses, que los abandonáis cuando afirmáis su existencia, que destruís los dioses que veneráis y os burláis de los mismos cuyos vengadores os declaráis?

2. Ved si miento. En primer lugar, dado que cada cual de vosotros adora a sus dioses, ofendéis ciertamente a los que no adoráis. La preferencia de éste no puede darse sin ofensa del otro, como tampoco la elección del uno sin la reprobación del otro.

3. Ahora bien, reprobáis a los que despreciáis, no temiendo ofenderlos al reprobarlos. Puesto que, como antes dijimos de paso, el estado de un dios cualquiera dependía del parecer del Senado. No era dios aquel a quien el senador no quería que lo fuese y, al no quererlo, lo condenase.

4. A los dioses familiares, que llamáis lares, les sometéis, en efecto, a la autoridad doméstica: los alquiláis, los vendéis, los cambiáis, haciendo a veces una olla de un Saturno y a veces una espumadera de una Minerva, cuando alguno queda roto o desgastado mientras recibía las adoraciones, que durante largo tiempo recibió, o cuando el amo ha pensado que la necesidad de la casa era más santa que ellos.

5. A vuestros dioses públicos los ultrajáis asimismo con la autoridad del derecho público, teniéndolos en el hastario[70] para alquilarlos. Se va al Capitolio como se iría a la plaza de verduras; a la misma voz de pregonero, bajo la misma asta y a la misma anotación del censor queda vendida la subastada divinidad.

6. Y, sin embargo, los campos gravados con tributos bajan de valor, los hombres sometidos al impuesto de capitación pierden de su estima, puesto que éstas son

---

[70] Lugar en donde se verificaban las ventas públicas debajo de una *asta* o *lanza*, por la cual decimos todavía pública *subasta*.

notas de cautividad. En cambio los dioses cautivos,[71] cuanto más tributarios, más santos, y aun cuanto más santos, tanto más tributarios. La majestad queda reducida a objeto de tráfico. La religión recorre mendigando los comercios. Exigís pago por el suelo del templo, por la entrada en el templo; no es dado conocer gratuitamente a los dioses; están en venta.[72]

Exigís pago por el suelo del templo, por la entrada en el templo; no es dado conocer gratuitamente a los dioses; están en venta.

7. ¿Qué hacéis para honrarlos que no hagáis también para honrar a vuestros muertos? Tanto a unos como a otros les levantáis templos, les erigís aras.[73] Los mismos hábitos e insignias en sus estatuas.[74] El muerto en dios convertido conserva su edad, su profesión, su ocupación. ¿En qué difiere el banquete de Júpiter del convite funerario; el vaso sacrificial del vaso de las libaciones fúnebres; el arúspice del embalsamador de muertos?, pues el arúspice atiende también a los muertos.

8. Pero es natural que tributéis honores divinos a los emperadores difuntos cuando ya se los dais en vida. Os quedarán agradecidos vuestros dioses y aun se alegrarán de ver a sus amos convertidos en sus iguales. Mas cuando adoráis a Larentina, prostituta pública –¡ojalá fuese siquiera Lais o Friné!–,[75] la adoráis entre las Junos, las Ceres y las Dianas. Cuando es un Simón Mago,[76] le

---

[71] Divinidades cautivas se denomina a las estatuas que traían en botín de las conquistas, que después eran vendidas y alquiladas en Roma.[72] "Hacéis la deidad jornalera y usurera la religión. Andan vuestros sacerdotes con los dioses en la mano mendigando por las tabernas; por entrar y pisar el templo piden precio, nadie puede tener a dios de balde, y se quedará sin él si no le compra; que la divinidad es vendible y el sacerdocio usurero" (trad. Pedro Manero).

[73] Aras y templos semejan los magníficos mausoleos levantados a los muertos a lo largo de la Vía Apia.

[74] A Júpiter se le representaba con rayos en la mano, a Neptuno montando en un caballo, a Palas con un ramo de olivo; estos y otros emblemas divinos figuraban en las estatuas de hombres insignes.

[75] La célebre prostituta Acca Larencia halló favor en el pueblo romano. El 23 de diciembre solían celebrar un banquete fúnebre en su memoria, los Larentalia o Larentinalia. La leyenda la hizo nodriza de Rómulo y Remo, fundadores de Roma. La pública meretriz, amante de Hércules, se había hecho rica, dice Macrobio. Lais y Friné son dos célebres rameras griegas de Corinto y Atenas respectivamente. A la última se le erigió una estatua en Delfos.

[76] A Simón Mago se refieren los Hechos de los Apóstoles, condenando la simonía o venta de lo espiritual. Los Padres de la Iglesia escribieron ampliamente sobre él. Se le levantó una estatua en Roma en uno de los puentes del río Tíber.

Mirarán como afrenta de vosotros recibida el que hayáis permitido a otros lo que a ellos la antigüedad les reservó.

dedicáis una estatua con la inscripción "Al santo dios"; cuando se trata de no sé qué favorito educado en las escuelas palatinas de esclavos, al que hacéis del consejo de los dioses, bien que vuestros viejos dioses no sean más nobles, lo mirarán como afrenta de vosotros recibida el que hayáis permitido a otros lo que a ellos la antigüedad les reservó.

14

Los poetas, los filósofos y los dioses

1. Quiero también pasar revista a vuestros ritos. No digo lo que sois en vuestros sacrificios, cuando inmoláis lo medio muerto, lo podrido, lo sarnoso; mas de lo gordo y sano no cortáis sino las piezas de desecho, cabezas y patas, lo que en vuestras casas hubierais dedicado a los esclavos y a los perros. Del diezmo de Hércules[77] no ponéis sobre su altar ni el tercio siquiera, más alabo al que tiene la buena ocurrencia de salvar al menos algo de lo perdido.

2. Y si me vuelvo a vuestros libros, en los que os formáis para la sabiduría y para vuestros deberes de hombres libres, ¡cuántas ridiculeces encuentro! Vuestros dioses han luchado entre sí por causa de troyanos y aquivos, batiéndose como gladiadores. Venus fue herida por la flecha de un mortal (Diomedes) al querer salvar a su hijo Eneas, medio muerto por Diomedes mismo.[78]

Y si me vuelvo a vuestros libros, en los que os formáis para la sabiduría y para vuestros deberes de hombres libres, ¡cuántas ridiculeces encuentro! Vuestros dioses han luchado entre sí por causa de troyanos y aquivos, batiéndose como gladiadores.

3. Marte casi se consumió al estar como estuvo trece meses entre cadenas. Júpiter, de no liberarle cierto monstruo, hubiera sufrido la misma violencia de los demás habitantes del cielo, y ya llora la muerte de Sarpedón, ya, vergonzosamente enamorado de su hermana Juno, recuerda sus anteriores amantes, entre las que ninguna, dice él, le ha inspirado pasión tan violenta.

4. Después de esto, ¿qué poeta, autorizado con el ejemplo de su príncipe, no se dedica a deshonrar a los dioses? Éste destina a Apolo a guardar los rebaños del rey Admeto; aquél contrata a Neptuno como constructor de Laomedonte, rey de Troya.

5. Hay también un poeta famoso entre los líricos –me refiero a Píndaro– quien cuenta cómo Esculapio, hijo de Apolo y nieto de Júpiter, fue herido por el rayo a causa de su codicia, pues ejercía de un modo criminal la medi-

---

[77] Los particulares y los generales victoriosos entregaban para Hércules Invicto la décima parte de sus bienes o del botín: *pars Herculanea, decumanae Herculanae.*

[78] De los percances de los dioses hablan la *Ilíada* y la *Eneida*, explotados todos los apologistas.

Sócrates fue condenado por destruir a los dioses. Ciertamente, desde hace mucho tiempo, por no decir siempre, la verdad es odiada.

cina. Malvado es Júpiter si de él es el rayo, despiadado con el nieto, envidioso con el hábil médico.

6. Esto, si es cierto, no debería divulgarse, y si falso, no debiera ser inventado por hombres amantes de su religión. Ni siquiera los poetas trágicos y cómicos los perdonan,[79] no dejando de atribuir a algún dios las desgracias o los extravíos de alguna familia ilustre.

7. Nada diré de los filósofos, contento con citar a Sócrates, el que, para vergüenza de los dioses, juraba por una encina, por un macho cabrío o por un perro. Aunque se me dirá: "Sí, pero Sócrates fue condenado por destruir a los dioses". Ciertamente, desde hace mucho tiempo, por no decir siempre, la verdad es odiada.

8. Sin embargo, los atenienses, arrepentidos de su sentencia, castigaron después a los acusadores de Sócrates y le erigieron una estatua de oro en cierto templo; la abrogación de la sentencia aboga en favor de Sócrates. Pero también Diógenes[80] se permite no sé qué burlas contra Hércules, y Varrón,[81] aquel cínico romano, introduce en escena a trescientos Joves y Jupiteres sin cabeza.

---

[79] Se refiere a Esquilo, Sófocles, Eurípides y Aristófanes.

[80] Filósofo cínico nacido en el Ponto. Fue famoso por su voluntaria pobreza y por el desprecio de toda conveniencia social, aun ante el mismo emperador Alejandro Magno. Escribió la tragedia llamada Hércules. En una ocasión, como no hubiese leña para cocinar la cena en un mesón, viendo la estatua de Hércules en un nicho, dijo: "Quemad ese tronco".

[81] Autor de las *Sátiras menipeas*, a imitación del cínico Mempo.

15

Burla de los dioses

1. Los demás poetas de licencioso ingenio hacen servir para vuestras diversiones el deshonor de los dioses. Ved las elegantes bufonadas de los Léntulos y de los Hostillos. ¿Os reís de los comediantes o de vuestros dioses al oír esas gracias, al ver las jugadas que se les hacen? Son puestos en ridículo "Anubis adúltera" y "La Luna macho", y "Diana azotada", y "La apertura del testamento de Júpiter muerto", y "Los tres Hércules hambrientos".

2. Y los versos de los actores trágicos sacan al público las torpezas de vuestros dioses. Llora el Sol a su hijo precipitado del cielo, y eso os divierte; suspira Cibeles por un desdeñoso pastor, y no os sonrojáis, y aguantáis el que se canten las aventuras de Júpiter y que Juno, Venus y Minerva sean juzgadas por un pastor.[82]

3. Y, ¿qué pasa cuando la imagen de un dios vuestro viste una cabeza ignominiosa e infame; cuando un cuerpo impuro y avezado a ese arte por vida afeminada representa a Minerva o a Hércules? ¿No queda violada la divina majestad y ultrajada la divinidad mientras vosotros aplaudís?

Y, ¿qué pasa cuando la imagen de un dios vuestro viste una cabeza ignominiosa e infame; cuando un cuerpo impuro y avezado a ese arte por vida afeminada representa a Minerva o a Hércules? ¿No queda violada la divina majestad y ultrajada la divinidad mientras vosotros aplaudís?

4. Sois, sin duda, más religiosos en el anfiteatro, donde danzan vuestros dioses sobre la sangre humana, sobre los manchados despojos de los ajusticiados, porque suministran a los criminales argumentos e historias, a no ser que los criminales representen al natural el papel de vuestros dioses.

5. Vimos en otro tiempo castrar a Atis, aquel dios famoso de Pesinonte, y a otro que exponía a Hércules quemado vivo.[83] Nos reímos también, en los crueles intermedios del mediodía, de Mercurio, que probaba a los muertos con el fuego. Vimos asimismo al hermano de Júpiter sacar a martillazos los cadáveres de los gladiadores.[84]

---

[82] Este pastor fue Paris.

[83] La diosa Cibeles castró al dios Atis debajo de un pino; en la comedia era castrado efectivamente el que hacía el papel de Atis. Hércules Etero, quemado vivo en la leyenda, era representado por delincuentes vestidos con túnicas embreadas de pez y resina y quemados vivos.

[84] A mediodía, mientras comía el pueblo para volver a los espec-

No sé si vuestros dioses no se quejarán más de vosotros que de los cristianos. Lo cierto es que los sacrílegos apresados son siempre de los vuestros, porque los cristianos no frecuentan vuestros templos ni durante el día.

6. Cosas como éstas, ¿quién podrá todavía investigarlas una por una? Si perturban al honor de la divinidad, si rebajan las cumbres de la majestad, provienen ciertamente tanto del desprecio de los que las representan como de aquellos para quienes se representan.

7. ¡Pero los juegos, juegos son! Si yo añadiese –lo que vuestras conciencias no dejarán de reconocer– que es precisamente en los templos donde se conciertan los adulterios; que entre los altares se consuman los tratos infames, que con toda frecuencia se sacia la pasión en las celdillas mismas de los guardas del templo y de los sacerdotes, bajo las bandas, los bonetes y la púrpura,[85] mientras arde el incienso, no sé si vuestros dioses no se quejarán más de vosotros que de los cristianos. Lo cierto es que los sacrílegos apresados son siempre de los vuestros, porque los cristianos no frecuentan vuestros templos ni durante el día, aunque quizás ellos también los despojasen si los venerasen.

8. ¿Qué adoran entonces los que a tales dioses no adoran? Ya se entiende con certeza que son adoradores de la verdad los que no lo son de la mentira y que no viven más en el error, que abandonaron cuando reconocieron estar en el error. Por de pronto, comprended bien esto y luego enteraos de la trama de nuestra religión, pero pisoteando antes vuestros falsos prejuicios.

---

táculos, se hacían algunos juegos burlescos, a los que fue muy aficionado Claudio. Mercurio, con un tizón cauterizaba las heridas de los combatientes, mientras que Plutón sacaba del ruedo a los que habían muerto.

[85] Solamente los sacerdotes de Saturno y Esculapio sacrificaban vestidos de púrpura.

16

"Adoradores de un asno"

Ha partido la sospecha de que también nosotros, que estamos emparentados con la religión judaica, somos iniciados en el culto del mismo ídolo. Mas vosotros no negaréis que adoráis a todas las bestias de carga y a caballos completos con su Epona.

1. Pues vosotros, como algún autor, soñasteis que una cabeza de asno era nuestro dios.[86] Tamaña sospecha fue lanzada por Cornelio Tácito.

2. Éste, en el libro de sus *Anales*, que trata de la guerra de los judíos desde los orígenes de su nación, tanto cuando estudia el origen mismo como cuando habla del nombre y religión de aquel pueblo, diciendo cuanto le viene en gana, refiere que los judíos, al salir de Egipto desterrados, según él creía, viéndose en los vastos desiertos de Arabia enteramente faltos de agua y atormentados por la sed, emplearon como guías unos asnos salvajes que pensaban iban a beber agua después de pastar, y que así encontraron fuentes, y que por este servicio habían consagrado la figura de este animal.

3. Y de ahí pienso que ha partido la sospecha de que también nosotros, que estamos emparentados con la religión judaica, somos iniciados en el culto del mismo ídolo. Mas ese mismo Cornelio Tácito, tan fecundo en patrañas, refiere en la misma historia que Cneyo Pompeyo, habiendo tomado Jerusalén, entró en el templo para sorprender los misterios de la religión judaica, sin encontrar allí ídolo alguno.

4. Y, sin embargo, si lo que allí se adoraba hubiera estado representado en alguna imagen, en ningún otro lugar mejor que en su santuario se hubiera exhibido, cuanto más que, aun siendo vano su culto, no tenía por qué recelar testigos de fuera, pues sólo a los sacerdotes era lícito el acceso, quedando impedida la vista a los demás por el velo extendido.

5. Mas vosotros no negaréis que adoráis a todas las bestias de carga y a caballos completos con su Epona.[87] He

---

[86] La onolatría era una de las especies más burdas que circulaban contra los cristianos, como consta también por el famoso grafito del Palatino de Roma, en que Alexamenos, fiel cristiano, está adorando a un asno crucificado.

[87] Epona era la diosa romana de los caballos, asnos y mulos, en lengua celta *epo*.

Si nosotros adoramos una cruz adoramos al dios entero. Dijimos ya que el origen de vuestros dioses fue tomado de la cruz por vuestros escultores.

ahí quizá por qué se achaca a los cristianos el ser únicamente "asnarios" entre los adoradores de todos los animales y bestias.

6. Mas el que nos cree adoradores de la cruz es correligionario nuestro. Cuando un palo cualquiera es adorado, poco importa su aspecto mientras la calidad de la materia sea la misma; poco importa la forma del madero si se piensa es el cuerpo mismo del dios. Y en realidad, en qué se distinguen del tronco de una cruz Palas Atenea y Ceres Farea, en Egipto, que son expuestas sin imagen en la figura de un grosero poste y de un informe trozo de madera?[88]

7. Parte de cruz es todo leño que se fija en posición vertical. Después de todo, si nosotros adoramos una cruz adoramos al dios entero. Dijimos ya que el origen de vuestros dioses fue tomado de la cruz por vuestros escultores.

8. Pero veneráis también a las victorias, pues cruces forman las entrañas de los trofeos. Toda la religión militar de los romanos venera las banderas, jura por las banderas, pone las banderas por encima de todos los dioses. Todas esas imágenes con que adornáis las banderas son adorno de cruces. Alabo vuestro gusto: no habéis querido consagrar cruces desnudas y sin ornato.[89]

9. Otros, formándose de nosotros una idea más humana que verosímil, creen que el sol es nuestro Dios. Si tal es el caso, se nos tendrá por persas, bien que nosotros no adoremos al sol pintado en lienzo, teniendo al sol mismo en todas partes en la bóveda celeste[90].

10. Para terminar, el origen de tal sospecha es el hecho harto notorio de volvernos al Oriente para orar. Pero muchos de entre vosotros, afectando a veces adorar a las cosas celestiales, se levantan al sol naciente moviendo los labios.

11. Y asimismo, si nos damos a la alegría en el día del sol, es por razón muy distinta que la de tributar culto al

---

[88] A la diosa Palas se le llamaba *Atenea* por ser muy celebrada en Atenas. A Ceres llaman *Farrea* porque presidía el trigo. En los campos y en las huertas ponían unos palos derechos que representaban estas diosas.

[89] Las cenefas con que se adorna el velo del estandarte real son estolas de cruces.

[90] Los persas adoraban el sol y lo llevaban pintado en los estandartes y escudos. El culto al sol o Mitra se divulgó también mucho en Occidente, siendo famosos los misterios mitríacos.

sol,[91] seguimos en ello a los que destinan el día de Saturno a comer y descansar, sin seguir por ello la costumbre judía, que desconocen.

12. Pero se ha publicado en esta ciudad una nueva representación de nuestro Dios: un criminal, contratado para excitar a las bestias, ha expuesto en público cierto cuadro con esta inscripción: *Deus christianorum onokoites*: El Dios de los cristianos, raza de asno. Semejante dios tenía orejas de asno, un pie con pezuña, llevaba un libro en la mano e iba vestido de toga. Nos hemos reído del nombre y de la figura.

13. Pero nuestros adversarios deberían haber adorado aquel dios biforme, habiendo acogido a divinidades con cabeza de perro y de león, con cuernos de cabra y de carnero, cabrones desde los muslos, serpientes desde los hijares, con alas en pies y espaldas.[92]

Deberían nuestros adversarios haber adorado aquel dios biforme, habiendo acogido a divinidades con cabeza de perro y de león, con cuernos de cabra y de carnero.

14. He dicho todo esto sin ser necesario, no queriendo dejar de refutar a sabiendas ni uno solo de los cargos que la fama nos impone. Volvámonos ya a demostrar nuestra religión y terminaremos de justificarnos de todas esas calumnias.

Grafito de la colina Palatina de Roma:
"Alexamenos adora a su Dios"

[91] Día del sol (*Sun-day*) se llama todavía en inglés y en alemán al domingo, llamado así entre los cristianos para celebrar la Resurrección de Cristo. Algunos romanos observaban también el sábado o día de Saturno.

[92] El dios Pan tenía cuernos en la cabeza; Júpiter y Amón tenían cabeza de carnero; Mercurio alas en los hombros y talones.

17

El alma naturalmente cristiana

Eso es lo que permite comprender a Dios: la imposibilidad de comprenderle. Por donde la potencia de su magnitud le revela y le oculta a la vez a los hombres. En esto se resume toda la culpa de los que no quieren reconocer al que no pueden ignorar.

1. Nosotros adoramos al Dios único, quien por su palabra que manda, por su inteligencia que dispone, por su virtud que todo lo puede, ha sacado de la nada a toda esta mole con todo el documento[93] de sus elementos, de los cuerpos y de los espíritus que la componen, para servir de ornamento a su majestad. Por eso también los griegos dieron al mundo un nombre que significa ornamento, *kósmon*.

2. Invisible es (Dios), aunque se le vea; impalpable, aunque por la gracia se le tenga presente; inconcebible, aunque nuestras facultades puedan concebirle. Por eso es verdadero y tan grande: porque lo que comúnmente se puede ver y palpar es inferior a los ojos que lo ven, a las manos que lo tocan, a los sentidos que lo descubren. Mas lo que es inmenso sólo de sí es conocido.

3. Eso es lo que permite comprender a Dios: la imposibilidad de comprenderle. Por donde la potencia de su magnitud le revela y le oculta a la vez a los hombres. En esto se resume toda la culpa de los que no quieren reconocer al que no pueden ignorar.

4. ¿Queréis que probemos la existencia de Dios por sus obras tantas y tales que nos conservan, nos sostienen, nos alegran, y aun por las que nos aterran? Por el testimonio mismo del alma.

5. Ésta, aunque aprisionada en la cárcel del cuerpo, o pervertida por una depravada educación, o debilitada por las pasiones y concupiscencias, o esclavizada a falsos dioses, cuando recapacita, cual si saliese de la embriaguez, o del sueño, o de alguna enfermedad, y recobra la salud, invoca entonces a Dios con ese único nombre porque el verdadero Dios único es. "Dios magno, Dios bueno" y "Lo que Dios diere" son palabras pronunciadas por todos.

6. Se le reconoce también por juez cuando dice: "Dios lo ve", y "A Dios me encomiendo, y Dios me lo pagará".

---

[93] Las criaturas son instrumentos o documentos que hablan de las perfecciones del Creador.

¡Qué testimonio del alma naturalmente cristiana![94] Finalmente, al pronunciar esto, mira no al Capitolio, sino al cielo. Y es que conoce la sede del Dios vivo; de Él, de allí ha descendido.

Conoce la sede del Dios vivo; de Él, de allí ha descendido.

[94] *Oh, testimonium anime naturaliter christiana*. Expresión tan célebre como gráfica, que indica cómo el hombre, libre de prejuicios, piensa y obra en cristiano, aunque el cristianismo no sea propiamente una exigencia connatural, sino obra de la gracia divina.

18

La revelación de Dios en las Escrituras

Mas para que lleguemos a un conocimiento más pleno y profundo de sus mandamientos y voluntad nos ha dado además el documento de sus Libros santos, en los que el hombre puede buscar a Dios.

1. Mas para que lleguemos a un conocimiento más pleno y profundo de sus mandamientos y voluntad nos ha dado además el documento de sus Libros santos, en los que el hombre puede buscar a Dios y, después de haberle buscado, hallarle; y, tras de hallado, creer en Él; y, habiendo ya creído, servirle.

2. Para ello envió al mundo desde un principio varones dignos, por su justicia y su inocencia, de conocer a Dios y de darle a conocer; varones inundados por el divino Espíritu para anunciar que no existe sino un solo Dios, el que todo lo creó, el que formó al hombre del barro. Porque este es el verdadero Prometeo,[95] quien dividió el tiempo en periodos, los que empiezan y terminan conforme a leyes invariables.

3. Por ellos reveló qué signos de la majestad de sus juicios ha dado en las lluvias y en los relámpagos, qué leyes ha establecido para merecer bien de Él, las que vosotros o ignoráis o abandonáis; qué premios ha destinado a los que las observan cuando, al fin de los tiempos, vendrá a juzgar a sus fieles para recompensarlos con la vida eterna y a los impíos para castigarlos con el fuego igualmente perpetuo y continuo, después de haber reanimado, resucitado y hecho el recuento de todos los hombres muertos desde el principio, a fin de distinguir a cada cual según su mérito.

4. De estas cosas también nosotros nos reímos antaño. De los vuestros fuimos; los cristianos se hacen, no nacen.

5. Los predicadores de quienes hemos hablado son llamados profetas por su misión de predecir. Sus palabras y sus obras prodigiosas, que realizaban para hacer creer en

---

[95] Prometeo, hijo del titán Japeto, que, según la mitología, formó al hombre del barro de la tierra (Ovidio: *Metamorfosis*, I). Él robó el fuego del cielo y enseñó a los hombres muchas cosas útiles, por lo cual le castigó Júpiter a un atroz y continuo tormento.

la divinidad, en los tesoros de las Escrituras permanecen, y éstos no están escondidos. El más sabio de los Tolomeos, a quien dan el sobrenombre de Filadelfo,[96] versadísimo también en todo género de letras, emulando, según opino, a Pisístrato en la afición a las bibliotecas, entre otras historias recomendadas a la fama, bien por su antigüedad, bien por alguna curiosidad, por sugerencia de Demetrio Falereo, el más célebre gramático de aquel entonces, al que entregó la prefectura de la biblioteca, pidió también sus libros a los judíos, o sea, los escritos propios suyos concebidos en su lengua, y de los que eran únicos poseedores.

Los propios judíos los leen públicamente, libertad por la cual pagan un tributo, existiendo la costumbre de leerlos todos los sábados. Quien los escuchare, encontrará a Dios; quien procure entender, será impulsado también a creer.

6. En efecto, de ellos salieron y a ellos hablaron siempre los profetas, es decir, al pueblo propio de Dios, por gracia otorgada a sus padres. Los que ahora se llaman judíos antes se llamaban hebreos, por eso su literatura y su lengua se llaman hebreas.

7. Mas para que Tolomeo pudiese entender esos libros, los judíos le facilitaron otro servicio, dándole setenta y dos intérpretes, a quienes el propio filósofo Menedemo, tributando con ello gloria a la Providencia, admiró por la conformidad de sus versiones. Esto os lo afirmó también Aristeo.

8. De este modo dejó esos monumentos traducidos en lengua griega a todos clara, los que aún hoy se exhiben en el Serapeo[97] en la biblioteca de Tolomeo, junto con los mismos textos hebreos.

9. Y aun los propios judíos los leen públicamente, libertad por la cual pagan un tributo, existiendo la costumbre de leerlos todos los sábados. Quien los escuchare, encontrará a Dios; quien procure entender, será impulsado también a creer.

[96] Hijo de Tolomeo I Soter (m. 285 a.C.), uno de los generales de Alejandro Magno. Se dice que fundó la gran biblioteca y el célebre Museo de Alejandría, además de hacer traducir al griego la Sagrada Escritura, la llamada "Versión de los Setenta", de la que proceden las primeras versiones latinas, y aun la del Salterio de la edición llamada "Vulgata", hecha por San Jerónimo.

[97] El Serapeo era el templo famoso que Serapis tenía en Alejandría, que llevaba anejo un rico museo. Se creía que Serapis fue José en el principio, hecho dios posteriormente por la superstición egipcia.

19

Antigüedad de las Escrituras

La autoridad de estos documentos estriba primeramente en su remotísima antigüedad. También entre vosotros se prueba la credibilidad de una cosa por su antigüedad, tan respetable como la religión.

1. La autoridad de estos documentos estriba primeramente en su remotísima antigüedad. También entre vosotros se prueba la credibilidad de una cosa por su antigüedad, tan respetable como la religión.

2. Ahora bien: todos los elementos y todos los materiales, los orígenes, fechas y fuentes de todos vuestros escritos más antiguos, la mayor parte de vuestras naciones y de vuestras ciudades famosas, los misterios de vuestras historias y de vuestras memorias y, en fin, hasta los caracteres de la escritura, esos testigos y guardas de las cosas y –creo que me quedo corto– vuestros mismos dioses, vuestros dioses, repito, y vuestros templos, y vuestros oráculos, y vuestras ceremonias, todo esto queda superado en antigüedad por el archivo que contiene los libros de un solo profeta, archivo que guarda todo el tesoro de la religión judía y, por tanto, también de la nuestra.[98]

3. Si alguna vez habéis oído nombrar a un tal Moisés, es contemporáneo de Inaco el de Argos;[99] es anterior a Danao, cuatrocientos años menos uno, con ser éste el más antiguo de vuestro reyes; es mil años anterior al desastre de Príamo; pudiera también afirmar que precedió a Homero en más de quinientos años, teniendo para ello autores que me respaldan.

4. Los demás profetas, aunque posteriores a Moisés, aun los más recientes, no son menos antiguos que vuestros sabios, legisladores e historiadores.

5. Podríamos demostrar todo esto con cálculos cronológicos. La tarea no sería tan difícil como enorme, ni tan ardua como larga por el momento, porque habría que ma-

---

[98] Tertuliano se hace aquí eco de la teoría de los judíos alejandrinos, Aristóbulo primero, Filón después, que pretendieron demostrar que los filósofos griegos tomaron prestado sus ideas de Moisés y de los profetas. Esta "teoría del préstamo" se hizo común en los primeros apologistas cristianos.

[99] Tertuliano iguala a Moisés con Inaco en la antigüedad, como opina Josefo (*Contra Apion*, lib. 1). Pero Clemente de Alejandría y Agustín dicen que Inaco fue trescientos años antes.

nejar numerosos documentos y dedicarse a prolijos cálculos con la punta de los dedos. Habría también que franquear los archivos de antiquísimos pueblos, de caldeos, egipcios y fenicios.

Josefo el judío, historiador nacional, que se ha constituido reivindicador de las antigüedades judías, ya aprobando, ya refutando a éstos.

6. Habríais de consultar asimismo los de sus conciudadanos, por los cuales nos han llegado noticias; no sólo el egipcio Manetón y el caldeo Beroso, sino también Jeromo (Hiram), el fenicio, rey de Tiro, y aun los sucesores de éstos, Tolomeo de Mendes (sacerdote), Menandro de Éfeso, Demetrio Falereo, el rey Juba, Apión, Talo y por fin Josefo el judío, historiador nacional, que se ha constituido reivindicador de las antigüedades judías, ya aprobando, ya refutando a éstos.[100]

7. Es preciso además repasar los libros de los censos sobre el origen de los griegos para saber cuándo acontecieron los sucesos, a fin de esclarecer la concatenación de los tiempos, con lo cual luzcan los números de los anales. Ha de hacerse una peregrinación por las historias y literaturas de todo el orbe, aunque hemos adelantado ya parte de la prueba al indicar brevemente el método de prueba.

8. Pero vale más aplazarla, no sea que la captemos menos por la prisa o divaguemos demasiado al querer captarla.

---

[100] Tertuliano demuestra tener un conocimiento amplio y detallado de la historia. Manetón escribió contra los judíos y la religión gentílica. Berosio escribió los hechos de sus reyes y de astrología. Mendes escribió los *Anales de Egipto*. Menandro una *Historia general*. Juba escribió de los *Asirios*. Apión escribió contra los judíos. Las obras de Flavio Josefo son bien conocidas todavía en la actualidad.

20

Cumplimiento de las profecías

Todo cuanto está ocurriendo se hallaba predicho; todo cuanto vemos se oía ya antes.

1. A cambio de esta demora sobre su antigüedad ofrecemos la majestad de las Escrituras, probando ser divinas si se duda que son antiguas, sin que sea preciso gastar en ello tiempo ni ir muy lejos; a la vista está lo que os enseñarán el mundo, el tiempo, los acontecimientos.

2. Todo cuanto está ocurriendo se hallaba predicho; todo cuanto vemos se oía ya antes. Que tierras devoran ciudades, que mares se tragan islas, que guerras externas e intestinas destrozan pueblos, que reinos atacan a reinos, que el hambre y la peste y todos los desastres locales y numerosos casos de muerte desolan ciertos países; que los humildes suben y los altos decaen, cambiándose la suerte.

3. Que la justicia decrece y la injusticia se incrementa, y el afán por todas las buenas disciplinas se embota; que las mismas estaciones y los elementos se alteran, no cumpliendo con su oficio; que el orden de la naturaleza es turbado por signos nefastos y portentos, todo eso estaba ya escrito. Mientras lo estamos padeciendo las leemos; mientras lo experimentamos se verifica. Opino que la verdad de la adivinación (*divinatio*) es testimonio idóneo de la divinidad (*divinitas*).

4. De ahí, pues, que podamos también abrigar fe segura en lo futuro por lo ya probado, estando predicho juntamente con lo que diariamente se va verificando. Las mismas voces suenan, las mismas Escrituras anuncian, el mismo Espíritu inspira.

5. Un solo tiempo hay para el profeta que predice lo futuro entre los hombres, aunque quizá los hombres vulgares lo distingan al ir pasando, oponiendo el presente al porvenir y el pasado al presente. Y yo os pregunto: ¿Qué culpa tenemos de creer en lo venidero los que ya hemos aprendido a creer en los profetas lo que concierne al pasado y al presente?

21

Cristo, hombre y Dios

1. Mas como venimos diciendo que nuestra religión está cimentada sobre los antiquísimos documentos escritos de los judíos, cuando es generalmente sabido, y nosotros mismos lo reconocemos, es casi nueva, pues que data del tiempo de Tiberio.

No por eso nos avergonzamos de Cristo, teniendo por honra el llevar su nombre y ser condenados por causa de Él, sin que por eso tengamos de Dios distinto concepto que los judíos.

2. Quizá se quiera por ese motivo discutir su situación, y se dirá que cómo a la sombra de religión tan insigne, y ciertamente autorizada por la ley, nuestra religión rescata ideas nuevas a ella propias y sobre todo que, independientemente de la edad, no estamos conformes con los judíos en cuanto a la abstinencia de ciertos alimentos, ni en cuanto a los días festivos, ni en cuanto al signo físico que los distingue [la circuncisión], ni en cuanto a la comunicación del nombre, lo que convendría ciertamente si fuésemos servidores del mismo Dios.

3. Pero el vulgo mismo conoce a Cristo, ciertamente como a un hombre ordinario, tal cual los judíos le juzgaron, con lo que se nos tomará más fácilmente por adoradores de un simple hombre. Mas no por eso nos avergonzamos de Cristo, teniendo por honra el llevar su nombre y ser condenados por causa de Él, sin que por eso tengamos de Dios distinto concepto que los judíos. Es, por tanto, necesario que digamos algo de Cristo en cuanto Dios.

4. Los judíos habían alcanzado de Dios el privilegio de la gracia en atención a la insigne justicia y a la fe de sus primeros padres, de donde floreció la grandeza de su raza y el poderío de su reino y tanta felicidad que le fue dado oír las voces de Dios, las que les enseñaban a conciliarse el favor divino y les prevenían contra todo lo que le ofende.

5. Pero, orgullosos por la confianza en sus antepasados, se apartaron de la divina Ley de un modo impío, cometiendo toda clase de delitos. Aunque ellos mismos no lo confesasen, la desgracia en que hoy están sumidos lo probaría suficientemente. Dispersos, vagabundos, desterrados, extrañados de su cielo y de su suelo, andan

El Hijo de Dios no ha nacido ni siquiera de un matrimonio: la madre misma que se conoce que tenía no estaba casada.

errantes por el mundo sin hombre ni Dios por rey,[101] no siéndoles concedido ni siquiera saludar con el pie a su tierra patria, ni como extranjeros vivir en ella.[102]

6. Cuando voces santas les amenazaban con estas cosas, ellas mismas no cesaban de anunciarles a la par que en los últimos tiempos, de entre todas las naciones y de todos los pueblos y en todos los lugares Dios se elegiría adoradores mucho más fieles, a los que traspasaría su gracia, y una gracia aún mayor, debido a la capacidad receptiva de una ley superior.[103]

7. Vino, pues, el que ya estaba anunciado por Dios para reformar e iluminar aquella ley; vino aquel Cristo, el Hijo de Dios. Él era anunciado árbitro y maestro de la doctrina de gracia, el iluminador y conductor del género humano, no ciertamente engendrado de modo que haya de avergonzarse del nombre de hijo o de la semilla del padre, ni del incesto de la hermana, ni del estupro de la hija y de la mujer ajena.[104]

8. No ha tenido que sufrir a un Dios Padre con escamas o cornudo, o a un amador con plumas, o convertido en oro, como el amante de Danae. Todas estas metamorfosis propias son de vuestro Júpiter.[105]

9. Por lo demás, el Hijo de Dios no ha nacido ni siquiera de un matrimonio: la madre misma que se conoce que tenía no estaba casada.[106] Mas voy antes a explicar su naturaleza, por donde se entenderá el modo de su natividad.

---

[101] Cf. Oseas 3:4: "Porque muchos días estarán los hijos de Israel sin rey, sin príncipe, sin sacrificio, sin estatua, sin efod, y sin terafines".

[102] El emperador romano Elio Adriano (117-138), a raíz de la última rebelión judía encabezada por Simón Bar Kokeba (Bar Kochba), y la capitulación de Jerusalén, excluyó y vedó la presencia de judíos, bajo la pena de muerte, en la ciudad que pasó a llamarse Elia Capitolina.

[103] Cf. Mt. 21:43: "Os digo, que el reino de Dios será quitado de vosotros, y será dado a gente que produzca los frutos de él". Cf. Lc. 13:35 y Mt. 23:38: "He aquí vuestra casa os es dejada desierta".

[104] Se refiere a Júpiter.

[105] Júpiter, el padre de los dioses era más pequeño y miserable que muchos hombres, pues fue incestuoso con su hermana Juno, malvado con su hija Venus, adúltero con Helena. Le llamaban escamado porque se convirtió en serpiente, emplumado porque se transformó en cisne, cornudo porque se hizo toro y engañoso porque se hizo oro para engañar a Dánae.

[106] Tertuliano no pretende negar el enlace entre José y María, sino enfatizar la concepción virginal de Cristo.

10. Ya hemos dicho que Dios creó este universo mundo con su palabra, razón y poder. Entre vuestros sabios consta también que el *logos*, o sea, la palabra y la razón, es considerado como el artífice del universo. Efectivamente, Zenón lo designa como el artesano que todo lo ha formado y dispuesto; dice que se ha de llamar también "destino, dios, alma de Júpiter, necesidad de las cosas". Cleantes acumula todo esto atribuyéndolo "al espíritu" que circula por todo el universo.

11. Y nosotros también atribuimos a la palabra, a la razón y al poder, por los que Dios lo ha creado todo, según llevamos dicho, como una sustancia propia que llamamos "Espíritu»", en el cual está la palabra cuando manda, la razón cuando dispone, el poder cuando preside y termina la obra. Sabemos que Dios ha proferido ese Espíritu y que al proferirlo, lo ha engendrado, y por eso, es afirmado Hijo de Dios y Dios por la unidad de sustancia, porque también Dios es Espíritu.

Nosotros también atribuimos a la palabra, a la razón y al poder, por los que Dios lo ha creado todo, según llevamos dicho, como una sustancia propia que llamamos «Espíritu», en el cual está la palabra cuando manda, la razón cuando dispone, el poder cuando preside y termina la obra.

12. Y cuando el rayo sale lanzado por el sol es una parte que procede del todo; mas el sol está en el rayo por ser un rayo de sol cuya sustancia no queda dividida, sino dilatada, como luz encendida de luz. Permanece íntegra e indeficiente la materia matriz, aunque se comunique su naturaleza por múltiples ramificaciones.

13. Así, lo que de Dios fue proferido, es Dios e Hijo de Dios y ambos son uno. Y el Espíritu procede del Espíritu y de Dios, diverso en medida, es número por grado, no por naturaleza, y salió de la matriz sin separarse de ella.

14. Así, este rayo de Dios, conforme antes había sido predicho, desciende a una Virgen y, en su seno encarnado, nació hombre a Dios unido (*nascitur Homo Deo mistus*). La carne, informada por el Espíritu, se nutre, crece, habla, enseña, obra y es el Cristo. Aceptad por un momento esta fábula; es semejante a las vuestras, mientras os vamos demostrando cómo se prueba el Cristo y quiénes son los que han introducido entre vosotros fábulas semejantes a ésta para destruir la verdad.

La doble venida de Cristo

15. Sabían también los judíos que el Cristo había de venir, pues a ellos hablaban los profetas. Y, en efecto, aun ahora siguen esperando su advenimiento, sin que exista

Ambos advenimientos de Cristo estaban predichos: el primero, ya realizado en la humildad de la condición humana; el segundo, esperado para la consumación de los siglos en el sublime esplendor de la divinidad, claramente manifestada.

entre nosotros y ellos otra disputa, sino la de no creer que haya venido ya. Porque ambos advenimientos de Cristo estaban predichos: el primero, ya realizado en la humildad de la condición humana; el segundo, esperado para la consumación de los siglos en el sublime esplendor de la divinidad, claramente manifestada. Al no reconocer el primero,[107] han creído ser único el segundo, esperándolo siempre cual si estuviera más claramente profetizado.

16. Así, por su pecado han merecido no comprender el primero; hubieran creído en Él si le hubiesen comprendido, y hubieran conseguido la salvación si hubieran en Él creído. Ellos mismos leen en la Escritura que han sido privados, en castigo, de la sabiduría y de la inteligencia, del uso de los ojos y de los oídos.[108]

17. Viendo su humildad habían juzgado que era un simple hombre y le tomaron por mago al contemplar su poder cuando con su palabra expulsaba los demonios de los hombres, devolvía la luz a los ciegos, limpiaba a los leprosos, enderezaba a los tullidos y, finalmente, devolvía los muertos a la vida; cuando se hacía servir por los elementos mismos, sujetando las tempestades y entrando en medio de las olas, para demostrar que Él era el Logos de Dios, o sea, el Verbo aquel primordial primogénito, acompañado de poder y de razón y sostenido por su Espíritu, que era el mismo que con su palabra lo hizo y lo hace todo.[109]

Muerte y testimonio de la resurrección de Cristo

18. Pero ante su doctrina, por la que se veían vencidos los maestros y jefes de los judíos, de tal modo éstos se exasperaron, máxime cuando la ingente multitud se

---

[107] Cf. Mateo 16:3: "Hipócritas, que sabéis hacer diferencia en la faz del cielo; ¿y en las señales de los tiempos no podéis?"

[108] Cf. Isaías 6:9-10: "Dijo: Anda, y di a este pueblo: Oíd bien, y no entendáis; ved por cierto, mas no comprendáis. Engruesa el corazón de este pueblo, y agrava sus oídos, y ciega sus ojos; porque no vea con sus ojos, ni oiga con sus oídos, ni su corazón entienda, ni se convierta, y haya para él sanidad".

[109] Cf. Colosenses 1:15-16: "El cual es la imagen del Dios invisible, el primogénito de toda criatura. Porque por él fueron creadas todas las cosas que están en los cielos, y que están en la tierra, visibles e invisibles; sean tronos, sean dominios, sean principados, sean potestades; todo fue creado por él y para él".

iba tras Él, que finalmente lo entregaron a Poncio Pilato, procurador entonces de Siria[110] en nombre de los romanos, y por la violencia de sus peticiones le forzaron a entregarle a la cruz. Ya tenía Él predicho que habían de hacer esto. Poco hubiera sido ello si antes no lo hubieran también predicho los profetas.

19. Y con todo, clavado en cruz, voluntariamente exhaló su Espíritu con su palabra, anticipándose al oficio del verdugo. En el momento mismo, el día, que aún no había llegado a la mitad de su carrera, fue privado del sol. Creyeron ser esto un eclipse los que ignoraban había sido ello predicho también acerca de Cristo;[111] al no entender la causa lo negaron y, sin embargo, lo tenéis registrado en vuestros archivos como un accidente mundial.

20. Entonces los judíos, habiéndole tomado y depositado en un sepulcro, pusieron en torno suyo gran diligencia de guardia militar, no fuese que, como lo tenía predicho, resucitase al tercer día de la muerte, los discípulos robasen el cadáver y engañasen a los desconfiados.

21. Mas he aquí por dónde el día tercero se vio de repente sacudida la tierra y volteada la mole que tapaba el sepulcro y la guardia derribada por el pavor, sin que allí apareciese ninguno de sus discípulos; nada se encontró en el sepulcro, sino los sudarios del sepultado.

22. A pesar de ello, los principales de los judíos, a quienes interesaba divulgar el crimen y apartar de la fe al pueblo tributario y esclavo suyo, lanzaron el bulo de que había sido sustraído por los discípulos. La verdad es que tampoco Él se mostró públicamente, para que los impíos no quedasen desenredados de su error y para que la fe, destinada a una recompensa no mediocre costase algo.

23. Pero pasó cuarenta días con algunos discípulos en Galilea, región de Judea, enseñándoles lo que ellos habían de enseñar. Luego, habiéndoles ordenado el oficio de predicar por el mundo, envuelto en una nube fue arrebatado al cielo, ascensión mucho más verdadera que la que vuestros Próculos acostumbran atribuir a Rómulo.[112]

Habiéndoles ordenado el oficio de predicar por el mundo, envuelto en una nube fue arrebatado al cielo, ascensión mucho más verdadera que la que vuestros Próculos acostumbran atribuir a Rómulo.

[110] Siria Palestinense o Judea.

[111] Cf. Amós 8:9: "Acontecerá en aquel día, dice el Señor, que haré se ponga el sol al mediodía, y la tierra cubriré de tinieblas en el día claro".

[112] Julio Proclo dijo al pueblo romano que él había visto subir al cielo a Rómulo y el pueblo, sin otra averiguación, lo creyó y lo adoró como dios.

Decimos, y públicamente lo afirmamos y lo voceamos mientras vosotros nos destrozáis con tormentos y sangramos: "Adoramos a Dios por medio de Cristo". Creedle mero hombre si queréis; mas por Él y en Él quiere Dios ser conocido y adorado.

24. Todo esto que concierne a Cristo lo anunció Pilato, cristiano ya en su íntima convicción,[113] al César, que era por entonces Tiberio. Y los césares mismos hubieran creído en Cristo si los césares no fuesen necesarios al imperio o si los césares hubieran podido ser cristianos al mismo tiempo que césares.

25. Y los discípulos que por el orbe se dispersaron, obedeciendo al precepto del Maestro, después de haber padecido de los judíos perseguidores, confiados de la verdad, terminaron por sembrar con júbilo la sangre cristiana en Roma durante la persecución de Nerón.

26. Pero os demostraremos además cómo son testigos idóneos de Cristo aquellos mismos a quienes vosotros adoráis. Es muy importante que alegue para forzaros a creer a los cristianos a los mismos que os impiden creer a los cristianos.

27. Mientras tanto, ahí tenéis la historia cronológica de nuestra religión; os entregamos el censo de la secta y del nombre con su autor. Nadie le atribuya infamia, nadie piense que hay otra cosa, porque a nadie le es permitido mentir acerca de su religión. En efecto, al decir que se adora cosa distinta de la adorada se niega lo que se adora, transfiriendo a otro el culto y el honor, y al transferirlo niega ya lo que adora.

28. Ahora bien: decimos, y públicamente lo afirmamos y lo voceamos mientras vosotros nos destrozáis con tormentos y sangramos: "Adoramos a Dios por medio de Cristo". Creedle mero hombre si queréis; mas por Él y en Él quiere Dios ser conocido y adorado.

29. Y respondiendo a los judíos diré que ellos mismos aprendieron a adorar a Dios por Moisés, que era un hombre. Y saliendo al encuentro de los griegos, les diré que Orfeo en Pieria (en Tracia), Museo en Atenas, Melampo en Argos, Trofonio en Beocia, obligaron a los hombres con sus iniciaciones. En fin, para volver también la mirada a vosotros, los amos de los pueblos, os diré que hombre fue

---

[113] No quiere decir que Pilato fuera cristiano, sino que en su conciencia y discernimiento conoció que Cristo era inocente y, por comprenderlo así, solicitó su libertad. Como este conocimiento es principio de la fe, le llama cristiano en conciencia, porque tuvo principio para serlo, aunque permaneció infiel. En el fondo de esta opinión subyace una leyenda que circulaba en medios cristianos sobre una pretendida simpatía de Tiberio hacia el cristianismo.

Numa Pompilio,[114] que cargó a los romanos con tan pesadas supersticiones.

Examinad, pues, si es verdadera esta divinidad de Cristo. Si su divinidad es tal que su conocimiento reforma a los hombres, se sigue que ha de renunciarse a cualquier otra falsa divinidad.

30. Permítase también a Cristo el revelar la divinidad como bien propio, no para humanizar a los hombres que todavía son groseros y salvajes, dejándolos atónitos ante la inmensa multitud de dioses a quienes han de servir, como hizo Numa, sino para dar a los hombres, ya pulidos y engañados por el refinamiento mismo de su civilización, ojos para conocer la verdad.

31. Examinad, pues, si es verdadera esta divinidad de Cristo. Si su divinidad es tal que su conocimiento reforma a los hombres, se sigue que ha de renunciarse a cualquier otra falsa divinidad, sobre todo cuando se ha reconocido la falsedad de aquella, que recatándose bajo figura, nombre e imágenes de muertos, no dan otra fe de su divinidad que ciertas señales, prodigios y oráculos.

[114] Al rey Numa Pompilio, que parece haber tenido la manía religiosa, se atribuían casi todas las instituciones culturales de los romanos.

22

Los demonios y sus tretas

Bastará por ahora exponer lo referente a sus operaciones. Su labor consiste en derribar al hombre: así la malicia de los espíritus ha procurado desde el principio la ruina del hombre y ellos infligen a los cuerpos dolencias y amargos accidentes.

1. En efecto, decimos que existen ciertas sustancias espirituales. Pero ni el nombre siquiera es nuevo. Conocen los filósofos a los demonios, cuando el mismo Sócrates aguardaba a que su demonio le manifestase su voluntad. Y ¿cómo no, si se cuenta que desde la niñez se le adhirió un demonio para apartarle siempre del bien?[115]

2. Lo saben todos los poetas, y el mismo pueblo inculto con frecuencia los invoca en sus imprecaciones, pronunciando el nombre de Satanás, príncipe de esta perversa ralea, con el sentimiento natural de una íntima convicción y con la voz misma de la execración. Tampoco Platón[116] negó que haya ángeles. Aun los magos lo afirman, siendo testigos de ambos nombres.

3. Mas, ¿cómo de algunos ángeles voluntariamente pervertidos ha salido la casta aún más perversa de los demonios, por Dios condenada con sus autores y su jefe, que acabamos de mencionar? Es lo que las Sagradas Escrituras no dan a conocer en detalle.

4. Bastará por ahora exponer lo referente a sus operaciones. Su labor consiste en derribar al hombre: así la malicia de los espíritus ha procurado desde el principio la ruina del hombre y ellos infligen a los cuerpos dolencias y amargos accidentes, violentando al alma con sus repentinos y extraordinarios excesos.

5. Disponen para embestir contra ambas sustancias del hombre, de su maravillosa sutileza y tenuidad.[117] A los poderes espirituales mucho les es consentido, y, siendo invisibles e impalpables, aparecen más bien en sus efectos

---

[115] Sócrates tuvo desde niño un demonio asistente que le gobernaba y regía. A éste llamaron dios de Sócrates y escribieron de él Apuleyo, Jenofonte, Plutarco, Eliano y otros. Unos decían que era un ángel bueno y otros un ángel malo.

[116] Platón no tuvo conocimiento cierto de la naturaleza angélica, a la que atribuye cierta corporeidad, igual que hace Tertuliano.

[117] Tertuliano comparte con sus contemporáneos una fuerte creencia en los demonios, a los que atribuye todo tipo de males y desgracias y les asigna un "cuerpo aéreo", sutil. Cf. Agustín, *La ciudad de Dios*, IX, 18.

que en su obrar, como cuando con soplo invisible destruyen los frutos de la tierra aún en flor, o los desvirtúan en germen, o los dañan en su crecimiento, o cuando el aire, viciado como por una fuerza ciega, difunde sus pestilentes emanaciones.

Son en alguna ocasión autores de los males, pero nunca jamás de los bienes.

6. Así que, con la misma tenebrosidad de ese contagio, la respiración de los demonios y de los ángeles provoca también la corrupción de la mente con sus furores y horribles demencias, o las rabiosas pasiones con ilusiones de todo género, siendo la principal el recomendar estos dioses vuestros a los espíritus seducidos o acorralados, a fin de procurarse para sí mismos también agradable alimento, o sea, el humo y la sangre de las víctimas ofrecidas a los simulacros y a las imágenes.

En sus oráculos, ¡con qué ingenio llegan a acomodar sus equívocos con los acontecimientos!

7. Y ¿qué alimento más sabroso para ellos que el de apartar al hombre, con los prestigios de la falsa adivinación, del pensamiento del verdadero Dios? Voy a explicaros cómo obran los tales prestigios.

8. Todo espíritu es alado (*omnis spiritus ales est*), tanto ángeles como demonios, por lo que en un momento están en cualquier parte; todo el orbe es para ellos un lugar único: tan fácilmente saben como anuncian lo que en cualquier sitio acontece. Su velocidad es tenida por divinidad al ignorarse su naturaleza, y así, a las veces, quieren pasar por autores de lo que anuncian. Y cierto, son en alguna ocasión autores de los males, pero nunca jamás de los bienes.

9. Las disposiciones mismas de Dios las aprendieron cuando oyeron predicar a los profetas y ahora mismo las captan al oír las lecturas en voz alta, con lo que, tomando ciertos pronósticos, imitan a la divinidad robándole la adivinación.

10. En sus oráculos, ¡con qué ingenio llegan a acomodar sus equívocos con los acontecimientos! Lo saben bien los Cresos, lo saben los Pirros.[118] Al estar cociendo una tortuga con carne de cordero secretamente el rey de Lydia;

---

[118] Ejemplos de ambigüedad de los vaticinios. Creso consultó a Apolo si movería a guerra a los persas, éste contestó que si Creso pasaba el río intrépido, perdería el reino. Pirro también consultó a Apolo sobre si vencería a los romanos. Apolo respondió que "a los romanos se les puede vencer". Cualquiera que fuese el resultado, el oráculo no se equivocaba.

Y ¿para qué voy a seguir hablando de las demás ingeniosas invenciones o del poder de esos espíritus falaces, todo a fin de hacer creer que las piedras son divinidades y que con ello no se busque al Dios verdadero?

de la suerte que pasaba lo dijo un endemoniado en Epiro, que un instante se había trasladado a Lydia. Como viven en el aire, próximos a los astros y en contacto con las nubes, los demonios pueden saber los fenómenos que en los cielos se preparan y predecir, por ejemplo, las lluvias, que ellos ya presienten.

11. Se dirá que son benéficos, por cuanto aportan remedio para las enfermedades. Primero comienzan por dañar, prescribiendo luego remedios; y para que haya milagro, remedios nuevos o contrarios al mal, después de lo cual dejan simplemente de perjudicar, y las gentes se imaginan haberse curado.

12. Y ¿para qué voy a seguir hablando de las demás ingeniosas invenciones o del poder de esos espíritus falaces; de la fantástica aparición de los Castores,[119] del agua llevada en una criba;[120] de la nave movida por un cinto;[121] de la barba que se vuelve rubia al solo tacto,[122] todo a fin de hacer creer que las piedras son divinidades y que con ello no se busque al Dios verdadero?

[119] El día que Cimbrio venció a Perseo en Macedonia aparecieron en Iuturna, cerca de Roma, dos mancebos, Pólux y Cástor, que dieron noticia de la victoria.

[120] Tuccia, virgen vestal, en defensa de su honestidad puesta en entredicho llevó el agua sin derramarse en una criba.

[121] Claudia, virgen vestal, en fe de su pureza acusada, desencalló tirando con un cinturón un gran barco en el Tíber, que muchos hombres no pudieron.

[122] Al volver Domicio del campo, un mancebo le tocó su barba negra y se volvió rubia, y sus descendientes la tuvieron de aquel color, y los llamaron *aenobarbos*. Suetonio, en la *Vida de Nerón*.

23

Los dioses son demonios

1. Luego si también los magos producen fantasmas, llegando hasta infamar las almas de los muertos [al evocarlos]; si matan niños para que hablen los oráculos; si en sus juegos de prestigios circulatorios hacen muchos prodigios; si incluso envían sueños, disponiendo del poder de los ángeles y de los demonios que les asiste, por los cuales cabras y mesas acostumbraron adivinar, ¿cuánto más no deberán emplear todas esas energías aquellos poderes cuando obran por su propia voluntad y cuenta que cuando se prestan al interés ajeno?

¿No será lógico pensar que son los demonios los que se hacen dioses, obrando tales prodigios que les hacen pasar por dioses, antes que admitir que son iguales a ellos ángeles y demonios?

2. Pues si hacen lo mismo los ángeles y los demonios que vuestros dioses, ¿dónde está la supremacía de la divinidad, ya que ciertamente debería ser considerada superior a todo otro poder? ¿No será lógico pensar que son los demonios los que se hacen dioses, obrando tales prodigios que les hacen pasar por dioses, antes que admitir que son iguales a ellos ángeles y demonios?

3. Opino que no existe otra diferencia que distinga dioses de demonios que la de lugares; depende de los templos el que los llaméis dioses, pues fuera de ellos no los llamáis dioses. En ese caso habrá que decir también que el que anda como volando por encima de los edificios sagrados[123] no está tan loco como el que anda por los tejados de la vecindad, y que quien corta sus genitales o se abre las venas de los brazos comete distinta violencia que quien se corta el pescuezo.[124] Igual es el resultado final de una furiosa locura, y la instigación del mismo orden procede.

---

[123] Los magos pretendían sobrevolar las torres de los templos para acreditar su divinidad. Algunos ejemplos son recogidos por Apuleyo, lib. 8, y Nicetas, VIII, 5.

[124] Alude a los Bellonari y a los Galli, sacerdotes de Cibeles, los que se herían y mutilaban y revolcaban como posesos en los cultos de sus templos.

Salga ahora mismo aquí, ante vuestros tribunales, alguien del que conste estar poseído del demonio. Mandado el espíritu por cualquier cristiano hablará aquél, confesando con toda verdad ser un demonio, como antes falsamente decía ser un dios.

El poder cristiano sobre los demonios

4. Pero hasta aquí todo han sido palabras; ahora la demostración del hecho mismo, que probará cómo bajo uno u otro nombre se oculta una sola naturaleza. Salga ahora mismo aquí, ante vuestros tribunales, alguien del que conste estar poseído del demonio. Mandado el espíritu por cualquier cristiano hablará aquél, confesando con toda verdad ser un demonio, como antes falsamente decía ser un dios.

5. Salga igualmente alguno de esos a quienes se cree agitados por un dios, que inhalando en los altares aspiran la divinidad con el vaho de las víctimas; que se curan eructando; que profetizan jadeando.

6. Esta misma virgen Celeste, que os promete lluvias; este mismo Esculapio, inventor de medicinas, que suministró la vida a Socordio, a Tenacio y Asclepiodoto, destinados a morir al día siguiente; si tales dioses, no atreviéndose a desmentir a un cristiano, no confiesan ser demonios, derramad al punto la sangre del insolentísimo cristiano.

7. ¿Qué cosa más manifiesta que esto? ¿Qué prueba tan fiel como ésta? La simple verdad ahí la tenéis, asistida del poder que le es propio; no hay lugar a sospechas. ¿Es eso magia o cualquier truco del mismo género? Decididlo si vuestros ojos y oídos os lo permiten.

8. Pues, ¿qué cabe objetar a lo que con tan desnuda sinceridad se muestra? Si son verdaderos dioses, ¿por qué mienten diciendo ser demonios? ¿Será para obedecernos? Ved cómo está sometida a los cristianos vuestra divinidad, la que ciertamente no ha de tomarse por divinidad cuando se ve al hombre sometida y aun a sus enemigos si hacen algo en su deshonra.

9. Por otra parte, si son demonios o bien ángeles, ¿por qué en otras partes responden que hacen papel de dioses? Porque es cierto que, como los tenidos por dioses no hubieran querido llamarse demonios, si verdaderamente fuesen dioses, para no perder su majestad, asimismo los que vosotros conocéis positivamente como demonios no osarían hacerse dioses si realmente existieran esos dioses cuyos nombres usurpan, temiendo abusar de la majestad de los que, sin duda, les son superiores y temibles.

10. Así, pues, lo que vosotros tenéis por divinidad no es tal, que si lo fuese, ni los demonios la usurparían, ni los dioses la negarían. Como ambas partes concurren en la misma confesión negando ser dioses, reconoced que son una sola casta, o sea, demonios.

Buscad otros dioses, puesto que los que creíais ser dioses ya conocéis que son demonios. Pero, gracias a nosotros, vuestros dioses no os revelan tan sólo que ni ellos ni otros son dioses, sino que os enseñan además, por inmediata consecuencia, quién es el verdadero Dios.

11. Buscad otros dioses, puesto que los que creíais ser dioses ya conocéis que son demonios. Pero, gracias a nosotros, vuestros dioses no os revelan tan sólo que ni ellos ni otros son dioses, sino que os enseñan además, por inmediata consecuencia, quién es el verdadero Dios, si es aquel que los cristianos confiesan, y sólo aquél, y si es preciso creer en Él y adorarle, conforme la fe y doctrina de los cristianos lo prescribe.

12. Entonces os dirán: Y ¿quién es ese Cristo con su fabulosa historia? Si es un hombre de vulgar condición, si es un mago, si ha sido furtivamente cogido por sus discípulos después de muerto, si yace ahora en los infiernos o si no está más bien en los cielos y desde allí ha de venir con conmoción de todo el mundo, con horror del orbe, con el llanto de todos, mas no de los cristianos, con la majestad de Aquél, que es el supremo poder de Dios, el Espíritu de Dios, su Verbo, su Sabiduría, su Inteligencia y el Hijo de Dios.

13. Que se rían con vosotros de lo que vosotros os reís; nieguen que Cristo juzgará a todas las almas desde el principio de los tiempos, después de la restitución de los cuerpos; digan, si quieren, que son Minos y Radamanto[125] los designados por la suerte para presidir a ese tribunal, según el común parecer de Platón y de los poetas.

14. ¡Borren siquiera el estigma de su vergonzosa condenación! Nieguen ser espíritus inmundos, lo que basta a probar su alimento, que es la sangre, el vaho y la carne de animales quemada en sus infectas piras, y las impurísimas lenguas de sus mismos sacerdotes. Nieguen que, por su maldad, están de antemano condenados para el día del juicio con todos sus adoradores y ministros.

15. Pero todo el dominio y el poder que sobre ellos tenemos radica en que pronunciamos el nombre de Cristo

[125] Minos, hijo de Júpiter y de Europa, rey y legislador de Creta, fue tan justo que se le designó juez de los Infiernos con su hermano Radamanto y Eaco, rey de Egino.

Al mero contacto de nuestras manos, al menor soplo de nuestra boca, aterrados por la imagen y el pensamiento del fuego que les aguarda, salen aun de los cuerpos de los hombres obedeciendo a nuestro mandato, bien que con desgana y dolor, avergonzados ante vuestra presencia.

y enumeramos todos los castigos que les amenazan y que de Dios esperan por Cristo, su Juez. Como temen a Cristo en Dios y a Dios en Cristo, sométanse a los servidores de Dios y de Cristo.

16. Por lo cual, al mero contacto de nuestras manos, al menor soplo de nuestra boca, aterrados por la imagen y el pensamiento del fuego que les aguarda, salen aun de los cuerpos de los hombres obedeciendo a nuestro mandato, bien que con desgana y dolor, avergonzados ante vuestra presencia.

17. Creedles cuando dicen verdad de sí mismos, así como los creéis cuando mienten. Nadie miente para deshonrarse, antes bien por vanidad, por donde más fácilmente creemos a quienes confiesan en contra de sí que a los que niegan a favor propio.

18. Finalmente, estos testimonios de vuestros dioses que suelen dar los cristianos son tales que con toda frecuencia, tras de creerlos, hemos creído también en el Señor por Cristo.[126] Ellos son los que encienden nuestra fe en las Escrituras, los que edifican la confianza que tenemos en nuestra esperanza.

19. ¡Y aún les honráis, que yo sepa, con la sangre de cristianos! No quisieran perderos, siendo como sois útiles, tan obsequioso, aunque sólo fuera por no verse desechados por vosotros mismos al haceros un día cristianos, si les fuera dado mentir cuando están bajo el poder de un cristiano que quiere probaros la verdad.

---

[126] Por aquí se ve que se verificaba con toda frecuencia al pie de la letra aquello del Evangelio "Arrojarán en mi nombre los demonios" y que muchos paganos, al contemplar los maravillosos efectos del exorcismo practicado por la Iglesia, creían en el Dios verdadero y se convertían al cristianismo.

24

Libertad religiosa

1. Toda esa confesión de aquellos que reconocen no ser dioses y no haber otro dios sino aquel a quien nosotros pertenecemos, es bastante idónea para alejar de nosotros el crimen de lesa religión pública y más de lesa religión romana. Porque si es cierto que vuestros dioses no existen, cierto es también que no existe vuestra religión, y si es cierto que vuestra religión no es tal por no existir verdaderamente vuestros dioses, cierto es asimismo que no somos nosotros reos de lesa religión.

Si es cierto que vuestros dioses no existen, cierto es también que no existe vuestra religión, y si es cierto que vuestra religión no es tal por no existir verdaderamente vuestros dioses, cierto es asimismo que no somos nosotros reos de lesa religión.

2. Antes al contrario, sobre vosotros tal imputación se volverá contra vosotros, pues adorando la mentira y no contentos con descuidar la religión verdadera del Dios verdadero, llegáis aun a combatirla, cometiendo verdaderamente un crimen de verdadera irreligiosidad.

3. Ahora bien, suponiendo que constara ser dioses vuestros dioses, ¿no concedéis que, según la común opinión, existe un Dios más alto y poderoso, como príncipe del mundo,[127] de perfecto poder y majestad? Porque esa es la idea que muchos se forman de la divinidad, al atribuir a uno solo el imperio del sumo dominio y al repartir los diversos oficios entre muchos, como lo hace Platón cuando pinta a Júpiter magno escoltado en el cielo por un ejército de dioses y aun de demonios, como conviene reconocer también a esos procuradores y prefectos y presidentes.[128]

4. Y ahora decidme, ¿qué crimen comete el que procura tener más bien propicio al César, y cifra en él su afán y su esperanza, y el que no atribuye el nombre de Dios, como el de emperador, a nadie sino al Dios supremo, pues se considera crimen capital el llamar o el sufrir que se llame César a otro que el mismo César?

---

[127] Zeus era el gran príncipe de los cielos.

[128] Los sabios de la gentilidad admitían un dios supremo entre los dioses, que repartía las deidades inferiores. A esto llamó Orfeo grande: Antistane, artífice del Universo; Aristóteles, sumo; Séneca, dios de dioses; el pueblo, Júpiter; Cicerón, supremo.

Mirad bien, en efecto, de que no sea ya un crimen de impiedad el quitar a los hombres la libertad de religión y prohibirles la elección de divinidad, o sea, de no permitirme que honre al que yo quiera honrar, forzándome a honrar al que no quiero honrar.

5. Adore el uno a Dios, el otro a Júpiter; tienda otro al cielo sus manos suplicantes, otro al ara de fe;[129] otros, si os parece, cuenten orando las nubes,[130] otros los charcos; ofrezca éste a su dios el alma, el otro la de un macho cabrío.

6. Mirad bien, en efecto, de que no sea ya un crimen de impiedad el quitar a los hombres la libertad de religión y prohibirles la elección de divinidad, o sea, de no permitirme que honre al que yo quiera honrar, forzándome a honrar al que no quiero honrar. Nadie, ni siquiera un hombre, quisiera ser honrado por el que lo hace obligado.[131]

7. A los egipcios les fue dada la libertad de practicar su vana superstición, consistente en poner a pájaros y animales al par de los dioses y en condenar a muerte al que hubiere matado alguno de estos dioses suyos.

8. Cada provincia, cada ciudad tiene su dios peculiar, como tiene Siria a Astargate (Astarte), Arabia a Dusares, el Nórico a Beleno, el África a Celestis y Mauritania a sus Régulos. Creo que acabo de nombrar provincias romanas; mas con todo eso no son dioses romanos, porque no tienen mayor culto en Roma que los creados en toda Italia como dioses mediante una consagración municipal, cual sucede con Delventino en Casino, o con Visidiano en Narnia, con Ancaria en Asculo, con Nortia en Volsini, con Valencia en Otrícolo, con Hostia en Sutri y con la Juno de los Faliscos, que recibió el sobrenombre de Curitis en honor de su padre Curis.

9. Y nosotros somos los únicos a quienes no es concedido tener religión propia. Ofendemos a los romanos y ni siquiera somos considerados romanos, por cuanto no honramos a un dios que no es de romanos.

10. Bien que hay un único Dios de todos, del cual, queramos o no queramos, todos somos. Mas entre vosotros está permitido adorar a todo menos al Dios verdadero, como si no fuese más Dios de todos éste del que somos todos.

---

[129] Cerca del Capitolio, en lugar alto, estaba el templo de la fe, que se llamaba *Ara fidei*.

[130] Los cristianos oraban mirando al cielo hacia el Oriente, por eso decían los gentiles que contaban las nubes.

[131] "Es un derecho del hombre, un privilegio de la naturaleza, el que cada cual pueda practicar la religión según sus propias convicciones; la religión no daña ni ayuda a otro, y ciertamente no es propio de la religión el obligar a la religión" (Tertuliano, *A Scapulam*, 2. Cf. *Apología* XXIV y XXVIII, 1).

25

Irreligiosidad del pueblo romano

La pretensión de los que dicen que los romanos han sido elevados a tal altura que ocupan el mundo entero por causa de su diligente religiosidad, y que se demuestra la existencia de los dioses por el hecho de que quienes mejor les sirven más prosperan.

1. Creo haber probado bastante lo que atañe a la falsa y a la verdadera divinidad cuando demostré cómo la prueba consiste no sólo en discusiones y en argumentaciones, sino también en los testimonios de aquellos mismos a quienes creéis dioses; de manera que no tengo por qué volver a tratar este tema.

2. Mas como se presenta aquí de un modo especial la mención del nombre romano, no rehuiré el debate provocado por la pretensión de los que dicen que los romanos han sido elevados a tal altura que ocupan el mundo entero por causa de su diligente religiosidad, y que se demuestra la existencia de los dioses por el hecho de que quienes mejor les sirven más prosperan. O sea, que este favor ha sido gracia concedida a los romanos por los dioses.[132]

3. ¡Quien ha dilatado el Imperio ha sido Esterculo y Mutuno y Larentina![133] No creería yo, en efecto, que dioses forasteros hayan preferido favorecer a gentes extrañas que a la propia y que hayan entregado a gentes de allende los mares el suelo patrio en donde nacieron y crecieron y adquirieron nobleza y recibieron sepultura.

4. Mire Cibeles si por ventura se prendó de la ciudad de Roma en recuerdo de la gente troyana de su país, a la que, sin duda, protegió contra las armas de los aquivos (griegos), y si se preocupó de ser trasladada a sus vengadores, quienes sabían que vencerían a los griegos, vencedores de Frigia.

5. Por eso, en nuestros propios días ha dado, al ser transportada a Roma, una espléndida prueba de su poder: cuando a la muerte de Marco Aurelio, arrebatado a la República junto a Sirmio el día 16 de las calendas de abril

---

[132] Presunción común de los romanos, que atribuían sus dichas a la observancia de la religión. *Nom mirum si pro imperio augendo custodiendoque pertinax Deorum indulgentia semper excubuit,* dijo Valerio.

[133] Esterculo fue natural de Roma, se le adoró como dios porque halló que el campo se fertiliza con estiércol, por lo que presidía esta labor del campo. Mutuno, dios de la fecundación, era visitado por las doncellas al casarse y Larentina fue la nodriza de Remo y Rómulo después de la loba, prostituta de oficio. Todos ellos romanos de nacimiento.

¡Qué lentos mensajeros! ¡Qué tardíos documentos, por cuya falta Cibeles no supo antes la muerte del emperador, para que los cristianos no se riesen de semejante diosa!

(17 de marzo 180)[134] el santísimo archigalo,[135] libando sangre impura mientras sajaba sus brazos, el noveno día de las mismas calendas (24 de marzo), mandó preces ordinarias por la conservación del emperador Marco, el cual ya estaba muerto.

6. ¡Qué lentos mensajeros! ¡Qué tardíos documentos, por cuya falta Cibeles no supo antes la muerte del emperador, para que los cristianos no se riesen de semejante diosa!

7. Y pasando a Júpiter, no hubiera éste consentido que su isla de Creta sufriese el choque de los fascios romanos, ni hubiera olvidado el antro famoso del monte Ida, y los broncíneos timbales de los coribantes, y el delicioso perfume de su nodriza, que allí tenía. ¿No hubiera preferido aquel sepulcro a todos los Capitolios, a fin de que aquella tierra, que cubrió las cenizas de Júpiter, fuese la más ilustre del orbe?

8. ¿Y hubiera querido Juno que la ciudad Púnica, más amada para ella que Samos, fuese destruida, y precisamente por los descendientes de Eneas? En cuanto yo sepa, "allí estuvieron sus armas, allí su carro. Hacer de esta ciudad la reina de las naciones permitiéndolo los hados fue, por lo pronto, el objetivo de sus afanes y su ardiente voto".[136] Esta desventurada, esposa de Júpiter a la vez que hermana, ¡nada pudo en contra de los Hados! ¡Júpiter mismo está sometido al Hado!

9. Y, sin embargo, a los tales Hados, que les entregaron a Cartago a despecho de su voluntad y del deseo de Juno,[137] los romanos no tributaron tantos homenajes como a la prostitudísima loba Larentina.

10. Cierto es que varios de vuestros dioses reinaron. Luego, si tienen ahora potestad de entregar el Imperio allá cuando ellos mismos reinaron, ¿de quién habían recibido ese favor? ¿A qué dios Saturno o Júpiter habían adorado? ¿Quizás a algún Esterculo? Pero los romanos no le admitieron, sino más tarde en su "formulario de invocaciones".

---

[134] Marco Aurelio murió en Sirmio (Hungría) en la guerra contra los marcomanos, pero en el año 178 después de Jesucristo.

[135] Archigalo llamaban al gran sacerdote de Cibeles, en cuanto cabeza de los castrados, ya que *gallus* significa eunuco.

[136] Virgilio, *Eneida*, I, 16-1.

[137] Si los dioses dan los reinos, ¿por qué permitió Juno que los romanos destruyesen Cartago, donde reinó, y Samos, donde nació?

Los romanos no fueron religiosos antes de ser grandes; por tanto, no son grandes por ser religiosos.

11. Pero además si algunos de vuestros dioses no reinaron, otros reinaban y no les adoraban, ya que nadie aún les conceptuaba dioses. Luego, de otros es dar el reino, pues se reinaba ya mucho antes de que estos dioses se tuviesen por tales.

12. Pues, qué vano fundamento el de atribuir la pujanza del nombre romano a los méritos de su religiosidad, siendo así que la religión no progresó, sino tras del Imperio, o mejor, el reino, porque no era sino un simple reino. Porque, si bien Numa concibió el celo supersticioso, el culto romano no consistía aún en estatuas ni en templos.

13. La religión era sobria, los ritos sencillos y no había Capitolios que compitiesen con el cielo, sino altares de césped, como provisionalmente erigidos, vasos de barro de Samos y en ellos humo que salía, pero no había dios por ninguna parte. Pues todavía entonces el genio de griegos y de etruscos no había inundado a Roma de estatuas que los simulasen.[138] Y así, los romanos no fueron religiosos antes de ser grandes; por tanto, no son grandes por ser religiosos.

14. ¿Cómo han de ser grandes por su religión, cuando precisamente la grandeza les viene de su irreligiosidad? Si no me equivoco, todo reino o imperio se establece con la guerra y se propaga con victorias. Ahora bien, las guerras y las victorias implican con frecuencia destrucción de ciudades, cosa que nunca ocurre sin afrenta de los dioses. Se destruyen sus templos al par que las murallas; matanzas de ciudadanos lo mismo que de sacerdotes, sin diferencia entre las rapiñas de las riquezas sagradas y de las profanas.

15. Tantos son los sacrilegios de los romanos cuantos son sus trofeos; tantos los triunfos sobre los dioses como sobre los pueblos; tantos objetos de botín cuantos son los simulacros que todavía quedan de dioses cautivos.

16. Estos dioses consienten en ser adorados por sus enemigos y les conceden un imperio sin fronteras, cuando deberían más bien castigar los ultrajes que premiar sus adulaciones. Pero los que nada sienten, tan impunemente son ofendidos como vanamente adorados.

---

[138] Efectivamente, las estatuas de Roma son etruscas o son griegas; pocas hay de origen puramente romano en los antiguos tiempos.

No podemos convenir en que los méritos religiosos hayan causado la pujanza del pueblo romano, toda vez que, como hemos sugerido, crecieron hiriendo a la religión o creciendo la hirieron.

17. Cierto: no podemos convenir en que los méritos religiosos hayan causado la pujanza del pueblo romano, toda vez que, como hemos sugerido, crecieron hiriendo a la religión o creciendo la hirieron. Y aquellos mismos cuyos reinos quedaron en uno fundidos para formar el total del Imperio romano, cuando los perdieron no dejaron ellos también de tener sus religiones.

26

Dios, no los dioses, es quien otorga el poder a los hombres

Si son los dioses romanos quienes dispensan los reinos, nunca la Judea hubiera reinado en el pasado, pues despreciaba a estas divinidades comunes a los pueblos.

1. Ved, pues, si el dispensador de reinos, a quien pertenece el orbe sometido a los reyes y el hombre mismo que reina; ved si el que regula las vicisitudes de los imperios, designando a cada cual su tiempo en el fluir de los siglos,[139] lo es el que existió antes de los tiempos y quien de la suma de los siglos ha hecho el total del tiempo. Ved si no es él quien levanta a las sociedades y las hunde. ¿Bajo quién reinaba en otro tiempo el humano linaje, cuando aún no existían ciudades?

2. ¿Por qué andáis equivocados? Roma, selva inculta,[140] es más antigua que varios de vuestros dioses. Reinaba ya antes de construir el vasto recinto del Capitolio. Reinaron también los babilonios antes que los pontífices; los medos antes que los quindecenviros;[141] los egipcios antes que los salios; los asirios antes que los Lupercos; las amazonas antes que las vírgenes vestales.

3. En fin, si son los dioses romanos quienes dispensan los reinos, nunca la Judea hubiera reinado en el pasado, pues despreciaba a estas divinidades comunes a los pueblos. Y sin embargo, vosotros, romanos, habéis honrado a su Dios con víctimas, a su templo con ofrendas, a la nación misma allá cuando fue vuestra aliada,[142] y jamás hubierais dominado sobre ella si no hubiera, al fin, pecado contra Cristo.

---

[139] Cf. Daniel 2:2: "Y él es el que muda los tiempos y las oportunidades; quita reyes, y pone reyes".

[140] Roma era selva antes de la llegada de Eneas.

[141] Los quindecenviros eran los que guardaban los Libros Sibilinos para consultar sus oráculos en caso de peligro para el imperio; también velaban por la pureza de la religión.

[142] Los judíos estuvieron confederados con Roma en tiempo de Judas Macabeo, de Jonatán y de Simón su hermano (1ª Mac. 8, 12, 15), y de otros hebreos (Josefo, *Antigüedades*, 13, 8).

27

Preferible morir a renegar de la conciencia

Hay algunos que consideran demencia el que pudiendo sacrificar en el momento mismo y salir ilesos, guardando adentro nuestra propia convicción, prefiramos la obstinación a la salvación.

1. Baste esto en contra de la acusación de lesa religión y divinidad, con lo cual, más que dañarla, hemos demostrado que no existe. Y así, cuando se nos provoca a sacrificar, paramos el paso fiándonos a nuestra conciencia, la que nos testifica a quién van tales homenajes, bajo el simulacro de las imágenes que vosotros exponéis, a los mortales que vosotros endiosáis.

2. Pero hay algunos que consideran demencia el que pudiendo sacrificar en el momento mismo y salir ilesos, guardando adentro nuestra propia convicción, prefiramos la obstinación a la salvación.

3. ¡Con lo cual efectivamente nos dais un consejo para que os engañemos! Pero nosotros sabemos bien de dónde proceden tales sugerencias, quién agita todo esto y cómo, ya por astucia de persuasión, ya por dureza en el tormento, se trabaja en derribar nuestra constancia.

4. Es aquel espíritu compuesto de demonio y de ángel que, siendo enemigo nuestro por causa de su rebelión contra Dios y envidioso de nosotros por la gracia que Dios nos otorga, lucha contra nosotros emboscado en vuestros espíritus preparados y corrompidos, empujándolos a juzgar con esa perversidad y para ensañarse con esa iniquidad de que hablamos al principio.

5. Porque si bien nos está sometido todo el ímpetu de los demonios y de semejantes espíritus, cual malos esclavos juntan en sí al miedo la contumacia y procuran dañar a los que por otra parte temen, porque también el temor inspira odio, además de que su desesperada condición, consecuencia de su condenación anticipada, considera un consuelo el poder disfrutar de cuando en cuando de su malignidad, debido a la demora de su pena.

6. Sin embargo, una vez que se les sujeta, vuelven a su condición y suplican de cerca a los que atacan de lejos.

7. Por lo cual, semejantes a esos condenados que se rebelan en los ergástulos,[143] en las prisiones, en las minas

[143] Cárcel donde se encerraba a los esclavos.

o en cualquier género de servidumbre penal, se lanzan contra nosotros, que los tenemos sujetos a nuestra potestad, ciertos de que son inferiores y de que su furor tiene que ser para su mayor perdición; con desgana les hacemos frente, como si fueran tan poderosos como nosotros, y rechazamos perseverantes sus asaltos, sin que nuestro triunfo sea nunca tan glorioso como cuando somos condenados por nuestra perseverancia en la fe.

Rechazamos perseverantes sus asaltos, sin que nuestro triunfo sea nunca tan glorioso como cuando somos condenados por nuestra perseverancia en la fe.

28

La religión es una opción libre, no forzada

Aun en eso estáis convencidos de irreligiosidad para con vuestros dioses, pues tributáis mayor reverencia a un señor humano. Entre vosotros, finalmente, antes se perjura por todos los dioses que por el único genio del César.

1. Es fácil de ver que sería injusto forzar a hombres libres a ofrecer sacrificios contra su voluntad cuando, por otra parte, se prescribe que todo acto de culto ha de hacerse con voluntad sincera. Se consideraría cosa inepta que otro fuerce a uno a honrar a los dioses cuando en realidad uno espontáneamente y por su propio interés ha de buscar aplacarlos, no sea que pudiese decir en nombre de su libertad: "No quiero que Júpiter me sea propicio. Tú, ¿en qué te metes? Que Jano no me vuelva airado cualquiera de sus dos caras. ¿Qué tienes tú que ver conmigo?"

2. Sin duda, habéis sido adiestrados por esos mismos espíritus a forzarnos a sacrificar por la salud del emperador, tanto imponiéndoos a vosotros la necesidad de violentar como a nosotros la obligación de exponernos a peligros.

3. Llegamos así al segundo título de acusación, o sea, el de lesa majestad más augusta que los dioses, pues servís al César con mayor miedo y timidez más astuta que al mismo Júpiter Olímpico,[144] y con razón, si sabéis lo que hacéis. Porque, ¿quién de entre los vivos no vale más que cualquier muerto?

4. Mas ni aun esto lo hacéis vosotros movidos tanto por la reflexión como por respeto a un poder pronto a ejecutar; añado que aun en eso estáis convencidos de irreligiosidad para con vuestros dioses, pues tributáis mayor reverencia a un señor humano. Entre vosotros, finalmente, antes se perjura por todos los dioses que por el único genio del César.[145]

---

[144] Claudio, por ejemplo, hizo más venerable su nombre que el de los dioses.

[145] Según Cicerón, el que juraba por Dios no tenía pena ni castigo, pero que el que juraba por el genio del César tenía pena de azotes (Ulpiano, *De Jurejurando*, I, 3).

29

Los dioses no protegen a César, sino éste a aquéllos

1. Conste, pues, primeramente si esos dioses a quienes se sacrifica son capaces de conceder la salud al emperador o a un hombre cualquiera, podréis entonces achacarnos crimen de lesa majestad. Si los ángeles caídos o los demonios, espíritus pésimos por naturaleza, hacen algún beneficio, si perdidos ellos salvan, si condenados libran, si finalmente –lo que está en vuestra conciencia–, si muertos protegen a los vivos.

Atentamos, pues, contra la majestad de los emperadores por no someterlos a sus cosas, porque no jugamos con su salud al no creer que están en poder de manos de palo rellenadas con plomo.

2. Ciertamente es que primero habrían de proteger a sus propias estatuas e imágenes y templos, lo que creo se conservan merced a la protección de la guardia que los césares les prestan.[146] Estimo también que la materia misma de la que están construidas de las minas de los césares proviene y que todos los templos perduran por voluntad del César.

3. Por fin, muchos dioses irritaron a César,[147] y confirma también mi causa, si le hallan propicio, cuando les otorga alguna liberalidad o algún privilegio. Y así los que bajo el dominio del César están dependiendo de él en todo, ¿cómo tendrán la salud del César en sus manos para que ellos se la den, siendo ellos los que más fácilmente la consiguen del César?

4. Atentamos, pues, contra la majestad de los emperadores por no someterlos a sus cosas, porque no jugamos con su salud al no creer que están en poder de manos de palo rellenadas con plomo.

5. Y vosotros sois religiosos por buscarla donde no está y pedirla de quien no puede darla, olvidando a Aquel en cuyo poder está. Es más: ¡declaráis la guerra a los que saben pedirla, a los que además saben alcanzarla porque saben pedirla!

---

[146] Era tan frecuente el robo en los templos, que había guardias militares de noche para que no los robasen.

[147] Cuenta Suetonio que Calígula tenía celos de Júpiter Capitolino y que le decía amenazándole: "O me quitas o te quito". Este mismo emperador hizo decapitar las estatuas de los dioses traídas de Grecia, especialmente la de Júpiter, reemplazándola por la suya.

30

Los cristianos oran por el emperador al Dios verdadero

Saben que Él les ha dado el Imperio; saben, en cuanto hombres, quién les ha otorgado también la vida; sienten ser Él el único Dios, bajo cuyo único poder están, viniendo en segundo lugar en pos de Él y siendo los primeros, después de Él, antes que todos y sobre todos los dioses.

1. Nosotros, en cambio, invocamos por la salud de los emperadores al Dios eterno,[148] al Dios verdadero, al Dios vivo, al que los mismos emperadores prefieren tener propicio antes que a todos los demás. Saben que Él les ha dado el Imperio; saben, en cuanto hombres, quién les ha otorgado también la vida; sienten ser Él el único Dios, bajo cuyo único poder están, viniendo en segundo lugar en pos de Él y siendo los primeros, después de Él, antes que todos y sobre todos los dioses.[149] Y ¿por qué no, si

"Puesta la mirada en alto, con las manos extendidas por ser inocentes, con la cabeza descubierta porque no nos avergonzamos, oramos con el corazón"

---

[148] Cf. 1ª Timoteo 2:1-3: "Amonesto pues, ante todas cosas, que se hagan rogativas, oraciones, peticiones, hacimientos de gracias, por todos los hombres; por los reyes y por todos los que están en eminencia, para que vivamos quieta y reposadamente en toda piedad y honestidad. Porque esto es bueno y agradable delante de Dios nuestro Salvador".

[149] Cf. Salmos 144:10: "Tú, el que da salud a los reyes".

ellos están sobre todos los hombres que ciertamente viven y sobre los muertos?

2. Recapacitan hasta donde alcanzan las fuerzas de su mando y ven así cómo Dios existe, reconociendo que contra Él nada pueden y que por Él son poderosos. Finalmente, que pruebe el emperador a declarar al cielo la guerra, que arrastre triunfante al cielo cautivo, que ponga centinelas en el firmamento, que le imponga tributos. No puede.

El emperador es grande por ser menor que el cielo. Él mismo es de Aquel de quien es el cielo y toda criatura. De allí es el emperador, de donde es el hombre antes de ser emperador; de allí le viene el poder, de donde también le viene el espíritu.

3. El emperador es grande por ser menor que el cielo. Él mismo es de Aquel de quien es el cielo y toda criatura. De allí es el emperador, de donde es el hombre antes de ser emperador; de allí le viene el poder, de donde también le viene el espíritu.

4. Allí, puesta la mirada en alto, con las manos extendidas por ser inocentes, con la cabeza descubierta porque no nos avergonzamos, sin que nadie nos lo sugiera porque oramos con el corazón.[150] Los cristianos pedimos siempre por todos los emperadores larga vida, Imperio tranquilo, palacio seguro, ejército fuerte, senado fiel, pueblo leal, orbe apaciguado y todo cuanto puede un hombre y un César anhelar.

5. Estas cosas no las puedo pedir sino del que sé que he de conseguirlas, por ser Él el único que las da y yo el que debe implorarlas; yo, su siervo, siendo el único que guardo sus mandamientos, que muero por su Ley, que le ofrezco una víctima óptima y mayor, la que Él mismo mandó, una oración procedente de carne casta, de alma inocente, de Espíritu Santo.

6. No son granos de incienso de lágrimas de un árbol de Arabia, ni dos gotas de generoso vino, ni sangre de un buey de desecho que sólo desea morir, ni, tras todas estas cosas inmundas, una conciencia sucia. Me asombro cuando entre vosotros se prueban las víctimas por viciosísimos sacerdotes. ¿Por qué no se examinan más bien las entrañas de los propios sacrificantes que las de las víctimas?[151]

---

[150] Sin lector de rezos ni maestros de ceremonias, común a los gentiles cuyos maestros decían: "A este dios se ha de pedir salud con esta postura y con este sacrificio, a éste, victoria con otro" (Arnobio).

[151] Las *exta* o *harus* que los arúspices examinaban eran el hígado, la hiel, los pulmones, el estómago y los intestinos. Eso se quemaba en el ara; las vísceras y carne se comían.

¡Ánimo, buenos presidentes, arrancad el alma que a Dios suplica por el emperador! ¡Aquí está el crimen donde está la verdad de Dios y la fidelidad a Él!

7. Así, pues, cuando oramos a Dios brazos en alto, que nos desgarren los garfios, que nos suspendan en cruces, que nos lama el fuego, nos corten el cuello las espadas, salten sobre nosotros las fieras. La actitud orante mantiene preparados a los cristianos para cualquier suplicio. ¡Ánimo, buenos presidentes, arrancad el alma que a Dios suplica por el emperador! ¡Aquí está el crimen donde está la verdad de Dios y la fidelidad a Él!

31

La oración por los enemigos y los gobernantes según las Escrituras

1. Pero quizás acabamos de adular al emperador fingiendo los deseos de que hemos hablado para evadir la persecución. Esta falacia vuestra ciertamente no es muy útil, pues no permitís, al hacerla, probar cuanto sostenemos.

Vosotros, pues, que pensáis que no nos preocupamos lo más mínimo de la salud de los césares, examinad las voces de Dios, nuestras Escrituras.

Domiciano
"Dios nos pide orar por nuestros enemigos y perseguidores.
Y ¿quiénes más enemigos y perseguidores de cristianos que aquellos ante los cuales se nos acusa de crimen de lesa majestad?"

Sabed que, según nuestras Escrituras, es para nosotros un precepto, que lleva a su colmo la benignidad, el de orar a Dios también por los enemigos.

Vosotros, pues, que pensáis que no nos preocupamos lo más mínimo de la salud de los césares, examinad las voces de Dios, nuestras Escrituras, las que nosotros no ocultamos y por muchas circunstancias caen en manos de extraños.

2. Sabed que según ellas es para nosotros un precepto, que lleva a su colmo la benignidad, el de orar a Dios también por los enemigos y el pedir bienes para nuestros perseguidores.[152] Y ¿quiénes más enemigos y perseguidores de cristianos que aquellos ante los cuales se nos acusa de crimen de lesa majestad?

3. Y aun se nos dice precisa y manifiestamente: "Orad por los reyes y por los príncipes y los poderes, a fin de que todo sea para vosotros tranquilo".[153] En verdad, cuando el Imperio se derrumba caen todos sus miembros, y nosotros con ellos, aunque extraños a las turbas, nos hallamos en algún lugar implicados en la ruina.

---

[152] Mateo 5:43; Lucas 6:27; Hechos 7:59; Romanos 12:14; 1ª Corintios 4:12.

[153] 1ª Timoteo 2:2; Romanos 13:1; Tito 3:1; 1ª Pedro 2:13.

32

El Imperio romano y el fin del mundo

1. Pero tenemos aún otro motivo más apremiante de orar por los emperadores, por la conservación de todo el Imperio y por los intereses romanos, pues sabemos que la máxima catástrofe inminente para todo el orbe y el mismo fin del mundo, que con horrendas calamidades nos amenaza, se retardan en atención al Imperio romano.[154] Por donde favorecemos a la duración del Imperio romano al suplicar sea diferida, no queriendo tampoco experimentarla nosotros.

Sabemos que la máxima catástrofe inminente para todo el orbe y el mismo fin del mundo, que con horrendas calamidades nos amenaza, se retardan en atención al Imperio romano.

2. Y hasta juramos si no por el genio de los césares, al menos por su salud, más augusta que todos los genios.[155] ¿Ignoráis que los genios se llaman *démonas* o, por emplear el término diminutivo, *demónia*? Nosotros respetamos en los emperadores el juicio de Dios, quien los puso al frente de los pueblos.

3. Sabemos que hay en ellos lo que Dios ha querido que haya, por lo que queremos la conservación de los que Dios quiso, y tenemos éstos por gran juramento. En cuanto a los demonios, o sea, los genios, solemos conjurarlos para expulsarlos de los hombres, mas no jurar por ellos prestándoles honores divinos.

---

[154] Tertuliano y muchos otros, interpretando mal el *quitenet* de San Pablo (2ª Ts. 11:7, 8), creían que lo que dice del mundo y de su fin en general se aplicaba al Imperio romano, que había de durar hasta el fin de los siglos. Tal era la importancia que atribuían a la supervivencia de aquel coloso político; abatido éste, pensaban, se derrumbaría todo.

[155] Los cristianos se negaban a jurar por el "genio" del César, porque genio era nombre común en la antigüedad para ángel bueno y malo. Los fieles, según Arnobio, juraban por la vida del César.

33

El César no es dios, sino por Dios instituido

Menos grande fuera si entonces se le llamase dios, porque no se lo llamarían con verdad. Más grande es cuando se le recuerda que no debe tenerse por un dios.

1. Mas ¿para qué habré de seguir hablando yo de la religión y de la piedad cristiana respecto al emperador, a quien es necesario miremos como a persona elegida por nuestro Señor? Y con razón podría decir: El César es más nuestro que de nadie, pues nuestro Señor le ha constituido.

2. Por donde tanto más coopero yo por su salud cuanto no solamente la pido para él de Aquel que puede darla o en cuanto la pido siendo tal que merezca impetrarla, sino también en cuanto que poniendo a la majestad del César debajo de Dios, con ello le encomiendo mejor a Dios, pues a Él sólo le someto. Someto, en efecto, al que no igualo.

3. Y no diré que el emperador sea dios, por no saber mentir, y porque no me atrevo a burlarme de él, bien porque ni él mismo quisiera ser llamado dios.[156] Si es hombre, interés suyo es el ceder ante Dios: bástele ser llamado emperador. Grande es también este nombre, regalo de Dios. Niega al emperador quien dice que es dios. Si no es hombre tampoco es emperador.

4. Aun cuando va triunfante en aquella magnífica carroza se le advierte que es hombre, porque a la espalda se le va diciendo por lo bajo: "¡Mira en pos de ti! ¡Acuérdate que eres hombre!" Y ciertamente tanto mayor es su gozo viéndose brillar con tanta gloria que es necesario amonestarle acerca de su condición. Menos grande fuera si entonces se le llamase dios, porque no se lo llamarían con verdad. Más grande es cuando se le recuerda que no debe tenerse por un dios.

---

[156] Si el hijo de *Divus Julius* fue consagrado por el Senado *Divus Augustus* (santo), antes del siglo III ningún emperador quiso llevar en vida el título de dios, sino a seguidas de la admisión en Roma de los dioses forasteros. Aureliano (año 200) empezó a llamarse *deus et dominus natus*. Después de la muerte de un príncipe, el Senado hacía su apoteosis o consagración, introduciéndole entre los dioses, o bien "abolía su memoria".

34

Es adulación peligrosa llamar Señor a César

Apoteosis de un emperador.
Abajo, el carro fúnebre con la efigie; arriba, los genios del Sueño y la Muerte llevan al emperador al cielo

Deja de adorar o de creer en otro y, por tanto, de llamar dios al que necesita de Dios.

1. Augusto, el fundador del Imperio, ni siquiera quería le llamasen *señor*, siendo también este sobrenombre propio de Dios.[157] Llamaré, sí, señor al emperador, pero al modo usual y cuando no me veo precisado a dárselo en el sentido mismo en que se lo doy a Dios. Por lo demás, libre soy para con él: un solo Señor tengo, Dios omnipotente y eterno, el mismo que él también tiene.

2. Quien es el «padre de la patria», ¿cómo puede ser el señor? Pero es más agradable un nombre de piedad que de potestad: aun dentro de la familia, se les llama más bien padres que señores.

3. Tan lejos está el que se deba llamar dios al emperador, lo que no puede creer la más vergonzosa y perniciosa de las adulaciones. Si teniendo un emperador llamas así a otro, ¿no contraes una gravísima e inexorable ofensa ante el que es en realidad tu emperador? Sé religioso con Dios, tú que quieres sea Él propicio con el emperador. Deja de adorar o de creer en otro y, por tanto, de llamar dios al que necesita de Dios.

4. Si semejante adulación no se avergüenza de la mentira, al llamar dios a un hombre, tema siquiera un infausto suceso. Acarrea maldición el llamar dios al emperador antes de la apoteosis. Ten conciencia de que, usando este nombre, le quieres mal y le auguras el mal, porque, llamando dios al emperador cuando vive, le das el nombre que se le atribuye después de muerto.

---

[157] Cuando en unos juegos fue aplaudido y llamado gracioso señor, ordenó que nadie le llamase así, ni en cartas ni en súplicas, según cuenta Seutonio.

35

Rechazo de las fiestas escandalosas

Los cristianos como hombres que profesan la verdadera religión, celebran las fiestas de los emperadores en la intimidad de su conciencia, no en medio de las orgías y el desenfreno.

1. Los cristianos son considerados enemigos públicos, porque no tributan honores ni mentirosos ni temerarios a los emperadores, pues, como hombres que profesan la verdadera religión, celebran las fiestas de los emperadores en la intimidad de su conciencia, no en medio de las orgías y el desenfreno.

2. Grandioso homenaje, ciertamente, el sacar al público los braseros y divanes, el banquetear en los barrios, el transformar la ciudad en taberna, el convertir en vino el lodo, el correr en cuadrillas para entregarse a las injurias, a las indecencias, a los placeres del vicio. ¡Así se expresa la pública alegría por la pública desvergüenza! Y si esto no conviene a los demás días, ¿convendrá a los días solemnes de los príncipes?[158]

3. ¿Los que observan la ley por respeto al César la descuidarán ahora por causa del César y la licencia para el desenfreno será piedad? ¿A la ocasión de lujuria se la considerará fiesta religiosa?

4. ¡Con razón nosotros hemos de ser condenados! ¿Por qué, pues, nos dispensamos de pagar nuestros votos y gozos por los césares y celebramos sus fiestas sin dejar de ser castos, sobrios y decentes? ¿Por qué en el día de la alegría no sombreamos con laurel nuestros dinteles ni hacemos palidecer al día con nuestras antorchas? ¿Es cosa honesta, cuando la solemnidad pública lo exige, dar a tu casa el aspecto de algún nuevo lupanar?[159]

5. Y, sin embargo, en el culto que a esa segunda majestad tributáis, que se nos acusa a nosotros, cristianos, de ofender con un segundo sacrilegio por no prestarnos a celebrar con vosotros las fiestas de los emperadores en forma tal que ni la modestia lo permite, ni la vergüenza, ni el pudor, pero que os ha aconsejado el afán del goce más

---

[158] Días solemnes eran el nacimiento del César y del Imperio, *Natalis Caesaris* y el *Natalis Imperii*, como también los *Vota pública*, el nacimiento de año, el día primero de enero, en que se hacían en el Capitolio sacrificios y oraciones por la salud de la República.

[159] Lupanar: de *lupa*, loba o meretriz, prostíbulo.

No hay nadie tan rabioso contra los cristianos como la plebe. En apariencia, las otras clases del Estado son sinceramente religiosas en proporción de su elevación; ninguna hostilidad proviene del Senado mismo.

que la digna razón; en ese culto, digo, quisiera mostrar hasta dónde alcanzan vuestra buena fe y sinceridad para ver si aún en eso los que no nos quieren tener por romanos, e incluso nos tildan de hostiles a los emperadores, no serán todavía en esto sorprendidos como peores que los cristianos.

No es sincera la honra al César

6. Emplazo a los mismos Quirites[160] y a la misma plebe originaria de las siete colinas: ¿Hay por ventura algún César suyo al que haya perdonado la lengua de los romanos? Testigo es el Tíber y las escuelas de los bestiarios.[161]

7. Si la naturaleza hubiera puesto ante los corazones una especie de espejo que transparentase los pensamientos, ¿qué romano hay en cuyo corazón no se viera grabada la escena de un César sucediendo sin interrupción a otro César y presidiendo a la distribución del congiario,[162] y eso en el momento mismo en que aclaman: "¡De nuestros años te añada años Júpiter!" No sabe decir esto un cristiano, como tampoco sabe desear un nuevo emperador.

8. "Es el vulgo", dice. Pase como vulgo, pero son romanos y no hay nadie tan rabioso contra los cristianos como la plebe. En apariencia, las otras clases del Estado son sinceramente religiosas en proporción de su elevación; ninguna hostilidad proviene del Senado mismo, del orden ecuestre, de los campamentos, de los palacios. ¿De dónde salieron los Casios y los Negros y los Albinos?[163] ¿De dónde los que en el lugar, "entre los dos laureles", asedian

---

[160] Hijos nacidos de sabinos y romanos que eran familias antiguas y solariegas de Roma: *Populus Romanus Quiritium*; de *quiris* o *curis*, lanza.

[161] Corral en que se entrenaban los *venatores* o *bestiarios* a la caza de las fieras en el circo. En él eran arrojados los que hacían sátiras contra los príncipes y otros al río Tíber.

[162] *Congiario* eran las distribuciones extraordinarias de dinero, trigo, vino, aceite, sal, carne, etc., hechas a la plebe urbana. Viene de congius, medida de 3 1/4 litros.

[163] Cassio Avidio, sirio, se rebeló contra Marco Aurelio y mandó al ejército a las órdenes de Vero en la guerra contra los Partos. Luego, en el 175, se proclamó emperador en Oriente; pero fue asesinado por sus oficiales. Pescenio Nigro fue saludado emperador por las legiones en Oriente, pero fue muerto en el 194 por Septimio Severo. D. Clodio Albino, proclamado emperador en la Galia, fue derrotado y muerto en Lyon en el 197 después de Jesucristo.

Los que consultan a astrólogos y arúspices, augures y magos, acerca de la cabeza o vida de los césares, artes que, inventadas por los ángeles desertores y por Dios prohibidas, no emplean los cristianos ni en su propio interés.

al César? ¿De dónde los que, para ejercicio de palestra, le estrujan el cuello? ¿De dónde los que irrumpen armados en palacio, más audaces que todos los Sigerios y Partenios?[164] De los romanos, si no me equivoco, o sea, de los no cristianos.

10. Y lo que es más: hasta el punto mismo de estallar su impiedad, todos ellos ofrecían sacrificios por la salud del emperador y juraban por su genio en público y en privado, y ciertamente daban a los cristianos el mote de enemigos de la sociedad.

11. Pero los mismos que aun ahora y a diario se revelan como cómplices y partidarios de alguna criminal conspiración, racimos por recoger tras de esa especie de vendimia de parricidas, ¿no cargaban sus dinteles con ramos de laurel los más verdes y frondosos? ¡Cómo ahumaban sus vestíbulos con las lámparas más altas y luminosas! ¡Cómo se repartían el foro, colocando en él los divanes más elegantes y soberbios; mas no para celebrar las públicas alegrías, sino para aprender a explayar la propia y en ajena fiesta inaugurar el ejemplo e imagen de la esperanza propia, cambiando allá dentro del corazón el nombre del príncipe!

12. Los mismos deberes para con el emperador satisfacen también los que consultan a astrólogos y arúspices, augures y magos, acerca de la cabeza o vida de los césares, artes que, inventadas por los ángeles desertores y por Dios prohibidas, no emplean los cristianos ni en su propio interés.

13. ¿Quién necesita escrutar acerca de la salud del César, sino aquel que medita o desea algo contra ella, o quien algo espera o aguarda después de ella? Porque no se consulta con la misma idea acerca de las personas queridas que acerca de los señores.[165] La preocupación que urge el vínculo de la sangre es diferente de la urgencia que provoca la relación de servidumbre.

---

[164] Los soldados pretorianos invadieron el palacio donde estaba Pértinax, nombrado por Cómodo sucesor suyo en el Imperio, y le asesinaron en el 193. Sigerio y Dión Casio o Partenio fueron los asesinos de Domiciano.

[165] Consultar a magos y hechiceros sobre la salud del emperador fue castigado con la pena capital por Septimio Severo.

36

Los cristianos no hacen acepción de personas

Hacemos el bien sin acepción de personas, porque por nosotros mismos lo hacemos, sin esperar que un hombre nos lo pague con sus alabanzas ni con premio, sino Dios, Juez y remunerador de una benignidad que no hace distinción.

1. Si esto es así, si quedan convencidos de enemigos públicos los que se llamaban romanos, ¿por qué nosotros, reputados como enemigos, no somos llamados romanos? No podemos ser romanos y no ser enemigos al ser hallados enemigos los antes tenidos por romanos.

2. Tan cierto es que la piedad y la religión y la fidelidad a los emperadores debidas no consisten en homenajes de esa especie, que aun la hostilidad puede tributar más como velo con que ocultarse, sino por la conducta que la divinidad nos obliga a observar respecto al emperador tan sinceramente como con todos.

3. Porque no sólo a los emperadores debemos tributar homenajes, reflejo de nuestros buenos sentimientos. Hacemos el bien sin acepción de personas,[166] porque por nosotros mismos lo hacemos, sin esperar que un hombre nos lo pague con sus alabanzas ni con premio, sino Dios, Juez y remunerador de una benignidad que no hace distinción.[167]

4. Los mismos somos con los emperadores que con los vecinos. Tenemos igualmente prohibido el querer mal, el hacer mal, el decir mal, el pensar mal de cualquiera. Todo cuanto no nos es lícito con el emperador tampoco lo es con nadie, y lo que no está permitido hacer contra nadie, tampoco lo está contra aquel que por voluntad de Dios es tan grande.

---

[166] Cf. Romanos 2:11: "No hay acepción de personas para con Dios".

[167] Cf. Lucas 6:35: "Amad, pues, a vuestros enemigos, y haced bien, y prestad, no esperando de ello nada; y será vuestro galardón grande, y seréis hijos del Altísimo: porque él es benigno para con los ingratos y malos".

37

La rápida multiplicación de los cristianos

Si nosotros quisiéramos obrar no tanto como secretos vengadores, sino como enemigos declarados, ¿nos faltaría la fuerza del número y de guerreros?

1. Si, como anteriormente dijimos, tenemos mandado amar a los enemigos, ¿a quién habremos de odiar?[168] Del mismo modo: si ofendidos no podemos devolver mal por mal para no ser iguales en los hechos, ¿a quién podemos ofender?

2. Juzgadlo vosotros mismos. ¡Cuántas veces os ensañáis con los cristianos, en parte por vuestra animosidad personal, en parte por obedecer vuestras leyes! ¡Cuántas veces, sin contar con vosotros, la chusma hostil no se ha precipitado sobre nosotros, por su propio impulso, con piedras y hachas encendidas! A modo de furias de las bacanales[169] no perdonan ni a los cristianos muertos, llegando a arrancar del descanso de la sepultura, de ese como asilo de la muerte, los descompuestos cadáveres, imposibles de identificar, desgarrándolos y haciéndolos pedazos!

3. Y sin embargo, ¿qué represión de tales ultrajes tenéis que reprochar a gentes que tan bien se entienden, que tanto valor despliegan hasta morir, cuando sobraría una sola noche, con algunas antorchas, para saciar ampliamente nuestra venganza si nos fuera permitido sacudirnos mal con mal? Pero lejos de nosotros el pensar que una religión divina se sirva, para reivindicarse, de un fuego encendido por los hombres o que se lamente de padecer, en lo que prueba ser tal.

4. Porque si nosotros quisiéramos obrar no tanto como secretos vengadores, sino como enemigos declarados, ¿nos faltaría la fuerza del número y de guerreros? ¿Serán más numerosos que nosotros los mauros, los marcomanos y los mismos partos o cualquier otro pueblo, por grande que sea, pero al fin confinados en un solo lugar y entre sus

---

[168] Cf. Lucas 6:27-38; Mateo 5:38-48.

[169] Eran tales los excesos del populacho en las bacanales o fiestas de Baco Líbero (celebradas el 17 de marzo de cada año) que el propio Senado prohibió tales cultos ya el año 186 antes de Jesucristo, durante algún tiempo.

De ayer somos y ya hemos llenado todo lo vuestro: ciudades, islas, fortalezas, municipios, aldeas, los mismos campos, tribus, decurias, palacio, Senado, Foro; a vosotros solamente os hemos dejado los templos. Ahora tenéis menos enemigos por causa de la multitud de los cristianos, ya que casi todos los ciudadanos que tenéis en casi todas las ciudades son cristianos.

fronteras? ¿Son más que esta nación [cristiana], a la que pertenece toda la tierra? De ayer somos y ya hemos llenado todo lo vuestro: ciudades, islas, fortalezas, municipios, aldeas, los mismos campos, tribus, decurias, palacio, Senado, Foro; a vosotros solamente os hemos dejado los templos.[170]

5. Podemos hacer el recuento de vuestros batallones, seguro que nosotros seremos más los de una sola provincia. Los que tan de buen ánimo nos prestamos a ser degollados, ¿qué no haríamos en cualquier guerra; a qué no estaríamos dispuestos, aun siendo dispares en número, si dentro de esta nuestra doctrina no fuera mejor ser muertos que matar?

6. Hubiéramos podido, sin recurso a las armas, apartándonos de vosotros, combatiros ya por el mero hecho de ese divorcio desdeñoso. Porque si tal masa de hombres hubiésemos roto con vosotros, yéndonos a establecer en cualquier remoto rincón de la tierra, la pérdida de tantos ciudadanos, cualesquiera que sean, hubiera ciertamente cubierto de vergüenza a los amos del mundo; más aún: tamaño abandono hubiera por sí solo bastado para castigarlos.

7. Sin duda alguna hubierais quedado espantados ante vuestra soledad, ante el silencio de las cosas y de ese como estupor del orbe muerto. Hubierais buscado en vano a quienes mandar. Os hubieran quedado más enemigos que ciudadanos.

8. Ahora tenéis menos enemigos por causa de la multitud de los cristianos, ya que casi todos los ciudadanos que tenéis en casi todas las ciudades son cristianos. ¡Pero habéis preferido llamarlos enemigos del género humano más bien que del error humano!

---

[170] "De ayer somos." Los críticos del cristianismo, conforme al prestigio de la antigüedad, le echaban en cara su novedad, su aparición reciente, que daba pie a todo tipo de calumnias sobre el carácter antisocial del grupo reciente. Como escribe el filósofo Celso a quien contestó Orígenes: "Hay una raza de hombres nacidos ayer, sin patria ni tradiciones, asociados entre sí contra todas las instituciones religiosas y civiles, perseguidos por la justicia, universalmente cubiertos de infamia, pero autoglorificándose con la común execración: son los cristianos" (Celso, *Discurso verdadero contra los cristianos*, 1. Trad. Serafín Bodelón. Alianza Editorial, Madrid 1988).

9. Mas, ¿quién os arrebataría a esos enemigos ocultos que por doquier y siempre devastan vuestros espíritus y vuestra salud, o sea, esos demonios que nosotros arrojamos de vuestros cuerpos sin pedir recompensa ni salario? Nos hubiera bastado, en venganza, abandonaros a esos espíritus inmundos como a bien sin dueño.

10. Pues bien, sin pensar en una compensación por auxilio tan precioso, sin deciros que, lejos de seros gravosa, nuestra gente os es necesaria, vosotros habéis preferido conceptuarnos enemigos, y ciertamente lo somos no ya del género humano, sino del error.

Sin deciros que nuestra gente os es necesaria, habéis vosotros preferido conceptuarnos enemigos, y ciertamente lo somos no ya del género humano, sino del error.

38

Los cristianos no son una secta peligrosa

Pero nosotros, a quienes la pasión de gloria y de honores nos deja fríos, nada nos es tan indiferente como la cosa pública. Reconocemos una sola república común a todas, el mundo. Si no queremos divertirnos, el perjuicio para nosotros será, si perjuicio hay en ello, y no para vosotros. Reprobamos lo que os gusta a vosotros. Tampoco a vosotros os gusta lo que nos agrada a nosotros.

1. Por tanto, no procedía tampoco, si quería usarse de un poco de permisividad, contar entre los grupos ilícitos a esta secta, la que nada hace de cuanto suele temerse de las sectas prohibidas.[171]

2. Pues, si no me equivoco, la causa de prohibirse las sectas fue el mirar por el orden público, a fin de que la sociedad no se divida en partidos, los que fácilmente turbarían los comicios, las asambleas populares, las curias, los mismos espectáculos, por el choque de apetencias rivales cuando ya los ciudadanos habían comenzado a traficar con el concurso de su violencia venal y mercenaria.

3. Pero nosotros, a quienes la pasión de gloria y de honores nos deja fríos, nada nos es tan indiferente como la cosa pública. Reconocemos una sola república común a todas, el mundo.

4. Renunciamos igualmente a vuestros espectáculos, por cuanto renunciamos a las supersticiones que sabemos les dieron origen, y somos extraños a todo cuanto en ellos ocurre. Nada tienen que ver nuestra lengua, vista y oídos con el frenesí del circo, con la lascivia del teatro, con la atrocidad de la arena, con la frivolidad del xisto.[172]

5. Se permitió a los epicúreos decretar una nueva teoría sobre el placer, que es la quietud del alma,[173] decidme entonces en qué os ofendemos al preferir distintas diversiones. Y, en fin, si no queremos divertirnos, el perjuicio para nosotros será, si perjuicio hay en ello, y no para vosotros. Reprobamos lo que os gusta a vosotros. Tampoco a vosotros os gusta lo que nos agrada a nosotros.

---

[171] Ya Julio César había suprimido todos los colegios y hermandades que no fuesen antiguas, por incubarse en ellas sediciones, a excepción de los colegios funerarios.

[172] *Xisto* era un juego que llamaban estadio, en que corrían, tiraban, luchaban, saltaban y se abofeteaban.

[173] Epicuro dijo que el sumo bien era el placer, a lo que sus discípulos añadieron que el placer es la equidad (gr. *ataraxia* o *apraxía*) del ánimo.

39

Lo que son los cristianos

1. Comenzaré ahora a exponer yo mismo las ocupaciones de la facción cristiana, por donde, habiendo refutado el mal, demostraré el bien. Somos un cuerpo (*corpus sumus*) por la comunidad de religión, la unidad de disciplina y el vínculo de la esperanza.

Nos juntamos en asamblea y congregación para asaltar a Dios con nuestras oraciones como a carga cerrada. Oramos también por los emperadores, por sus ministros y por las autoridades.

2. Nos juntamos en asamblea y congregación para asaltar a Dios con nuestras oraciones como a carga cerrada. Esta violencia sí es grata a Dios. Oramos también por los emperadores, por sus ministros y por las autoridades, por el estado presente del siglo, por la paz del mundo, por la dilación del fin.[174]

3. Nos reunimos para recordar las Sagradas Escrituras, por si la índole de los tiempos presentes nos obliga a buscar en ellas premoniciones para el futuro o explicaciones del pasado. Ciertamente que con esas santas palabras apacentamos nuestra fe, levantamos nuestra esperanza, fijamos nuestra confianza, intensificamos asimismo nuestra disciplina inculcando los preceptos.

4. En tales asambleas se tienen también las exhortaciones, los castigos, las reprensiones en nombre de Dios. Porque entre nosotros se juzga con gran peso, ciertos como estamos de la presencia de Dios, siendo un terrible precedente para el futuro juicio si alguien de nosotros hubiere delinquido de tal modo que se aleje de la comunión en la oración, de las reuniones y de toda ceremonia santa.

5. Presiden bien probados ancianos,[175] que han alcanzado tal honor no con dinero, sino por el testimonio de su vida santa, porque ninguna cosa de Dios cuesta dinero. Y aunque exista entre nosotros una caja común no se reúne

---

[174] En el Nuevo Testamento se ora por la próxima venida de Cristo (en Apocalipsis, por ejemplo), pero a la vez, impresionados por la necesidad de salvación del mundo, los creyentes consideraban necesario un aplazamiento de la segunda venida para dar lugar al arrepentimiento a un mayor número de personas. Cf. 2ª Pedro 3:9: "El Señor no tarda su promesa, como algunos la tienen por tardanza; sino que es paciente para con nosotros, no queriendo que ninguno perezca, sino que todos procedan al arrepentimiento".

[175] *Presbíteros*.

a fuerza de honorarios puesta por los elegidos, como si la religión fuese sacada a subasta. Cada cual aporta una módica cuota en día fijo del mes, cuando quiere y si quiere y si puede, porque a nadie se le obliga: espontáneamente contribuye.

6. Son como los fondos de piedad. Porque de ellos no se saca para banquetes, ni libaciones, ni estériles comilonas, sino para alimentar y sepultar menesterosos, y niños y doncellas huérfanos, y a los criados ya viejos, como también a los náufragos, y si hay quienes estuvieran en minas, en islas, en prisiones únicamente por la causa de nuestro Dios, son también alimentados por la religión que profesan.

Son como los fondos de piedad. Porque de ellos no se saca para banquetes, ni libaciones, ni estériles comilonas, sino para alimentar y sepultar menesterosos, y niños y doncellas huérfanos, y a los criados ya viejos, como también a los náufragos, y si hay quienes estuvieran en minas, en islas, en prisiones únicamente por la causa de nuestro Dios, son también alimentados por la religión que profesan.

7. Y esta práctica de la caridad es más que nada lo que a los ojos de muchos nos imprime un sello peculiar. "Ved –dicen– cómo se aman entre sí" (*Vide ut invicem se diligant*), ya que ellos mutuamente se odian. Y "cómo están dispuestos a morir unos por otros", cuando ellos están más bien preparados a matarse los unos a los otros.

8. Y eso de que nos tengamos por «hermanos» no lo censuran, a lo que pienso, sino por cuanto entre ellos todo nombre de parentesco lo dan únicamente por afecto fingido. Pero es que somos también vuestros hermanos por derecho de naturaleza, nuestra madre común, aunque vosotros sois poco hombres por ser malos hermanos.

9. En cambio, ¡cuánto más dignamente se dicen y son hermanos los que reconocen en Dios al Padre común, los que beben un solo Espíritu de santidad, los que, nacidos de un mismo seno de ignorancia, han visto con asombro la misma luz de la Verdad!

10. Mas puede suceder que se nos mire como a hermanos menos legítimos por no haber tragedia alguna que declame acerca de nuestra fraternidad o bien porque usamos como hermanos de nuestros bienes familiares, los que entre vosotros rompen la fraternidad.

11. Así que quienes convivimos compenetrados en espíritu y en alma (*animo animaque miscemur*), no dudamos en comunicar con otros nuestras cosas. Todo entre nosotros es común, menos las mujeres.

12. En este punto rompemos el consorcio, en el único en que los demás hombres lo practican, pues no sólo usurpan las mujeres de sus amigos, sino que pacientísimamente suministran la propia a sus amigos, siguiendo en

esto, creo, la doctrina de los mayores y de los más grandes sabios: del griego Sócrates y del romano Catón, quienes compartieron sus mujeres con sus amigos,[176] aun cuando las desposaron, sin duda, para que les diesen hijos, aunque fuesen de otros, no sé si contra la voluntad de ellas. Porque, ¿cómo se habían de preocupar ellas de la castidad que los maridos tan baratamente habían dado? ¡Qué ejemplo el de la sabiduría ática! ¡Qué ejemplo de gravedad romana! ¡Alcahuetes un filósofo y un censor!

El ágape cristiano

13. ¿Qué raro es si caridad tan grande celebra convites! Pues a nuestras frugales cenas no sólo las tildáis de infames, sino también de pródigas. De nosotros, sin duda, dijo Diógenes: "Los megarenses tragan cual si mañana fueran a morir y construyen como si jamás hubieran de morir".

14. Pero suele verse más fácilmente una paja en ojo ajeno que una viga en ojo propio.[177] El aire se enrarece con los eructos de tantas tribus, curias y decurias. Cuando los salios se disponen a cenar necesitan un crédito abierto: eran precisos tabularlos para calcular los gastos ocasionados por los diezmos de Hércules y de los Poluctos en sus sagrados banquetes. En los misterios apaturios, dionisíacos y áticos se recluta un ejército de cocineros; ante el vaho de la cena de Serapis se alarmarían los bomberos.[178] ¡Sólo la comida de los cristianos es criticada!

15. Nuestra cena muestra su razón de ser en el nombre mismo: se llama igual que entre los griegos amor: ágape. Cualesquiera que fuesen los gastos, provechoso es gastar a título de piedad. En efecto, con ese refrigerio ayudamos a no pocos menesterosos, no que les tratemos como a parásitos nuestros que aspiran a la gloria de subyugar su libertad a cambio de llenar el vientre en medio de las vilezas, sino porque ante Dios los pobres gozan de mayor consideración.[179]

Nuestra cena muestra su razón de ser en el nombre mismo: se llama igual que entre los griegos amor: ágape. Cualesquiera que fuesen los gastos, provechoso es gastar a título de piedad. En efecto, con ese refrigerio ayudamos a no pocos menesterosos, no que les tratemos como a parásitos nuestros que aspiran a la gloria de subyugar su libertad a cambio de llenar el vientre en medio de las vilezas, sino porque ante Dios los pobres gozan de mayor consideración.

---

[176] Sócrates autorizó amores de su mujer con un amigo suyo, y Catón, romano, los consintió a su mujer Marcia con Hortensio.

[177] Cf. Mateo 7:3; Lucas 6:41.

[178] En Egipto se cenaba tanto en la fiesta de Serapis, que se vigilaban las chimeneas para impedir el incendio de la ciudad.

[179] Cf. Lucas 6:20: "Bienaventurados vosotros los pobres; porque vuestro es el reino de Dios".

Cuando nos juntamos para comer, no se admite inmodestia ni excesos. Nadie se sienta a la mesa sin antes orar y cantar un cántico de la Escritura. Se come para calmar el hambre, sin hartarse; se habla como corresponde a quienes saben que Dios les oye. Y el convite termina siempre en oración.

16. Si honesto es el motivo de nuestros convites, juzgad según él de la disciplina que lo regula. Siendo como es un servicio religioso, no admite ni inmodestia ni excesos. No se sienta a la mesa sin antes haber gustado la oración a Dios. Se come para calmar el hambre, se bebe cuanto es útil a los honestos.

17. Se hartan como puede hartarse quien recuerda que aun por la noche tiene que adorar a Dios; hablan como quienes saben que Dios les oye. Después de haberse lavado las manos y de encender las luces, unos y otros son invitados a levantarse para cantar en honor de Dios un cántico sacado de las Sagradas Escrituras o también del propio ingenio,[180] según los posibles de cada cual; por ahí se prueba cómo bebió. Igualmente la oración termina el convite.

18. Luego se sale no como en patrullas de asesinos, ni como tropa de libertinos, ni para desbocarse en lascivias, sino con la misma preocupación de modestia y de pudor, como quien más bien recibió una lección que se regaló con una cena.

19. Sí, con mucha razón se declara ilícita a esta secta de los cristianos si en algo se asemeja a los conventículos prohibidos; justamente se la condena si es dado quejarse por el motivo que hay en quejarse de aquellas facciones.

20. Pero, ¿cuándo nos hemos nosotros reunido en perjuicio de nadie? Lo mismo somos juntos que dispersos, lo mismo todos que uno por uno; a nadie perjudicamos, a nadie molestamos. Cuando los honrados y buenos se reúnen, cuando los piadosos y castos se congregan, eso no se llama facción, sino curia.

---

[180] A esta clase de cánticos *idióticos* o de inspiración privada pertenecen algunos conservados todavía en las liturgias, siendo el más antiguo e importante el "Gloria excelsas Deo", llamado por los griegos doxología mayor, mayor que el sencillo "Gloria Patri"...

40

Los cristianos no pueden ser la causa de las calamidades públicas

1. Antes bien, ese nombre de facción ha de aplicarse a los que conspiran en odio a los buenos, a los que vociferan contra la sangre de los inocentes, pretextando en defensa de su odio, entre otros vanos embustes, aquel que considera a los cristianos la causa de todo desastre público y de todas las desgracias sociales.

2. Si el Tíber desborda sus diques, si el Nilo no inunda hasta los sembrados, si el cielo queda inmóvil, si la tierra tiembla, si el hambre y la peste sobrevienen, al punto gritáis: ¡Los cristianos, al león! (*Christianos ad leonem*) ¿Tantos a uno?

Si el Tíber desborda sus diques, si el Nilo no inunda hasta los sembrados, si el cielo queda inmóvil, si la tierra tiembla, si el hambre y la peste sobrevienen, al punto gritáis: ¡Los cristianos, al león! ¿Tantos a uno?

Fotograma de una película basada en la antigua Roma
"¡Los cristianos, al león!"

3. Pues yo os pregunto: Antes de Tiberio, o sea, antes del advenimiento de Cristo, ¿cuántas calamidades no recayeron sobre el orbe y la urbe [Roma]? Leemos que las islas de Hiera y de Anafe y de Delos, y de Rodas, y de Cos se hundieron en el abismo con millares de hombres.

¿Dónde estaban entonces, no diré los cristianos, que desprecian a vuestros dioses, sino vuestros mismos dioses, cuando un cataclismo suprimió todo el orbe?

4. Recuerda también Platón que una tierra más vasta que el Asia o que el África quedó arrancada al continente por el Atlántico[181] Un terremoto sorbió también el agua del golfo de Corinto y la violencia de las olas cortó de Italia la Lucania, dejándola desgajada con el nombre de Sicilia. Esto, naturalmente, no pudo suceder sin quebranto para los habitantes.

5. Pero, ¿dónde estaban entonces, no diré los cristianos, que desprecian a vuestros dioses, sino vuestros mismos dioses, cuando un cataclismo suprimió todo el orbe o, como Platón pensó, cuando sólo anegó las llanuras?

6. Que son posteriores al desastre del diluvio lo atestiguan las ciudades mismas en las que nacieron y murieron y que ellos fundaron, y ni ellas subsistieran aún hoy día si no fuesen por su parte posteriores a aquella calamidad.

7. Aún no había acogido la Palestina al enjambre judío que de Egipto venía, ni al pueblo de que procede la secta cristiana, no habiéndose todavía establecido en aquel país cuando una lluvia de fuego consumió las regiones circunvecinas suyas, Sodoma y Gomorra. A quema huele aún esa tierra, y si hay allí algún que otro árbol que se esfuerza en presentar frutas ante los ojos, al tacto se esfuman cual cenizas.

8. Tampoco la Etruria y la Campania se querellaban todavía contra los cristianos cuando la ciudad de los volsinios (Orvieto) fue arrasada por el fuego del cielo y Pompeya por el de su propia montaña (el Vesubio). Nadie adoraba aún en Roma al Dios verdadero cuando Aníbal, ganada la batalla de Cannas,[182] recogía en un celemín los anillos romanos y con ellos sus degüellos en masa. Todos vuestros dioses eran de todos adorados cuando los senones (o galos) ocuparon el Capitolio mismo.

9. Y será bueno considerar que, si alguna adversidad aconteció a las ciudades, los mismos estragos afectaron a templos que a murallas, lo cual me convence más y más de que las desgracias no vienen de los dioses, cuando ellos son sus primeras víctimas.

---

[181] Es la fabulosa Atlántida o Atlantis, situada allende las columnas de Hércules o del estrecho de Gibraltar, en el océano Atlántico.

[182] Cannas, ciudad de Apulia, en Italia, célebre por la victoria de Aníbal en 216 antes de Jesucristo.

Que si le hubiese buscado para conocerle, hubiera reconocido al que buscaba; al reconocerle le hubiera adorado; al adorarle le hubiera hallado más bien propicio que airado.

10. La humanidad siempre mereció mal de Dios. Por lo pronto ha sido infiel a sus deberes para con Él, pues cuando en parte lo comprendía no sólo no le buscó, más aún inventó otros dioses a quienes adorar.[183] Luego, al no buscar al maestro de la inocencia y juez del crimen, se sumió en todos los vicios y desmanes.

11. Que si le hubiese buscado para conocerle, hubiera reconocido al que buscaba; al reconocerle le hubiera adorado; al adorarle le hubiera hallado más bien propicio que airado.

12. Luego preciso es decirse que el mismo que ahora vemos airado es el que fue irritado siempre en el pasado, antes de existir el nombre de cristianos. Gozaban los hombres de los bienes que Dios les colmaba antes de que fabricasen para sí los dioses. Pues ¿por qué no entienden que las calamidades provienen también de Él, ya que no comprendieron que de Él dimanan los beneficios?[184] Es culpable contra Él el que es ingrato con Él.

13. Mas si comparamos la catástrofe de antes con las de ahora, son menores desde que el mundo recibió a los cristianos. Porque desde entonces la virtud ha templado las iniquidades del siglo y empezaron a existir intercesores ante Dios.

14. Finalmente, cuando el estío suspende las lluvias invernales y peligra la cosecha del año, vosotros, sin cesar de cebaros a diario y dispuestos siempre a comer mientras funcionan baños, tabernas y lupanares, decretáis sacrificios a Júpiter, a fin de alcanzar la lluvia; prescribís al pueblo procesiones con los pies descalzos,[185] buscáis al cielo en el Capitolio y aguardáis la lluvia de los techos de vuestros templos, ¡de espaldas al mismo Dios y al cielo!

---

[183] Cf. Romanos 1:21-23: "Porque habiendo conocido a Dios, no le glorificaron como a Dios, ni dieron gracias; antes se desvanecieron en sus discursos, y el necio corazón de ellos fue entenebrecido. Diciéndose ser sabios, se hicieron fatuos, y trocaron la gloria del Dios incorruptible en semejanza de imagen de hombre corruptible, y de aves, y de animales de cuatro pies, y de serpientes".

[184] Cf. Isaías 45:7: "Que forma la luz y crea las tinieblas, que causa bienestar y crea calamidades. Yo El Señor que hago todo esto". Job 2:10: "¿Aceptaremos el bien de Dios y no aceptaremos el mal".

[185] O *nudipedalia;* se hacían en tiempo seco y sereno. Los consulares iban sin toga, las matronas descalzas y las vírgenes vestales iban vestidas con sacos.

Nosotros golpeamos al cielo con nuestros vehementes deseos, tocamos a Dios, y cuando le hemos arrancado misericordia, ¡vosotros os ponéis a honrar a Júpiter y olvidáis a Dios!

15. Nosotros, en cambio, extenuados por los ayunos, exprimidos por todo género de continencia, desprendidos de todos los goces de la vida, envueltos en saco y ceniza, golpeamos al cielo con nuestros vehementes deseos, tocamos a Dios, y cuando le hemos arrancado misericordia, ¡vosotros os ponéis a honrar a Júpiter y olvidáis a Dios!

41

Los cristianos son invulnerables, los paganos culpables

Sois vosotros los que resultáis gravosos al mundo, vosotros los que atraéis las públicas calamidades, ya que entre vosotros Dios es despreciado y las estatuas adoradas.

1. Sois, pues, vosotros los que resultáis gravosos al mundo, vosotros los que atraéis las públicas calamidades, ya que entre vosotros Dios es despreciado y las estatuas adoradas. Porque ciertamente debe creerse que se irritan los abandonados más bien que los honrados.

2. O bien son injustísimos vuestros dioses si por razón de los cristianos castigan también a sus adoradores, cuando no debieran confundirlos con los cristianos culpables. Pero decís: "Esto mismo rebota contra vuestro propio Dios, el cual permite también que sus adoradores sufran por causa de los impíos". Reconoced primero sus miras y no retorceréis mi argumento.

3. Porque Aquel que decretó de una vez para siempre el juicio eterno para el fin del mundo no precipita el examen, que es condición del juicio, antes del fin del mundo. Entretanto se muestra igual para con todo género de hombres, ya en sus favores, ya en sus rigores; quiso que los bienes fuesen comunes también a los impíos, como los males comunes a los suyos, a fin de probarlos a todos con un parecido tratamiento, indulgente y severo.[186]

4. Y como esto lo hemos aprendido de Él mismo, amamos su indulgencia, tememos su severidad; vosotros despreciáis la una y la otra, de donde resulta que para nosotros todas las plagas de este mundo, si llegan a afectarnos, nos sirven de aviso, mientras que para vosotros son castigos venidos de Dios.

5. Por lo demás, somos invulnerables; primero porque nada nos importa en este mundo como no sea salir pronto del mismo. Después, porque si algo de adverso nos aflige debe atribuirse a vuestros méritos. Mas si algún chispazo nos alcanza por estar junto a vosotros nos alegramos más viendo cumplidas las divinas profecías, que confirman nuestra confianza y la fe de nuestra esperanza.

---

[186] Cf. Mateo 5:45: "Vuestro Padre que está en los cielos, que hace que su sol salga sobre malos y buenos, y llueve sobre justos e injustos".

¿Por qué seguís adorando a los que os son tan ingratos, tan injustos, cuando debieran ayudaros y protegeros para dolor de los cristianos?

6. Pero si por nuestra causa os vienen todos los males de aquellos a quienes adoráis, ¿por qué seguís adorando a los que os son tan ingratos, tan injustos, cuando debieran ayudaros y protegeros para dolor de los cristianos?

42

El cristiano es uno más en sociedad

1. Todavía se nos demanda por otra cosa injusta; se dice que somos incapaces para los negocios. ¿Cómo podemos serlo siendo que convivimos entre vosotros, que tenemos la misma comida, el mismo vestido, que estamos sometidos a las mismas necesidades de la vida? Porque no somos ni brahmanes ni gimnosofistas[187] de la India, ni habitantes de las selvas ni desterrados de la sociedad.

Vivimos con vosotros en este mundo, frecuentando vuestro foro, vuestro mercado, vuestros baños, vuestros comercios, vuestras oficinas, vuestras hospederías, vuestras ferias y demás lugares en donde se ventilan los negocios.

2. Recordamos de que debemos gratitud a Dios Señor Creador; no repudiamos ninguno de sus frutos, aunque sí usamos de ellos con templanza para no abusar por el exceso. Por lo cual vivimos con vosotros en este mundo, frecuentando vuestro foro, vuestro mercado, vuestros baños, vuestros comercios, vuestras oficinas, vuestras hospederías, vuestras ferias y demás lugares en donde se ventilan los negocios.

3. Con vosotros también navegamos, y servimos en la milicia, y trabajamos el suelo, y ejercemos el comercio, cambiando, por tanto, con vosotros el producto de nuestra industria y de nuestro trabajo. ¿Cómo podemos parecer inútiles para vuestros negocios, pues que con vosotros y de vosotros vivimos? No lo entiendo.

De lo que se abstienen los cristianos

4. Mas si no frecuento tus ceremonias no por eso dejo en ese día de ser hombre. No me baño al amanecer durante las saturnales[188] por no perder el día y la noche, pero me baño a hora conveniente y saludable que me conserve el calor y la salud; enfriarme y palidecer después del baño puedo hacerlo ya muerto.[189]

5. No me pongo a comer en la calle en las fiestas de Líber, según acostumbran los bestiarios al tomar su supre-

---

[187] Filósofos de la India oriental que no se casaban, andaban desnudos y vivían siempre en los desiertos.

[188] Especie de carnaval que comenzaba el 17 de diciembre. Se daba a la plebe y a los mismos esclavos amplia libertad.

[189] En las fiestas saturnales se lavaban al amanecer, por eso dice con ironía que temía helarse, porque se celebraban en diciembre.

Nosotros nos bastamos para socorrer a los hombres y a vuestros dioses mendigos, y creemos no se ha de dar limosna, sino a quienes la piden. Pues bien: tienda Júpiter la mano y recibirá, pues nuestra misericordia gasta más en las calles que vuestra piedad en los templos.

ma cena;[190] pero allí donde ceno, los mismos platos que tú ceno.

6. No compro para mi cabeza una corona,[191] mas sí compro flores. ¿A ti qué te importa en qué las empleo? Pienso que es más agradable dejarlas libres y sueltas y flotantes por doquier. Y cuando nos servimos de flores tejidas en corona, con la nariz respiramos la fragancia de la corona; allá se las hayan los que perciben los olores por el cabello.

7. No venimos con vosotros a los espectáculos; pero si me viene en gana comprar algo de lo que en tales reuniones se vende lo adquiriré con preferencia en los lugares donde se vende. Es verdad que no compramos inciensos; si los árabes se quejan, sepan los sabeos que se compran sus mercancías en mayor cantidad y precio para la sepultura de los cristianos que para quemar en honor de los dioses.[192]

8. Es evidente, decís, que los ingresos de los templos disminuyen a diario: ¡Contados son ya los que echan monedas en ellos! Pero nosotros nos bastamos para socorrer a los hombres y a vuestros dioses mendigos, y creemos que no se ha de dar limosna, sino a quienes la piden. Pues bien: tienda Júpiter la mano y recibirá, pues nuestra misericordia gasta más en las calles que vuestra piedad en los templos.

9. En cuanto a los demás impuestos, gracias han de dar a los cristianos, que pagamos lo debido hasta el punto de abstenernos de tomar el bien ajeno; que si fuera a computarse cuánto se pierde para el erario público por los fraudes y mentiras de vuestras declaraciones fiscales, fácilmente se nivelarían las cuentas, pues la única pérdida de que decís tener motivo de quejaros se vería bien compensada por la ganancia habida por otros conceptos.[193]

---

[190] En la fiesta de Baco hacían fiesta en el anfiteatro y a los malhechores (*bestiarios*) que tenían que pelear con las fieras les daban de cenar la noche antes en público.

[191] La curiosa negativa de ponerse coronas obedecía a una razón muy sencilla de comprender, basada en la idolatría latente de esta costumbre. Las coronas de laurel eran consagradas a Marte, las de murta a Venus, la de olivo a Minerva.

[192] Se ve que los cristianos seguían la tradición oriental de fajar a los muertos o al menos de envolverlos entre mirra, incienso y otras resinas o aromas contra la putrefacción.

[193] Más tarde Agustín insistirá, sin temor a ser desmentido, que los mejores ciudadanos en todo sentido son siempre cristianos.

43

Los cristianos contra el engaño y el crimen

1. Confesaré, sin embargo, que hay quizá quienes verdaderamente pueden quejarse de la improductividad de los cristianos. Estos son, en primer término, los que sostienen los prostíbulos, los sobornadores, los acuariolos;[194] luego los sicarios, los envenenadores, los magos, como también los arúspices, los que echan la buenaventura, los astrólogos.

Confesaré que hay quizá quienes verdaderamente pueden quejarse de la improductividad de los cristianos. Estos son, en primer término, los que sostienen los prostíbulos, los sobornadores, los acuariolos; luego los sicarios, los envenenadores, los magos, como también los arúspices, los que echan la buenaventura, los astrólogos.

2. Gran ganancia es no dar la más mínima ganancia a tales gentes. Y sin embargo, cualquiera que fuere el perjuicio que nuestra secta pueda inferir a vuestros negocios, cabe ser compensado también con alguna ventaja. ¿Qué caso hacéis, no digo ya de los que arrojan los demonios de vuestros cuerpos, ni de los que por vosotros, como por sí mismos, ofrecen sus plegarias al verdadero Dios, pero de los que vosotros no podéis temer nada?

---

[194] Los que servían a los mujeres públicas y les preparaban el baño.

44

El cristiano no es criminal

De tantos como ante vosotros desfilan acusados como culpables por mil causas, ¿quién de ellos, siendo también cristiano, está inscrito como asesino, como ratero de bolsillos, como sacrílego, o corruptor, o ladrón de bañistas?

1. Pero lo que sí resulta en detrimento de la república, detrimento tan grande como real, que nadie lo considera ni lo calcula, pero que es un perjuicio para la sociedad, es el que tantos justos seamos sacrificados, el que a tantos inocentes se nos quite la vida.

2. En efecto, tomamos por testigos a vuestros registros; a vosotros, que diariamente presidís al juicio de tantos encarcelados; a vosotros, que con vuestras sentencias falláis los procesos. De tantos como ante vosotros desfilan acusados como culpables por mil causas, ¿quién de ellos, siendo también cristiano, está inscrito como asesino, como ratero de bolsillos, como sacrílego, o corruptor, o ladrón de bañistas?[195] O bien entre los que se os presenta

Lucha entre fieras y hombres en el circo
(fragmento de un mosaico en el anfiteatro de Zitten,
Museo castello, Trípoli)
"De los vuestros son siempre los que engordan a las fieras;
de los vuestros son siempre los que los organizadores
de espectáculos reclutan los rebaños de criminales,
a los que apacientan y engordan"

[195] En las termas había lugares para depositar las ropas de los que se bañaban.

porque son cristianos, ¿quién de ellos se parece a esos criminales?

3. De los vuestros están siempre hirviendo las cárceles, de los vuestros son siempre los que gimen en las minas; de los vuestros son siempre los que engordan a las fieras; de los vuestros son siempre los que los organizadores de espectáculos reclutan los rebaños de criminales, a los que apacientan y engordan.[196] Ningún cristiano hay allí, a menos que no sea sino cristiano, o bien si fuere culpable de otro crimen no es ya cristiano.

---

[196] Se engordaba a los malhechores para que en las fiestas luciesen un poco más y peleasen con las fieras con más fuerza.

45

La superior eficacia de las leyes cristianas

Haríais bien en recordar que esas mismas leyes vuestras, que parecen llevaros a la virtud, están tomadas de la Ley divina, habiéndoles ella, como anterior, servido de arquetipo.

1. Por lo tanto, sólo nosotros los cristianos somos inocentes. ¿Por qué admirarse, si es necesario? Porque verdaderamente es una necesidad. Habiendo aprendido la inocencia del mismo Dios y conociéndola perfectamente, revelada como ha sido por un Maestro perfecto, fielmente la guardamos también, como mandada por un Juez al que nadie puede burlar.

2. A vosotros, en cambio, os ha sido impuesta la inocencia por un poder humano, por lo cual vuestra disciplina no es ni completa ni capaz de inspirar tanto temor en lo concerniente a la inocencia verdadera. ¿Hasta dónde alcanza la prudencia del hombre para demostrar lo que verdaderamente es bueno? ¿Hasta dónde su autoridad para exigirlo? Tan fácil es de ser engañada aquélla como despreciada ésta.

3. Y por otra parte, ¿qué mandamiento es más completo, decir: «No matarás» o bien «no te irrites siquiera»? ¿Qué es más perfecto: prohibir el adulterio o retraer aun de la concupiscencia solitaria de los malos ojos? ¿Qué es más prudente: prohibir las acciones o también la palabra mala? ¿Qué es más instructivo: no permitir la injusticia o no autorizar ni siquiera la represalia?

4. Haríais bien en recordar que esas mismas leyes vuestras, que parecen llevaros a la virtud, están tomadas de la Ley divina, habiéndoles ella, como anterior, servido de arquetipo. Hablamos ya de la antigüedad de Moisés.

5. Pero, ¡qué frágil es la autoridad de las leyes humanas cuando el hombre logra con frecuencia burlarlas, cometiendo delitos a la sombra y aun a veces a burlarla por voluntad o por necesidad.

6. Reconsiderar también la brevedad de cualquier suplicio, pues, por largo que sea, no ha de permanecer más allá de la muerte. Así, Epicuro desprecia todo tormento y dolor, declarando que el dolor, si es moderado, es fácil de aguantar y si es grande no es duradero.

7. Ciertamente nosotros, que somos juzgados por un Dios que todo lo ve y que sabemos de antemano que la

pena por Él impuesta es eterna, somos naturalmente los únicos que marchamos por la vía de la inocencia, y por la plenitud de la divina sabiduría, y por la dificultad de esconderse, y por la magnitud del tormento, no tan largo como eterno; tememos a Aquel a quien debiera temer el hombre mismo que juzga a los que temen; tememos a Dios, no al procónsul.[197]

Tememos a Aquel a quien debiera temer el hombre mismo que juzga a los que temen; tememos a Dios, no al procónsul.

[197] El procónsul era un gobernador de provincia.

46

Cristianos y filósofos

¿Por qué, entonces, si se nos compara a los filósofos en cuanto a la doctrina, no se nos iguala en cuanto a la libertad e impunidad de la doctrina?

1. Creo haberme enfrentado contra todos los alegatos de crímenes que reclaman la sangre de los cristianos. Hemos mostrado en qué consiste todo nuestro vivir y por qué modos podemos probar ser así, conforme queda probado, apoyándonos en la autoridad y antigüedad de las Sagradas Escrituras y aun de las potestades espirituales. ¿Quién, pues, se atreverá a refutarnos no ya con artificios retóricos, sino con argumentos basados como los nuestros en verdad?

2. Pero si la verdad de nuestra religión es a todos manifiesta, la incredulidad, aunque convencida de lo bueno que hay en esta secta, bien conocida por la experiencia y el trato, no por eso la tiene como algo divino, sino como una especie de filosofía. Dice: "Eso mismo aconsejan y profesan ya los filósofos: inocencia, justicia, paciencia, sobriedad, castidad".[198]

3. ¿Por qué, entonces, si se nos compara a los filósofos en cuanto a la doctrina, no se nos iguala en cuanto a la libertad e impunidad de la doctrina? O ¿por qué a los filósofos, siendo a nosotros semejantes, no se les obliga a desempeñar menesteres cuyo incumplimiento es para nosotros tan peligroso?

4. Porque, ¿quién obliga a un filósofo a sacrificar, o a jurar, o a poner a mediodía lámparas inútiles? Muy por el contrario, ellos llegan a destruir a vuestros dioses y atacan a vuestras supersticiones en sus escritos, ¡y vosotros los alabáis! Los más ladran contra los príncipes, y los aguan-

---

[198] Celso había escrito que el cristianismo es una mera filosofía ética; pero el cristianismo es más que moral: es *negotium divinum*, dice Tertuliano; es la verdad absoluta, que de Dios dimana; es *ethos*, pero es primero *Logos*. Por entonces la filosofía moral, que había sucedido a las altas especulaciones de Aristóteles, se había dividido en muchas escuelas: peripatéticos, académicos, cínicos, estoicos, epicúreos, etc. Los primeros decían que la felicidad consistía en adquirir la verdad; los segundos, en moderar los afectos interiores como la codicia y la ira. Los terceros, en la inflexibilidad. Los estoicos se ocupaban en moderar el amor y el odio; los epicúreos en vencer el dolor, todos estos aspectos, y muchos más, coincidían con la fe cristiana, pero adolecían de su sistema y de la fuerza interior –el Espíritu– para cumplirlos.

táis vosotros y les premiáis con estatuas y subvenciones en vez de condenarlos a las fieras como a nosotros.

5. Pero es muy natural, pues llevan el nombre de filósofo, no de cristiano. Aunque el nombre de filósofo no lanza demonios. ¿Cómo sería esto si los filósofos colocan a los demonios en segundo lugar después de los dioses? Dicho de Sócrates es: "Si mi demonio lo permite". Aun cuando llegó a comprender algo de la verdad, al negar a los dioses, estando para morir, mandó sacrificar un gallo a Esculapio, quizás en honor de su padre Apolo, pues éste había declarado a Sócrates el más sabio de todos.

6. ¡Qué atolondrado Apolo! ¡Testimonió la sabiduría de un hombre que negaba la existencia de los dioses! Tanto odio genera la verdad, cuando ofende quien la profesa sinceramente; en cambio, quien la adultera y la corrompe, con este nombre sobre todo consigue el favor entre los perseguidores de la verdad.

7. Verdad que los filósofos farsantes y burlones simulan con su mueca y corrompen con su disimulo, atentos sólo a captarse gloria, buscándola necesariamente los cristianos y profesándola en su integridad como quienes cuidan de su salvación.

Verdad que los filósofos farsantes y burlones simulan con su mueca y corrompen con su disimulo, atentos sólo a captarse gloria, buscándola necesariamente los cristianos y profesándola en su integridad como quienes cuidan de su salvación.

8. Por tanto, ni por la ciencia ni por la disciplina nos igualamos a ellos, como vosotros pensáis. Porque Tales, aquel príncipe de los físicos, ¿qué respondió con certeza a Creso al preguntarle éste por la divinidad? Más de una vez eludió el reunirse para deliberar.

9. Cualquier artesano cristiano conoce a Dios y le muestra a otros y además afirma con su vivir todo cuanto los filósofos buscan acerca de Dios, aunque Platón afirme que no es fácil conocer al Arquitecto del universo y darle a conocer a otros después de conocido por uno mismo.

Cualquier artesano cristiano conoce a Dios y le muestra a otros y además afirma con su vivir todo cuanto los filósofos buscan acerca de Dios.

10. Por lo demás, si se nos ataca respecto a la castidad, os leo algo de la sentencia de los atenienses contra Sócrates, pues le condena como a "corruptor de menores". Pero un cristiano ni siquiera cambia de mujer. Conozco también a la prostituta Friné, que peca con Diógenes, el cual satisface en ella su pasión. Oigo que un tal Seusipo, de la escuela platónica, fue muerto en flagrante delito de adulterio. El cristiano nace varón únicamente para su esposa.

11. Demócrito, al vaciarse sus propios ojos por no poder mirar a mujeres sin concupiscencia, sufriendo por

Un cristiano no es arrogante ni con el pobre. Un cristiano da gracias aun cuando le condenan. Un cristiano es fiel aun con quienes no son cristianos.

no podérselas apropiar, declara su incontinencia por la pena a sí mismo impuesta. Un cristiano, aun conservando sus ojos, no ve a mujeres; su alma está ciega contra la libido.[199]

12. Si defiendo nuestra probidad, he ahí a Diógenes, que pisa con soberbia, enlodados sus pies, los soberbios tapices de Platón. Un cristiano no es arrogante ni con el pobre.

13. Si sobre la moderación disputo, ahí tenéis a Pitágoras, quien aspira a la tiranía entre los turios, y a Zenón, entre los prienios. Pero un cristiano no apetece ni siquiera ser concejal.[200]

14. Si discuto acerca de la ecuanimidad, Licurgo quiso dejarse morir de hambre porque los espartanos enmendaron sus leyes.[201] Un cristiano da gracias aun cuando le condenan.[202] Si comparo la fidelidad, Anaxágoras negó un depósito que sus huéspedes le hicieron.[203] Un cristiano es fiel aun con quienes no son cristianos.

15. Si mi controversia gira sobre la lealtad, Aristóteles lanzó vergonzosamente de su sitial a su amigo Hermias. Un cristiano ni a su enemigo ofende. El propio Aristóteles adula vergonzosamente a Alejandro en vez de reconvenirle, y no menos torpemente defiende Dionisio a Platón, dado a la glotonería.

16. Aristipo, vestido de púrpura, bajo apariencia de gravedad, lleva una vida disoluta, e Hipias es asesinado mientras urde conjuraciones contra su patria. Esto no lo intentó nunca jamás un cristiano en venganza de atrocidades cometidas contra sus hermanos.

17. Mas alguien dirá: "Aun entre los nuestros hay quien se excede de la regla de disciplina". Sí; pero dejan

---

[199] Cf. Job 31:1: "Hice pacto con mis ojos: ¿Cómo pues había yo de pensar en virgen?" Mateo 5:28: "Mas yo os digo, que cualquiera que mira a una mujer para codiciarla, ya adulteró con ella en su corazón".

[200] Pitágoras fue quemado vivo porque quiso tiranizar a Turia o Tirio. Zenón Cittico tiranizó a Priene, colonia de Tebas.

[201] Murió en Creta tras su prolongada "huelga de hambre".

[202] En las Actas de los mártires se oye el grito *Deo gratias* cuando éstos oían su propia sentencia de muerte, siendo las más notables las de los santos escilitanos de África.

[203] Fue el primero en implantar la filosofía en Atenas. Nació en Lidia hacia el año 500 antes de Jesucristo. Fue maestro de Pericles, pero hubo de huir de Atenas por su ateísmo (*asézeia*). No se sabe de dónde proviene este cargo de hurto que le hace Tertuliano.

entre nosotros de ser tenidos como cristianos, cuando entre vosotros esos filósofos que realizan tales acciones, siguen gozando de fama y consideración de sabios.

18. Por tanto, ¿qué tiene de parecido un filósofo y un cristiano, el discípulo de Grecia y el del cielo, el que labora por la fama[204] y el que trabaja por su salvación, el que teje bellos discursos y el que obra buenas acciones, el que edifica y el que destruye, el que todo lo interpela de errores y el que todo lo llena de verdad, el que hurta la verdad o el que la guarda con santo celo?

¿Qué tiene de parecido un filósofo y un cristiano, el discípulo de Grecia y el del cielo, el que labora por la fama y el que trabaja por su salvación, el que teje bellos discursos y el que obra buenas acciones, el que edifica y el que destruye, el que todo lo interpela de errores y el que todo lo llena de verdad, el que hurta la verdad o el que la guarda con santo celo?

[204] *Gloriae animal*, "animal de gloria", define Tertuliano al filósofo, lo que repetirá después San Jerónimo con fruición. Por eso también san Justino llamaba al filósofo Crescencio, *pilopsofos kai filokompos* = amigo del ruido y de la ostentación, y también decía de él: *ou filósofos alla filódoxos* = no amante de la sabiduría, sino amante de la gloria.

47

Toda verdad procede de la revelación en las Sagradas Escrituras

Aboga en favor mío la antigüedad de las Sagradas Escrituras que antes dejé asentada, con lo cual más fácilmente admitiréis ser un tesoro del que ha tomado toda la sabiduría posterior a ella.

1. Y todavía aboga en favor mío la antigüedad de las Sagradas Escrituras que antes dejé asentada, con lo cual más fácilmente admitiréis ser un tesoro del que ha tomado toda la sabiduría posterior a ella. Y si no fuera por aligerar el peso de este volumen me extendería también en esta prueba.

2. ¿Qué poeta, qué sofista hay que no haya bebido en la fuente de los profetas? En ellas saciaron los filósofos la sed de su ingenio, y precisamente lo que de los nuestros tienen es lo que a nosotros les asemeja. Por eso llego a creer que la filosofía fue desterrada de ciertas legislaciones, como sucedió entre los tebanos, los espartanos y los argeos.

3. En su afán de igualar lo nuestro, cuando esas gentes, ávidas únicamente de gloria y de elocuencia, tropezaron en nuestras Sagradas Escrituras con algo acomodado al espíritu curioso de éstas, lo adaptaron a su propio sistema, aunque sin creer suficientemente que son divinas, interpolándolas, por lo tanto, y no entendiéndolas tampoco lo bastante, siendo todavía entonces oscuras, sombreadas, aun para los mismos judíos, de quienes parecían propiedad.

4. Cuanto más sencilla era la verdad, más vacilaba la humana sutileza en darle crédito, por donde mezclaron con lo incierto lo que hallaron ser cierto.

5. Así, habiendo hallado sencillamente a Dios no hablaron de Él conforme al modo en que le habían descubierto, sino que disputaron de su esencia, de su naturaleza y de su residencia.

6. Unos le aseguran incorpóreo, otros corporal, tales como platónicos y estoicos; éstos le creen compuesto de átomos, aquéllos de números, según se llamen Epicuro o Pitágoras; otros del fuego, cual opina Heráclito. Y los platónicos dicen se preocupa del mundo; los epicúreos, en cambio, le creen ocioso y despreocupado; es un nadie en medio de las cosas humanas, si así puedo expresarme.

La regla de la verdad es aquella que viene de Cristo transmitida por sus propios discípulos, a quienes fácil será probar que los tales comentadores son posteriores.

7. Para los estoicos está al margen del mundo, a modo de alfarero, que desde fuera da vuelta a la gigantesca mole; para los platónicos reside dentro del mundo, a modo de timonel *(gobernalle)* que está dentro de la nave, a fin de dirigirla.

8. Así también varían las opiniones sobre si el mundo mismo tuvo principio o no, si terminará o permanecerá para siempre. La misma variedad respecto al estado del alma, que unos sostienen ser divina y eterna, otros disoluble; según el sentir de cada quién, así se pone o se quita de las opiniones anteriores.[205]

9. No es de extrañar que un documento tan antiguo como el Antiguo Testamento lo haya desfigurado el ingenio de los filósofos. Algunos que salieron de su semilla han falseado con sus opiniones incluso a nuestras Escrituras recientes [Nuevo Testamento], adaptándolas a sus sistemas filosóficos, y de un solo camino han derivado muchos torcidos y laberínticos senderos. Lo digo de paso, temiendo que la variedad harto conocida de sectas cristianas se preste a equipararnos con los filósofos conduciendo al decaimiento de la verdad.

10. Apresuradamente oponemos a estos corruptores la afirmación fundamental: la regla de la verdad es aquella que viene de Cristo transmitida por sus propios discípulos, a quienes fácil será probar que los tales comentadores son posteriores.

11. Todo lo que contra la verdad se ha construido, sobre la verdad misma se ha construido, siendo los espíritus del error los causantes de esta imitación. Ellos, en secreto, han fabricado las falsificaciones de esta saludable doctrina; ellos son también los introductores de ciertas fábulas que, por semejanza, debilitasen la fe debida a la verdad o atrajesen a sí mismos esa fe para que no se piense que hay que creer a los cristianos, como tampoco es preciso creer a poetas ni filósofos, o bien se piense que ha de creerse más a poetas y filósofos, por cuanto no se debe creer a los cristianos.

12. Así se ríen de nosotros cuando les predecimos que Dios ha de venir a juzgar, porque, en efecto, poetas y

---

[205] Epicuro y Demócrito dijeron que el alma no era inmortal. Pero Zenón y los estoicos, así como sus discípulos, dijeron que el alma era porción de la divina naturaleza y tan eterna como Dios.

Os ruego me digáis de dónde filósofos y poetas han sacado cosas tan semejantes. No de otro lugar que de nuestros misterios.

filósofos ponen el tribunal en los infiernos. Si amenazamos con la Gehena, lugar encerrado de fuego misterioso y subterráneo destinado al castigo, se burlan también de nosotros; pero también ellos admiten que existe en la mansión de los muertos el río Pirifiegeton.[206]

13. Si mencionamos el paraíso, lugar de divina belleza destinado a admitir a los espíritus de los santos y separado de la tierra común a los hombres por una especie de muralla formada por la famosa zona de fuego, nos encontramos ya con la creencia en los Campos Elíseos.[207]

14. Os ruego me digáis de dónde filósofos y poetas han sacado cosas tan semejantes. No de otro lugar que de nuestros misterios. Luego, si de nuestros misterios las han tomado, como de anteriores más verídicos son éstos y más creíbles, pues a la mera copia se le presta ya tal crédito. Si las han fabricado en su imaginación, nuestros misterios habían de tomarse como copia de cosas que tras de ellos vinieron, lo que no consiente la naturaleza de las cosas, pues nunca jamás precede la sombra al cuerpo ni la copia al original.

---

206 Era el río de los Infiernos; sus ondas eran fuego y llamas.

207 Paraíso de la religión griega.

48

Transmigración y resurrección

1. Vengan los que dicen como afirma Laberio, siguiendo la doctrina de Pitágoras, que un mulo al morir se convierte en hombre y una mujer en víbora, y si en prueba de dicha teoría esgrime todos los argumentos de que la elocuencia es capaz, ¿no movería vuestro asentimiento, afirmando en vosotros esa fe, de que debierais abstenernos de la carne de animales, no vaya a ser que compre carne de buey proveniente quizás de alguno de sus antepasados? Pero si un cristiano asegura que el hombre volverá a ser hombre, que Gayo volverá a ser Gayo, al punto mismo se busca una vejiga de escarnio,[208] y el pueblo le despide no digo a puñetazos, sino a pedradas.

Pero trabajamos más en pro de nuestra defensa sosteniendo ser bastante más razonable creer que un hombre tornará a ser hombre, hombre por hombre y sólo hombre, y, por fin, que un alma, salva su naturaleza, reasumirá la misma condición, ya que no la misma figura.

2. Como si la razón misma, por la que defienden la transmigración de las almas humanas a cuerpos diversos, no exigiese la vuelta de las almas a los propios cuerpos, consistiendo en eso el retornar: "en ser lo que fueron". Que si no son lo que fueron, o sea, por revestir el alma el mismo cuerpo humano, ya ellas mismas no son las mismas que fueron. Por tanto, si ya no son ellas mismas, ¿cómo se dice que vuelven? O hechas otra cosa no serán las mismas, o permaneciendo ellas mismas no serán de otra procedencia.

3. Sería necesario mucho tiempo y humor si quisiéramos divertirnos en esto, examinando en qué clase de animal habría de convertirse cada cual. Pero trabajamos más en pro de nuestra defensa sosteniendo ser bastante más razonable creer que un hombre tornará a ser hombre, hombre por hombre y sólo hombre, y, por fin, que un alma, salva su naturaleza, reasumirá la misma condición, ya que no la misma figura.

4. Seguramente, siendo el motivo de la resurrección el fallo de la sentencia, se precisa que el hombre mismo que fue sea rehecho para recibir de Dios el premio por el

[208] *Vesica* significa también envidia, quizás por la vejiga de la hiel, amarilla y amarga como la envidia. Cf. Hechos 17:32: "Pero cuando oyeron lo de la resurrección de los muertos, unos se burlaban y otros decían: Ya te oiremos acerca de esto otra vez".

Recuerda lo que eras antes de existir. Ciertamente no eras nada; te acordarías si algo hubieras sido. Pues tú, que nada eras antes de existir; tú, que nada serás tampoco cuando hayas cesado de existir, ¿por qué no podrías salir de la nada por la voluntad de aquel mismo Autor que quiso un día sacarte de la nada?

bien o el castigo por el mal. Por esa razón serán también restaurados aun los cuerpos, pues ni padecer puede el alma sola sin materia estable, o sea, sin la carne, y porque el trato que a las almas se dará en consecuencia de su juicio no ha sido merecido por ellas sin la carne, dentro de la cual hicieron cuanto hicieron.

5. Pero dirás, ¿cómo puede ser restaurada la materia una vez disuelta? Considérate a ti mismo, hombre, y hallarás la razón de creer en esto. Recuerda lo que eras antes de existir. Ciertamente no eras nada; te acordarías si algo hubieras sido.[209] Pues tú, que nada eras antes de existir; tú, que nada serás tampoco cuando hayas cesado de existir,[210] ¿por qué no podrías salir de la nada por la voluntad de aquel mismo Autor que quiso un día sacarte de la nada? ¿Qué novedad habrá en ello para ti? Tú, que no eras, fuiste hecho; cuando de nuevo no seas volverás a ser hecho.

6. Da, si puedes, la razón por la que fuiste hecho, y entonces indagarás la razón por la que serás hecho. Y, sin embargo, más fácilmente serás hecho lo que un día fuiste no habiendo sido difícil hacerte lo que antes nunca fuiste.

El testimonio de la creación

7. ¿Se dudará quizás del poder de Dios, que de la nada creó todo ese inmenso cuerpo del mundo, no menos que si lo sacase del vacío y de la nada de la muerte; que lo animó del soplo animador de todas las almas, haciendo en esto, para que os sirva de testimonio, un expresivo ejemplo de la resurrección del hombre?

8. A diario se extingue la luz y vuelve a brillar y las tinieblas regularmente van y vuelven; reviven los astros difuntos; donde terminaron comienzan los tiempos, se consuman los tiempos y empiezan de nuevo; y cierto, las semillas no surgen fecundas, sino después de corrompidas y disueltas;[211] todas las cosas se conservan pereciendo, todo renace después de haber muerto.

---

[209] Aquí se ve que Tertuliano no aceptaba la teoría platónica de la preexistencia de las almas antes de haber informado los cuerpos en pena de alguna culpa, aunque olvidada.

[210] Se refiere al cuerpo y al tiempo presente.

[211] Cf. 1ª Corintios 15:36-49. Y Juan 12:24: "De cierto, de cierto os digo, que si el grano de trigo no cae en la tierra y muere, él solo queda; mas si muriere, mucho fruto lleva".

9. Y tú, hombre, cuyo nombre es tan grande, si supieras lo que eres, aun cuando sólo lo hubieses aprendido por la inscripción de la Pitia;[212] tú, amo de todo lo que muere y renace, ¿morirás para perecer? En cualquier parte que tu cuerpo se disuelva, cualquiera que sea la materia que lo destruya, que lo trague, que lo sustituya, que lo reduzca a la nada, te lo devolverá. De Aquel es la nada misma de quien es el todo.

10. Y ahora decís: "Luego, ¿habrá que estar muriendo siempre y renaciendo siempre?" Si tal hubiera dispuesto el Señor de todas las cosas, te someterías de grado o por fuerza a la ley de tu condición. Mas, de hecho, no otra cosa decidió que lo que predijo.

11. La misma Sabiduría que compuso la universalidad de los seres de la diversidad de los elementos, de manera que en todas las cosas sin perjuicio de su unidad, se ven combinadas por sustancias contrarias: de vacío y de sólido, de animado y de inanimado, de palpable y de impalpable, de luz y de tinieblas, de la misma vida y de la muerte; esa misma Sabiduría ha trabado en la eternidad dos distintos periodos: este primero, en el que vivimos desde el principio de los seres, fluye y terminará al no tener sino limitada duración; el otro, que aguardamos, se extenderá hasta la infinita eternidad.

La Sabiduría ha trabado en la eternidad dos distintos períodos: este primero, en el que vivimos desde el principio de los seres, fluye y terminará al no tener sino limitada duración; el otro, que aguardamos, se extenderá hasta la infinita eternidad.

Recompensa y castigo eternos

12. Cuando, pues, lleguen el fin y límite que a ambos períodos separa; cuando el mundo mismo, igualmente temporal, haya cambiado de aspecto, que, a modo de telón de escenario, vela la eternidad por Dios establecida, entonces será restaurado el género humano, a fin de deliberar lo que en esta vida mereció por el bien o por el mal y ser luego pagado para la perpetuidad inmensa de la eternidad.

13. Así que ya entonces no habrá ni más muerte ni más resurrección, sino que seremos los mismos que ahora, sin cambiar en adelante: los adoradores de Dios estarán siem-

[212] Contenía esta inscripción o título tan célebre: *gnothi seauton* = conócete a ti mismo, que Sócrates había tomado por divisa. Pero quizá se refiera al oráculo que decía: "El hombre es dios por la muerte y el renacer".

Unidos a Dios, revestidos de la sustancia propia de la inmortalidad; mas los impíos y los no íntegros ante Dios sufrirán como pena un fuego igualmente eterno, que posee por su peculiar naturaleza la incorruptibilidad que Dios le suministra.

pre unidos a Dios, revestidos de la sustancia propia de la inmortalidad;[213] mas los impíos y los no íntegros ante Dios sufrirán como pena un fuego igualmente eterno, que posee por su peculiar naturaleza la incorruptibilidad que Dios le suministra.

14. Los mismos filósofos conocieron la diferencia entre este misterioso fuego y el ordinario. Así es muy distinto el fuego destinado al uso humano y el fuego que sirve para la ejecución del juicio divino, fuego que tan pronto lanza rayos del cielo como vomita de la tierra por las cimas de los montes, siendo tal que no consume lo que abrasa, sino que mientras destruye repara.

15. Por eso permanecen las montañas aunque están ardiendo siempre y el hombre fulminado por el rayo queda indemne, hasta el punto de no poder ningún otro fuego reducirle a ceniza.[214] Lo cual es también un testimonio de aquel fuego eterno, imagen del que mantiene la pena del perenne juicio de Dios. Arden los montes y perduran. ¿Qué será de los malhechores y enemigos de Dios?

---

[213] Cf. 2ª Corintios 5:1-3: "Porque sabemos, que si la casa terrestre de nuestra habitación se deshiciere, tenemos de Dios un edificio, una casa no hecha de manos, eterna en los cielos. Y por esto también gemimos, deseando ser sobrevestidos de aquella nuestra habitación celestial; puesto que en verdad habremos sido hallados vestidos, y no desnudos".

[214] En el mismo lugar que era herido y muerto por el rayo, allí se había de sepultar, y no podía quemarse según el rito de la religión. Al que el cielo quemó no se puede quemar el suelo, decía Plinio; salvo está del fuego humano el que está abrasado por el divino. Se creía que los muertos en estas circunstancias eran perjuros castigados por Júpiter, a quienes nadie tocaba.

49

Ser cristiano es una opción personal y libre

1. He aquí las creencias, que sólo refiriéndose a nosotros se llaman presunciones y hallándose en filósofos y poetas se llaman adquisiciones de una ciencia consumada y de un genio superior. ¡Ellos son sabios, nosotros ineptos! ¡Para ellos los honores; para nosotros las burlas, mucho peor aún: el castigo!

2. Pasen como falsas las creencias que defendemos y que merecen ser tratadas como conjeturas. Pero son, no obstante, necesarias; aunque ineptas, son útiles, siendo cierto que obligan a hacerse mejores a los que las creen por el miedo del eterno suplicio y la esperanza del eterno refrigerio. Por lo tanto, no conviene tratar de falso e inepto lo que conviene mirar como verdadero. Bajo ningún concepto es lícito condenar lo que sólo produce buenos frutos. En vosotros sí que anida el tal prejuicio, el mismo que condena lo útil.

No conviene tratar de falso e inepto lo que conviene mirar como verdadero. Bajo ningún concepto es lícito condenar lo que sólo produce buenos frutos. En vosotros sí que anida el tal prejuicio, el mismo que condena lo útil.

3. Por lo cual ciertamente cabe que esas creencias sean ineptas; pero aun cuando fuesen falsas e ineptas a nadie perjudican, semejantes a otras muchas creencias contra las que no decretáis castigo alguno con ser vanas y fabulosas, que nadie acusa ni castiga por ser inofensivas. Tratándose de semejantes errores, si es que vale la pena el condenarlos, preferible es condenarlos al ridículo que no a la espada, al fuego, a la cruz y a las fieras.

4. Es ello una injusta crueldad, de la que no solamente se alegra este ciego mundo, sino que algunos de los vuestros se glorían, captando con la iniquidad el favor del populacho, como si todo el poder que sobre nosotros tenéis no dependiera totalmente de nosotros mismos.

5. Porque, ciertamente, si soy cristiano es porque quiero. Luego, tú no me condenarás si yo no quiero ser condenado. Pues si no puedes lo que contra mí puedes, sino en cuanto yo lo quiero, lo que puedes de mi voluntad depende y no de tu poder.

6. Por tanto, vanamente se alegra el vulgo de nuestros tormentos; nuestro es el gozo que para sí reivindica, pues preferimos ser condenados que apartarnos de Dios. Por el contrario, aquellos que nos odian, debían dolerse y no alegrarse, ya que nosotros conseguimos lo que elegimos.

50

Vencidos, pero triunfadores

Nuestra guerra consiste en ser llevados ante los tribunales para allí pelear por la verdad con riesgo de nuestra cabeza. Y la victoria consiste en obtener aquello por lo que luchamos.

1. Decís: "Luego, ¿por qué os quejáis de que os persigamos, si queréis sufrir? Deberíais, por el contrario, amar a aquellos por los cuales padecéis lo que queréis". Cierto, queremos sufrir; pero al modo del que sufre la guerra, aunque nadie la quiere. Nadie quiere guerrear necesariamente, porque impone temores y peligros.

2. Pero, sin embargo, se lucha con todas las fuerzas para vencer en la batalla, entonces se goza el que se lamentaba de ella, porque consigue gloria y botín. Nuestra guerra consiste en ser llevados ante los tribunales para allí pelear por la verdad con riesgo de nuestra cabeza. Y la victoria consiste en obtener aquello por lo que luchamos. Esta nuestra victoria tiene la gloria de agradar a Dios y el botín de la vida eterna.

3. "¡Pero sucumbimos!" Sí, ciertamente; mas después de haber alcanzado lo que pretendíamos. Luego, somos vencedores muriendo y escapamos cuando sucumbimos. Llamadnos ahora, si os place, "sarmenticios" y "postreros", pues nos atáis a postes y nos rodeáis de sarmientos para quemarnos. Esa es nuestra actitud en la victoria, ésa nuestra túnica adornada de palmas, ése nuestro carro triunfal.[215]

No desesperados, sino gloriosos

4. Es natural que no agrademos a los vencidos, y con razón se nos considera "desesperados y locos frenéticos". Mas tal desesperación y tal frenesí ante vosotros es como izar la bandera del valor cuando en ello van la gloria y la fama.

5. Mucio Escévola dejó voluntariamente su mano derecha sobre el fuego del altar. ¡Qué ánimo tan sublime! Empédocles se lanzó todo a los incendios del Etna, próximo a Catania (Sicilia).[216] ¡Qué vigor de alma! Cierta fun-

---

[215] El día del triunfo el emperador entraba vestido de palma. De estos vestidos unos se guardaban en el Capitolio y se llaman Palma Capitolina, y otras en el palacio.

[216] Empédocles quiso ser tenido por Dios y fue tan obstinado que se

dadora de Cartago evitó su segundo matrimonio lanzándose a la hoguera.[217] ¡Qué pregón de castidad!

He ahí, pues, que también vosotros coronáis a los que luchan contra los tormentos.

6. Régulo, no queriendo ser el único en salvar la vida de un enjambre de enemigos, sufre en todo su cuerpo el suplicio de la cruz.[218] ¡Qué varón victorioso en la misma cautividad! Anaxarco, al ser apisonado en un pilón de cebada, decía: "Golpea, golpea el envoltorio de Anaxarco, porque a Anaxarco mismo no le mueles!" ¡Qué magnanimidad la de este filósofo, que bromeaba de semejante final!

7. No mencionaré a los que creyeron conquistarse gloria traspasándose con su propia espada o bien con algún otro género de muerte más dulce. He ahí, pues, que también vosotros coronáis a los que luchan contra los tormentos.

8. Cierta ramera de Atenas, después de haber cansado a su verdugo, se cortó la lengua a dentelladas, escupiéndola a la cara misma del cruel tirano para escupir con ella su voz y no verse expuesta a denunciar a los conjurados aun cuando, vencida por la tortura, hubiera querido hacerlo.[219]

9. Zenón de Elea,[220] al preguntarle Dionisio qué podía dar de sí la filosofía, contestó: "El desprecio de la muerte", y, sometido a los azotes del tirano, selló su respuesta con su sangre hasta morir. Sabido es que la flagelación entre los lacedemonios, agravada por la presencia y las exhortaciones de los familiares, confiere a la casa tanta mayor gloria por haber sufrido cuanta más sangre vertieran.[221]

---

arrojó secretamente en el volcán del monte Etna, para hacer creer que había ascendido al cielo.

[217] Dido, reina y fundadora de Cartago, se mató con un puñal –otros dicen con fuego– por no casarse en segundas nupcias con el rey Hiarba.

[218] Atilio Régulo fue puesto por los cartagineses en una cuba llena de púas de acero, y haciéndola rodar le penetraban las puntas. Llama "cruz" porque con clavos se atormentaba en las cruces.

[219] La ramera se llamaba Ificrates y Hipias el tirano que la mandó torturar.

[220] Nacido el año 448 antes de Jesucristo, fundador de la Stoa, o Escuela Estoica.

[221] En la fiesta de Diana Ortia se azotaban los mozos de Lacedemonia o Esparta. El que soportaba mayor sufrimiento y más sangre derramaba era el vencedor. Algunos morían como consecuencia de los azotes. Más que un certamen de entereza y un premio de sangre (*verborum est certamen, et sanguis premium*) era una verdadera carnicería.

La sangre de los mártires es semilla de los cristianos

Ánimo, buenos presidentes, que os hacéis mejores ante el pueblo si le inmoláis cristianos. Atormentad, torturad, condenad, triturad, ¡vuestra injusticia es prueba de nuestra inocencia!

10. ¡Qué gloria legítima porque es humana! No se la atribuya ni a furiosa demencia ni a creencia desesperada, no obstante el desprecio de la muerte y de toda atrocidad. Está permitido padecer en pro de la patria, en pro del territorio, en pro del imperio, en pro de la amistad; únicamente no es lícito padecer por Dios.

11. Y sin embargo, a todos estos les fundís estatuas de bronce, les grabáis retratos, les inscribís epígrafes para eterna memoria. Dais vosotros mismos a los muertos una especie de resurrección, naturalmente, en cuanto tales monumentos consienten hacerlo, ¡y el que de Dios espera la verdadera resurrección, si sufre por Dios, es un insensato!

12. Ánimo, buenos presidentes, que os hacéis mejores ante el pueblo si le inmoláis cristianos. Atormentad, torturad, condenad, triturad, ¡vuestra injusticia es prueba de nuestra inocencia! Por eso sufre Dios el que suframos nosotros. Porque aún no hace mucho, al condenar a cierta cristiana al lupanar (*lenonem*) más bien que al león (*leonem*), habéis reconocido que una ofensa en la pureza se considera entre nosotros más atroz pena que todas las penas y que todas las muertes.[222]

13. Pero de nada sirven cualesquiera de vuestras más refinadas crueldades; antes son un estímulo para nuestra secta. Nos hacemos más numerosos cada vez que nos cosecháis: es semilla la sangre de los cristianos (*semen est sanguis christianorum*).

14. Muchos entre vosotros exhortan a sufrir el dolor y la muerte, como Cicerón en sus *Tusculanas*, Séneca en sus *Fortuitas*, Diógenes, Pirro, Calínico. Mas con sus palabras no hallan ellos tantos discípulos como con sus obras los cristianos.

15. Esa misma obstinación que en nosotros reprendéis es una lección magistral. Porque, ¿quién al contemplarla no se siente impelido a examinar qué hay en el

---

[222] Por aquellos días se condenó a una señora noble a ser llevada a una casa pública como castigo por ser cristiana, después elevada a los altares como santa Inés. Es evidente que los jueces no estimaban medios no sólo para quitar la vida de los creyentes, sino para humillarlos en su condición social y en su fuero interno.

fondo de tal fenómeno? ¿Quién, tras examinar el caso, no se acercó a nosotros y, después de acercarse, no aspiró a padecer a cambio de adquirir la plenitud de la gracia divina, a fin de alcanzar el perdón total mediante el precio de su sangre?

16. Porque no hay culpa que con el martirio no se perdone, razón por la cual os damos gracias por vuestras sentencias en el mismo momento que las pronunciáis. Tal contraste media entre las cosas divinas y las humanas: cuando nos condenáis vosotros, Dios nos absuelve.

¿Quién, tras examinar el caso, no se acercó a nosotros y, después de acercarse, no aspiró a padecer a cambio de adquirir la plenitud de la gracia divina?

Martirio de Perpetua y Felicidad en Cartago

Libro II
Exhortación a los mártires

Ad Martyres

1

Vencer a Satanás en su misma cárcel

En primer lugar, ¡oh bendecidos de Dios!, no contristéis al Espíritu Santo, que entró en la cárcel con vosotros, pues sin Él nunca la hubieseis podido aguantar.

Escogidos y dichosos mártires, entre los alimentos que para el cuerpo os envía a la cárcel la señora Iglesia, nuestra madre, sacados de sus pechos y del trabajo de cada uno de los fieles, recibid también de mí algo que nutra vuestro espíritu; porque no es de provecho la satisfacción del cuerpo cuando el espíritu padece hambre.[1] Y si todo lo que está enfermo debe ser curado, con mayor razón ha de ser mejor atendido lo que está más enfermo.

No soy ciertamente yo el más indicado para hablaros; sin embargo, los gladiadores, aun los más diestros, sacan ventaja no tan sólo de sus maestros y jefes, sino también de cualquier ignorante e incapaz, que desde las graderías los exhortan, y no pocas veces sacaron provecho de las indicaciones sugeridas desde el público. Por tanto, en primer lugar, ¡oh bendecidos de Dios!, no contristéis al Espíritu Santo (Ef. 4:3), que entró en la cárcel con vosotros, pues sin Él nunca la hubieseis podido aguantar. Esforzaos, pues, para que no os abandone y así, desde ahí, os conduzca al Señor. En verdad la cárcel es también casa del demonio, donde encierra a sus familiares y seguidores; pero vosotros habéis entrado en ella para pisotearlo precisamente en su propia casa, después de haberlo maltratado afuera cuando se os perseguía.

Cuidado, que no vaya ahora a decir: "En mi casa están; los tentaré con rencillas y disgustos, provocando entre

[1] En tiempo de persecución, la Iglesia por medio de sus obispos. sostenía en sus necesidades materiales a los confesores de la fe: encarcelados, perseguidos, a los que habían huido dejándolo todo ante el temor de apostatar y a los que se les habían confiscado sus bienes por ser cristianos. En una obra antiquísima, la *Didascalia de los Apóstoles,* escrita probablemente en Siria, antes del año 250 se lee: "Si alguno de los fieles por el nombre de Dios o por la Fe o por la Caridad fuese enviado al fuego, a las fieras o a las minas, no queráis apartar de él los ojos... procurad suministrarle, por medio de vuestro obispo, socorros, alivios y alimento... el que sea pobre ayune y dé a los mártires lo que ahorre con su ayuno... si abunda en bienes proporciónele de sus haberes para que puedan verse libres... porque son dignos de Dios; han cumplido en absoluto con aquello del Señor: 'A todo el que confesare mi nombre delante de los hombres, lo confesaré yo delante de mi Padre'" (V, I).

Que os encuentre protegidos y armados de concordia, porque vuestra paz será su derrota.

ellos desavenencias". ¡Que huya de vuestra presencia y se esconda deshecho e inutilizado en el infierno, como serpiente dominada y atontada por el humo! De modo que no le vaya tan bien en su reino que os pueda acometer, sino que os encuentre protegidos y armados de concordia, porque vuestra paz será su derrota. Esta paz debéis custodiarla, acrecentarla y defenderla entre vosotros, para que podáis dársela a los que no la tienen con la Iglesia y suelen ir a suplicársela a los mártires encarcelados.[2]

Coliseo de Roma,
escenario sangriento de innumerables víctimas cristianas

[2] Se refiere, en primer lugar, a la paz de todos los fieles con Dios, alcanzada por los méritos de los mártires y de los confesores para toda la Iglesia y para conversión del mundo pagano. Secundaria y principalmente se refiere aquí a la reconciliación de los cristianos que, por algún grave pecado, habían sido excomulgados; éstos recurrían a los confesores de la fe pidiéndoles escribiesen a los obispos intercediendo por ellos a los efectos de que se les levantara la pena o se les acortara la penitencia impuesta.

2

La cárcel del mundo y la libertad del espíritu

Los demás impedimentos y aun vuestros mismos parientes os han acompañado tan sólo hasta la puerta de la cárcel. En ese momento habéis sido segregados del mundo. ¡Cuánto más de sus cosas y afanes! ¡No os aflijáis por haber sido sacados del mundo! Si con sinceridad reflexionamos que el mundo es una cárcel, fácilmente comprenderemos que no habéis entrado en la cárcel, sino que habéis salido. Porque mayores son las tinieblas del mundo que entenebrecen la mente de los hombres.[3] Más pesadas son sus cadenas, pues oprimen a las mismas almas. Más repugnante es la fetidez que exhala el mundo porque emana de la lujuria de los hombres. En fin, mayor número de reos encierra la cárcel del mundo, porque abarca todo el género humano amenazado no por el juicio del procónsul,[4] sino por la justicia de Dios. De semejante cárcel. ¡oh benditos de Dios!, fuisteis sacados, y ahora trasladados a esta otra que, si es oscura, os tiene a vosotros que sois luz;[5] que, no obstante sus cadenas, sois libres delante de Dios;[6]

Si con sinceridad reflexionamos que el mundo es una cárcel, fácilmente comprenderemos que no habéis entrado en la cárcel, sino que habéis salido.

---

[3] Apenas podemos imaginarnos hoy una cárcel de entonces, con sus cuevas subterráneas, oscuras, sin ventilación, llenas de excrementos y de toda clase de basuras. Los presos eran retenidos ya con grillos encadenados a las paredes, ya en cepos que los obligaban a estar tendidos en el suelo sin poderse mover. Algunas actas de los mártires se ocupan indirectamente de los horrores de tales cárceles, pues no suelen describir lo que suponían en conocimiento de todos. Prudencio (348-405), que muy bien conocía los horrores de las cárceles romanas, describe así aquella en que fue arrojado san Vicente después del tormento: "Es arrojado a un ciego subterráneo... En el fondo hay un lugar más negro que las mismas tinieblas, un cobacho formado por las piedras de una bóveda inmunda"... (*Peristph*... V, 238/44). La de Cartago está descrita por estas palabras de santa Perpetua, que se leen en su Pasión: "Nos metieron en la cárcel. ¡Qué horror! Jamás había sufrido tal oscuridad. ¡Terrible aquel día! ¡Insoportable estrechez por la aglomeración!"... (*Pass.*, III).

[4] De aquí se deduce que estos mártires se hallaban encarcelados en Cartago, ciudad gobernada por un procónsul, por ser capital de una provincia proconsular.

[5] Cf. Mateo 5:14: "Vosotros sois la luz del mundo". Efesios 5:10: "En un tiempo erais tinieblas, mas ahora luz en el Señor"...

[6] Cf. Juan 8:36: "Si el Hijo os libertare seréis realmente libres". Gálatas 5:1 "Estad, pues, firmes en la libertad con que Cristo nos hizo libres".

Ahí se entristece el que suspira por las dichas del mundo; pero el cristiano, que afuera había renunciado al mundo, en la cárcel desprecia la misma cárcel.

que, en medio de sus desagradables olores, sois perfume de suavidad.[7] En ella un juez os espera a vosotros, a vosotros que juzgaréis a los mismos jueces.[8]

Ahí se entristece el que suspira por las dichas del mundo; pero el cristiano, que afuera había renunciado al mundo, en la cárcel desprecia a la misma cárcel. En nada os preocupe el rango que ocupáis en este siglo, puesto que estáis fuera de él. Si algo de este mundo habéis perdido, gran negocio es perder, si perdiendo habéis ganado algo mucho mejor. Y ¡cuánto habrá que decir del premio destinado por Dios para los mártires! Entre tanto sigamos comparando la vida del mundo con la de la cárcel. Mucho más gana el espíritu que lo que pierde el cuerpo. Pues, a éste no le falta nada de lo que necesita, gracias a los desvelos de la Iglesia y a la fraterna caridad de los fieles. Además, el espíritu gana en todo lo que es útil a la fe. Porque en la cárcel no ves dioses extraños, ni te topas con sus imágenes, ni te encuentras mezclado con sus celebraciones, ni eres castigado con la fetidez de sus sacrificios inmundos. En la cárcel no te alcanzará la gritería de los espectáculos, ni las atrocidades, ni el furor, ni la obscenidad de autores y espectadores.[9] Tus ojos no chocarán con los sucios lugares de libertinaje público. En ella estás libre de escándalos, de ocasiones peligrosas, de insinuaciones malas y aun de la misma persecución.

La cárcel es para el cristiano lo que la soledad para los profetas (Mt. 1:3, 4:12 y 35). El mismo Señor frecuentaba los lugares solitarios para alejarse del mundo y entregarse más libremente a la oración (Lc. 6:12); y finalmente, fue en la soledad donde reveló a sus discípulos el

---

[7] Cf. 2ª Corintios 2:15: "Porque para Dios somos buen olor de Cristo".

[8] Cf. Mateo 19:28: "De cierto os digo, que vosotros que me habéis seguido, en la regeneración, cuando se sentará el Hijo del Hombre en el trono de su gloria, vosotros también os sentaréis sobre doce tronos, para juzgar a las doce tribus de Israel"; 1ª Corintios 6:2: "¿O no sabéis que los santos han de juzgar al mundo?"

[9] Tertuliano escribió, por el año 200, un opúsculo *De spectaculis* repudiando los juegos y espectáculos paganos, tan frecuentes por aquellos tiempos, tan pródigos en crueldad y lujuria; donde el nombre de Dios era blasfemado, donde tantos cristianos eran martirizados y donde todo crimen y refinada maldad era aplaudida. Muchos autores paganos los repudiaron en sus obras sin mayor éxito. Antes que Tertuliano, ya Taciano, entre el 170 y 172, los había escarnecido (*Orat adv. gr.* 22-24).

esplendor de su gloria (Mt. 17:1-9, 41; Mr. 2:-10; Lc. 9:28-36; 2ª P. 1:17-18). Quitémosle el nombre de *cárcel* y llamémosle *retiro*. Puede el cuerpo estar encarcelado y la carne oprimida, pero para el espíritu todo está patente. ¡Sal, pues, con el alma! ¡Paséate con el espíritu, no por las umbrosas avenidas ni por los amplios pórticos, sino por aquella senda que conduce a Dios! ¡Cuantas veces la recorras, tantas menos estarás en la cárcel! ¡El cepo no puede dañar tu pie cuando tu alma anda en el cielo!

¡Paséate con el espíritu, no por las umbrosas avenidas ni por los amplios pórticos, sino por aquella senda que conduce a Dios!

El espíritu es el que mueve a todo el hombre y lo conduce a donde más le place, porque "donde está tu corazón, allí está tu tesoro" (Mt. 6:21). Pues bien, ¡que nuestro corazón se halle donde queramos que esté nuestro tesoro!

3

La cárcel como campo de entrenamiento moral

Vosotros, ¡oh amados de Dios!, todo cuanto aquí os resulta doloroso tomadlo como entrenamiento, tanto del alma como del cuerpo. Pues lucha fiera tendréis que aguantar.

Sea así, ¡oh amados de Dios!, que la cárcel resulte también molesta para los cristianos. Pero, ¿acaso no hemos sido llamados al ejército del Dios vivo y en el bautismo no hemos jurado fidelidad? El soldado no va a la guerra para deleitarse; ni sale de confortable aposento, sino de ligeras y estrechas tiendas de campaña, donde toda dureza, incomodidad y malestar tiene asiento. Y aun durante la paz debe aprender a sufrir la guerra marchando con todas sus armas, corriendo por el campamento, cavando trincheras y soportando la carga de la tortuga.[10] Todo lo prueban con esfuerzo para que después no desfallezcan los cuerpos ni los ánimos: de la sombra al sol, del calor al frío, de la túnica a la armadura, del silencio al griterío, del descanso al estrépito. Así pues, vosotros, ¡oh amados de Dios!, todo cuanto aquí os resulta doloroso tomadlo como entrenamiento, tanto del alma como del cuerpo. Pues lucha fiera tendréis que aguantar.

Pero en ella el *agonoteto*[11] es el mismo Dios; el *xistarco*[12] es el Espíritu Santo; el premio, una corona eterna;[13] los espectadores, los seres angélicos; es decir, todos los poderes del cielo y la gloria por los siglos de los siglos. Además,

---

[10] La tortuga, en el lenguaje militar romano, era un blindaje formado por los soldados estrechamente juntos entre sí y sosteniendo cada uno su propio escudo sobre la cabeza. Formaban así un techo defensivo contra el enemigo. A veces, para atacar un fuerte, sobre el primer techo de escudos se levantaba un segundo y hasta un tercero, con gran agobio de los de abajo (Conf., T. Livio. XLIV).

[11] El *agonoteto* era el presidente del certamen y el que daba los premios.

[12] El *xistarco* era el que hacía cumplir las leyes del juego, el juez.

[13] Cf. 1ª Corintios 9:25: "Todo aquel que lucha, de todo se abstiene; y ellos, a la verdad, para recibir una corona corruptible; mas nosotros, incorruptible". 1ª Pedro 5:4: "Cuando apareciere el Príncipe de los pastores, vosotros recibiréis la corona incorruptible de gloria". Apocalipsis 2:10: "No tengas ningún temor de las cosas que has de padecer. He aquí, el diablo ha de enviar a algunos de vosotros a la cárcel, para que seáis probados, y tendréis tribulación de diez días. Sé fiel hasta la muerte, y yo te daré la corona de la vida".

vuestro entrenador es Cristo Jesús,[14] el cual os ungió con su espíritu. Él es quien os condujo a este certamen y quiere, antes del día de la pelea, someteros a un duro entrenamiento, sacándoos de las comodidades, para que vuestras fuerzas estén a la altura de la prueba. Por esto mismo, para que aumenten sus fuerzas, a los atletas se los pone también aparte, y se los aleja de los placeres sensuales, de las comidas delicadas y de las bebidas enervantes. Los violentan, los mortifican y los fatigan porque cuanto más se hayan ejercitado, tanto más seguros estarán de la victoria. Y éstos –según el Apóstol– lo hacen para conseguir una corona perecedera, mientras que vosotros para alcanzar una eterna (1ª Co. 9:25). Tomemos, pues, la cárcel como si fuera una palestra; de donde, bien ejercitados por todas sus incomodidades, podamos salir para ir al tribunal como a un estadio. Porque la virtud se fortifica con la austeridad y se corrompe por la blandura.

Tomemos, pues, la cárcel como si fuera una palestra; de donde, bien ejercitados por todas sus incomodidades, podamos salir para ir al tribunal como a un estadio. Porque la virtud se fortifica con la austeridad y se corrompe por la blandura.

[14] Al entrenador se le denominaba *epistato*.

4

Someter la carne al espíritu; algunos ejemplos

Que la carne sirva al espíritu, que el más débil siga al más fuerte, y participe así de la misma fortaleza.

Si sabemos por una enseñanza del Señor que "la carne es débil y el espíritu pronto" (Mt. 26:41; Mr. 14:38), no nos volvamos cómodos; porque el Señor acepta que la carne sea débil, pero luego declara que el espíritu está pronto para enseñarnos que a éste debe aquélla estarle sujeta. Es decir, que la carne sirva al espíritu, que el más débil siga al más fuerte, y participe así de la misma fortaleza.

Entiéndase el espíritu con el cuerpo sobre la común salud. Mediten, no tanto sobre las incomodidades de la cárcel, como sobre la lucha y batalla finales. Porque quizás el cuerpo teme la pesada espada, la enorme cruz, el furor de las bestias, la grandísima tortura del fuego y, en fin, la habilidad de los verdugos en inventar tormentos. Entonces el espíritu ponga, ante sí y ante la carne, que si todo esto es ciertamente muy grave, sin embargo ha sido soportado con gran serenidad por muchos; y todavía por otros muchos más tan sólo por el deseo de alcanzar fama y gloria. Y no sólo por hombres, sino también por mujeres. De modo que vosotras, ¡oh bendecidas de Dios!, habéis de responder también por vuestro sexo.

Largo sería, si intentase enumerar todos los casos de hombres que por propia voluntad perecieron.[15] De entre las mujeres está a la mano Lucrecia que, habiendo sufrido la violencia del estupro, se clavó un puñal en presencia de sus parientes para salvar así la gloria de su castidad. Mucio dejó que se quemara su mano derecha en las llamas de un ara, para con este hecho conseguir fama. Menos hicieron los filósofos. Sin embargo, Heráclito se hizo abrasar cubriéndose con estiércol de ganado. Empédocles se arrojó en el ardiente cráter del Etna. Peregrino[16] no hace mucho que

---

[15] Cf. *Apología contra gentiles*, cap. L, donde repite la mayoría de estos casos, y se explican en las notas.

[16] Peregrino o Proteo es un personaje, cuya biografía escribió Luciano de Somosata por el año 170. Lo presenta como un tipo impostor, filósofo de la escuela cínica. Aulo Gelio, por el contrario, en sus *Noches áticas* (XII, 11) lo considera un varón sabio y honorable. Se le tributaba culto divino; conf. *Eshenagorae Supplicatio pro Christianis*, 26.

se precipitó a una hoguera. En cuanto a las mujeres que despreciaron el fuego está Dido, que lo hizo para no verse obligada a casarse nuevamente después de la muerte de su marido, amado por ella tiernamente. Asimismo, la esposa de Asdrúbal, enterada de que su esposo se rendía a Escipión, se arrojó con sus hijos en el fuego que destruía a su patria, Cartago. Régulo, general romano, prisionero de los cartagineses, no consintiendo ser canjeado tan sólo él por muchos prisioneros enemigos retorna al campo adversario para ser encerrado en una especie de arca llena de clavos, sufriendo así el tormento de muchísimas cruces.

Cleopatra, mujer valerosa, prefirió las bestias y se hizo herir por víboras y serpientes –más horribles que el toro y el oso– antes que caer en manos del enemigo. Pero pudiera creerse que más es el miedo a los tormentos que a la muerte. En este sentido, ¿acaso aquella meretriz de Atenas cedió ante el verdugo? Conocedora de una conjuración, fue atormentada para que traicionara a los conjurados; entonces, para que atendiesen que con las torturas nada le podrían sacar, aun cuando siguiesen atormentándola, se mordió la lengua y se la escupió al tirano. Nadie ignora que hasta hoy la mayor festividad entre los espartanos es la de la flagelación. En esta solemnidad los jóvenes de la nobleza son azotados delante del altar y en presencia de sus padres y parientes, que los animan a perseverar en el suplicio. Consideran que no hay renombre y gloria de mayor título que perder la vida antes que ceder en los sufrimientos.

Luego, si por afán de terrena gloria tanto puede resistir el alma y el cuerpo de llegar hasta el desprecio de la espada, el fuego, la cruz, las bestias y todos los tormentos, y tan sólo por el premio de una alabanza humana; entonces puedo afirmar que todos estos sufrimientos son muy poca cosa para alcanzar la gloria del cielo y la dicha divina. Si tanto se paga por el vidrio, ¿cuánto no se pagará por las perlas? ¿Quién, pues, no dará con sumo gusto por lo verdadero, lo que otros dieron por lo falso?

Luego, si por afán de terrena gloria tanto puede resistir el alma y el cuerpo de llegar hasta el desprecio de la espada, el fuego, la cruz, entonces puedo afirmar que todos estos sufrimientos son muy poca cosa para alcanzar la gloria del cielo y la dicha divina.

5

Padecimientos por causa de la justicia

Con ellas trata ahora de exhortarnos, o quizás de confundirnos el día del juicio, si tuviéramos temor de padecer por la verdad y para nuestra salvación, lo que estos jactanciosos realizaron por vanidad y para su perdición.

Dejemos estos casos motivados por el afán de gloria. Hay también entre los hombres otra manía y enfermedad del alma que los lleva a soportar tantos juegos llenos de rudeza y crueldad. ¿A cuántos ociosos la vanidad no los hizo gladiadores, pereciendo luego a causa de las heridas?[17]

¡Cuántos otros, llevados del entusiasmo, luchan con las mismas fieras y se juzgan más distinguidos cuantas más mordeduras y cicatrices ostentan! Algunos otros se contratan para vestirse por algún tiempo con una túnica de fuego.[18] No faltan los que se pasean calmosamente, mientras van recibiendo en sus pacientes espaldas los latigazos de los cazadores.[19] Todas estas atrocidades, ¡oh bendecidos de Dios!, no las permite el Señor en estos tiempos sin motivo. Con ellas trata ahora de exhortarnos, o quizás de confundirnos el día del juicio, si tuviéramos temor de padecer por la verdad y para nuestra salvación, lo que estos jac- tanciosos realizaron por vanidad y para su perdición.

---

[17] Los gladiadores eran casi siempre reos condenados a las bestias; pero no faltaban voluntarios. «Se arriendan para morir unos por la espada y otros por el cuchillo» (Séneca, *Epist.* 87). Tanto unos como otros, al hacerse gladiadores, estaban condenados a una muerte violenta y prematura. Petronio, en su *Satyricon* (CXVII), nos ha dejado su juramento: "Juramos sufrir la esclavitud, el fuego, los azotes, la misma muerte, todo lo que quiera de nosotros, declarándonos suyos en cuerpo y alma como gladiadores legalmente contratados".

[18] La túnica de fuego era un suplicio; algunos, sin embargo, se ofrecían voluntariamente a ponérsela en los juegos para ganarse los aplausos de la plebe, que condenaba al reo a ser vestido con una túnica empapada en materias combustibles: pez, resina, betún. Algunos mártires tuvieron que sufrirla antes de ser arrojados a la hoguera, como san Erasmo. De este suplicio hace mención Séneca. *Epist.* 14.

[19] Entre los juegos del circo había la caza de bestias feroces. Los cazadores perseguían a los animales con látigos de cuero y nervio de buey. No faltaban los que se ofrecían en espectáculo desfilando con sus espaldas desnudas, entre dos filas de cazadores que les golpeaban sin piedad.

6

La vida está sometida a padecimientos

No hay hombre que no pueda padecer por la causa de otro hombre, lo que algunos dudan de sufrir por la causa de Dios. Para esto, los acontecimientos presentes han de servirnos de lección.

Dejemos ahora también estos ejemplos que nos vienen de la ostentación. Volvamos nuestras miradas y consideremos las adversidades que son ordinarias en la vida humana. Ella nos enseñará con cuánta frecuencia sucede a los hombres, de modo inevitable, lo que sólo algunos soportaron con ánimo invicto. ¡Cuántos han sido abrasados vivos en los incendios! ¡A cuántos otros devoraron las fieras, y no sólo en la selva, sino en el mismo centro de las ciudades, por haberse escapado de sus encierros![20] ¡Cuántos fueron exterminados por las armas de los ladrones o crucificados por los enemigos, después de haber sido atormentados y vejados con todo género de ignominias!

No hay hombre que no pueda padecer por la causa de otro hombre, lo que algunos dudan de sufrir por la causa de Dios. Para esto, los acontecimientos presentes han de servirnos de lección.[21] Porque, ¡cuántas y cuán distinguidas personalidades de toda edad; ilustres por nacimiento, dignidad y valor han encontrado la muerte por causa de un solo hombre! De ellos, unos fueron muertos por él mismo porque eran sus adversarios; y otros, por serle partidarios, lo fueron por sus adversarios.

---

[20] Las ciudades que poseían circo debían tener cuevas donde se encerraban y cuidaban las fieras para los juegos. Hubo veces que, por descuido de los cuidadores o por ferocidad de los animales, consiguieron escaparse de su encierro realizando verdaderas matanzas entre la población de la ciudad.

[21] Tertuliano alude a un acontecimiento de aquellos días. Se trata de las ejecuciones realizadas en todo el Imperio Romano por causa del emperador Septimio Severo contra los partidarios de sus rivales Clodio Albino y Pescenio Níger. A su vez, los seguidores de éstos llevaron a cabo igual procedimiento contra los seguidores del emperador. De esta referencia se deduce que el escrito presente haya sido escrito en los primeros meses del año 197, algunos años antes de su famosa *Apología contra gentiles*.

Libro III
La virtud de la paciencia

De Patientia

1

Importancia de la paciencia

1. Confieso a Dios, mi Señor, que temo no poco por mí y quizás sea desvergüenza el que yo me atreva a escribir acerca de la paciencia. De ninguna manera soy capaz, como hombre carente de todo bien. Porque cuando es necesario demostrar e inculcar alguna cosa, entonces se buscan personas competentes que con anterioridad la hayan tratado y con decisión dirigido para poderla recomendar con aquella autoridad que procede de la propia conducta; sin que sus enseñanzas tengan que avergonzarse por falta de los propios ejemplos.

Veo mi enfermedad y tengo presente que sin el socorro de la paciencia no se logra fácilmente la firmeza de la fe ni la buena salud de la doctrina cristiana. De tal modo Dios la antepuso, que sin ella nadie puede cumplir ningún precepto ni realizar ninguna obra grata al Señor.

2. ¡Ojalá que esta vergüenza trajese el remedio; de modo que la misma vergüenza de carecer de lo que enseñamos a los otros, se convirtiera en maestra de lo que decimos! Con todo, hay algún tipo de bienes, y también de males, de tan imponderable magnitud como la gracia de una inspiración divina. Porque lo que es sumo bien se halla al arbitrio de Dios, el cual por ser el único en poseerlo es también el único en dispensarlo, y esto a quien Él señala para conseguirlos a tolerarlos es indispensable dignarse hacerlo. Por esta misma razón es de verdadero consuelo discurrir sobre aquello, de lo cual no podemos gozar; como los enfermos que faltándoles la salud, no terminan jamás de hablar de ella. Así yo –¡oh miserable de mí!, siempre consumido por la fiebre de mi impaciencia–, para obtener esta virtud, necesito suspirar y pedir y hablar de ella. Veo mi enfermedad y tengo presente que sin el socorro de la paciencia no se logra fácilmente la firmeza de la fe ni la buena salud de la doctrina cristiana. De tal modo Dios la antepuso, que sin ella nadie puede cumplir ningún precepto ni realizar ninguna obra grata al Señor.

3. Los mismos que viven como ciegos honran su excelencia proclamándola *virtud suma*. Y aquellos filósofos paganos, que se atribuyen una animalesca sabiduría,[1] tanto la estiman que a pesar de hallarse, por muchos ca-

---

[1] Cf. Santiago 3:15: "Esta sabiduría no es la que desciende de lo alto, sino terrena, animal, diabólic".

Buscan ser estimados por sabios, simulando ser pacientes. ¡Grande alabanza de ella es el que se hagan merecedores de honra y glorias sabios tan vanos!

prichos y envidias, divididos en sectas y opiniones, sin embargo tan sólo concuerdan con respecto a la paciencia, para cuyo estudio únicamente se ponen en paz. En ella están de acuerdo; en ella se unen, y de modo unánime se empeñan en fingir que la poseen. Buscan ser estimados por sabios, simulando ser pacientes. ¡Grande alabanza de ella es el que se hagan merecedores de honra y glorias sabios tan vanos! O quizás, ¿no será afrentoso que cosa tan divina se la revuelva con tales falacias? Véanlo ellos. Quizás dentro de poco tendrán que avergonzarse de que su sabihondez sea destruida con este mundo.

2

La paciencia de Dios con los pecadores

1. A nosotros la obligación de practicar la paciencia no nos viene de la soberbia humana, asombrada de la resignación canina,[2] sino de la divina ordenación de una enseñanza viva y celestial, que nos muestra al mismo Dios como ejemplo de esta virtud. Pues desde el principio del mundo Él derrama por igual el rocío de su luz sobre justos y pecadores (Mt. 5:45). Estableció los beneficios de las estaciones, el servicio de los elementos y la rica fecundidad de la naturaleza tanto para los merecedores como para los indignos. Soporta a pueblos ingratísimos, adoradores de muñecos y de las obras de sus manos; y que persiguen su nombre y a su familia.[3] Su paciencia aguanta constantemente la lujuria, la avaricia, la iniquidad insolente, a tal punto que, por esta causa, la mayoría no cree en Él porque jamás lo ven castigando al mundo.

A nosotros la obligación de practicar la paciencia no nos viene de la soberbia humana, asombrada de la resignación canina, sino de la divina ordenación de una enseñanza viva y celestial, que nos muestra al mismo Dios como ejemplo de esta virtud.

---

[2] Referencia a los filósofos cínicos, conocidos por "la secta del perro", ya que impartían su enseñanza en un gimnasio situado cerca del canódromo de Atenas, el *Cinosargo*.

[3] "Familia de Dios", llama Tertuliano a los cristianos, adoradores, no de ídolos, sino del verdadero y único Dios, y víctimas de las persecuciones de los poderes del Imperio Romano.

3

La paciencia de Cristo

No había mentido el profeta, antes bien testimoniaba que Dios coloca su Espíritu en el Hijo con la plenitud de la paciencia.

1. Estas manifestaciones de la sabiduría divina podrían parecer como cosa tal vez demasiado alta y muy de arriba. Pero, ¿qué decir de aquella paciencia que tan claramente se manifestó entre los hombres, en la tierra, como para ser tocada con la mano? Pues siendo Dios sufrió el encarnarse en el seno de una mujer y allí esperó; nacido, no se apresuró en crecer; y adulto, no buscó ser conocido; más bien vivió en condición despreciable. Por su siervo fue bautizado, y rechaza los ataques del tentador con sólo palabras. De rey se hace maestro para enseñar a los hombres cómo se alcanza la salvación; buen conocedor de la paciencia, enseña por ella el perdón de las culpas. "No clamará, ni alzará, ni hará oír su voz en las plazas. No quebrará la caña cascada, ni apagará el pábilo que humeare; sacará el juicio a verdad" (Is. 42:2, 3). No había mentido el profeta, antes bien testimoniaba que Dios coloca su Espíritu en el Hijo con la plenitud de la paciencia. Porque recibió a todos cuantos lo buscaron; de ninguno rechazó ni la mesa ni la casa. Él mismo sirvió el agua para lavar los pies de sus discípulos. No despreció a los pecadores ni a los publicanos. Ni siquiera se disgustó contra aquel pueblo que no quiso recibirlo, aun cuando los discípulos quisieron hacer sentir a gente tan incrédula el fuego del cielo (Lc. 9:52-56). Sanó a los ingratos y toleró a los insidiosos. Y si todo esto pudiera parecer poco, todavía aguantó consigo el traidor sin jamás delatarlo. Y cuando fue entregado, lo condujeron como oveja al sacrificio sin quejarse, como cordero abandonado a la voluntad del esquilador (Is. 53:7; Hch. 8:32). Y Él, que si hubiese querido, con una sola palabra hubiera podido hacer venir legiones de ángeles, ni siquiera toleró la espada vengadora de uno solo de sus discípulos (Mt. 26:51-53). Allí precisamente no fue herido Malco, sino la paciencia del Señor. Por cuyo motivo maldijo para siempre el uso de la espada, y le dio satisfacción a quien Él no había injuriado, restituyéndole la salud por medio de la paciencia, madre de la misericordia. No insistiré en que fue crucificado porque para eso había venido; pero acaso, ¿era necesario

que su muerte fuese afrentada con tantos ultrajes? No; pero se le escupió, se le flageló, se le escarneció, le cubrieron de sucias vestiduras y fue coronado de las más horrorosas espinas.

2. ¡Oh maravillosa y fiel equidad! Él, que había propuesto ocultar su divinidad bajo la condición humana, absolutamente nada quiso de la impaciencia humana. ¡Esto es sin duda lo más grande! Por esto sólo, ¡oh fariseos!, deberíais haber reconocido al Señor, porque nadie jamás practicó una paciencia semejante. La magnitud de tal y tanta paciencia es una excusa para que la gente rehúse la fe; pero para nosotros es precisamente su fundamento y su razón; y tan suficientemente clara que no sólo creemos movidos por las enseñanzas del Señor, sino también por los padecimientos que soportó. Para los que gozamos del don de la fe, estos padecimientos prueban que la paciencia es algo natural de Dios, efecto y excelencia de alguna cualidad divina.[4]

Él, que había propuesto ocultar su divinidad bajo la condición humana, absolutamente nada quiso de la impaciencia humana. ¡Esto es sin duda lo más grande!

[4] "La misma debilidad de Dios procede de su omnipotencia" (Agustín, *La ciudad de Dios*, XIV, 9).

4

La paciencia obra obediencia

Pero no ha de creerse que la obediencia sea cosa extraña a la paciencia, pues aquélla nace de ésta. Jamás un impaciente puede ser generoso; como tampoco un paciente puede resultar desagradable.

1. Ahora bien, si observamos que son los mejores siervos los que soportan con buena voluntad el humor de su amo y lo sirven para merecer un premio que es fruto de su dedicación y de su complaciente sumisión, ¿cuánto más no debemos nosotros estar solícitos en el servicio del Señor, siendo servidores de un Dios vivo, cuyo juicio no tiene por castigo grillos de esclavitud, ni como premios gorros de libertad, sino penas o dichas eternas?[5]

2. Evitemos por tanto, su severidad, y ganémonos su liberalidad sirviéndole con tanto mayor empeño cuanto más grande es el castigo con que amenaza y mayor el galardón que promete.[6] Nosotros exigimos que nos sirvan no tan sólo los criados y aquellas otras personas que por algún derecho nuestro nos están obligadas, sino también los mismos animales domésticos y aun todas las bestias, porque entendemos que Dios las ha destinado y sometido a nuestro uso, y hasta parece que supiesen que deben obedecernos; y ¿será posible entonces que siendo tan buenos servidores nuestros los que Dios nos ha sometido, nosotros dudemos luego en obedecerle a Él, Señor universal, de quien somos súbditos? ¡Cuánta injusticia y cuánta ingratitud! No es posible que la obediencia que se nos guarda por bondad de Dios, luego se la neguemos a Él nosotros mismos.

3. No he de insistir sobre esta nuestra obligación de obedecer a un Señor que es Dios; bastará que uno la reconozca para que luego sepa cuál sea su deber para con Él. Pero no ha de creerse, sin embargo, que la obediencia sea cosa extraña a la paciencia, pues aquélla nace de ésta. Jamás un impaciente puede ser generoso; como tampoco un paciente puede resultar desagradable. Por consiguiente, ¿cómo no vamos a discurrir intensamente acerca de la

---

[5] En la literatura antigua, los grillos que impiden caminar simbolizaban la esclavitud; y el derecho de usar gorro, la libertad.

[6] Cf. Hebreos 10:36: "Porque la paciencia os es necesaria, para que, habiendo hecho la voluntad de Dios, obtengáis la promesa".

excelencia de una virtud que el mismo Señor, Dios conocedor y apreciador de todo lo bueno, la ostentó en su misma persona? ¿Y quién puede dudar que un bien de Dios tiene que apreciado con todas las fuerzas por aquellos que son de Dios? En esto, como en un compendio de su valor y defensa, se funda la alabanza y la recomendación de la paciencia.

¿Quién puede dudar que un bien de Dios tiene que ser apreciado con todas las fuerzas por aquellos que son de Dios?

5

La impaciencia procede del maligno

Así como la paciencia se halla en Dios, su enemiga la impaciencia es concebida y nace de nuestro enemigo. Con semejante origen queda patente cuán directamente la impaciencia es contraria a la fe.

1. Proseguiremos pues, en nuestra disertación ya que no es simple ocio, sino más bien de utilidad el que se traten argumentos fundamentales para la fe. La locuacidad, aun cuando sea condenable casi siempre, no lo es si se entretiene con temas edificantes. Ahora bien, cuando se investiga sobre alguna cosa buena, el método exige que se estudie también lo que le es opuesto, porque de esta manera se verá más claro lo que deba seguirse y, por consiguiente, más preciso lo que deba evitarse. Tratemos ahora, pues, de la impaciencia.

2. Así como la paciencia se halla en Dios, su enemiga la impaciencia es concebida y nace de nuestro enemigo. Con semejante origen queda patente cuán directamente la impaciencia es contraria a la fe. Porque lo concebido por el enemigo de Dios, en nada puede ser favorable a las cosas de Dios; y este mismo antagonismo sirve no sólo entre las obras, sino también entre sus autores.

3. Y siendo Dios óptimo y el diablo por el contrario, pésimo, se deduce que por esta oposición esencial no pueden ser entre sí indiferentes; porque es imposible imaginarnos que algún bien nazca del mal; como tampoco que algún mal se origine del bien. Por consiguiente, yo descubro los principios de la impaciencia en el mismo diablo al no soportar con paciencia que Dios sometiese la creación entera al que era su imagen, es decir al hombre. Porque, en efecto, no se hubiera dolido si lo hubiese soportado, ni hubiera envidiado al hombre si no se hubiese dolido. Por esto engañó, porque envidiaba; y envidiaba porque le dolía; y le dolía por impaciente.[7] No me preocupa averiguar si este ángel de perdición haya sido primero malo o impaciente, siendo evidente que la impaciencia nace con la maldad y la maldad viene de la impaciencia; y luego, unidas entre sí e indisolubles, crecen en el seno mismo de su padre. Y como éste ya desde el principio

---

[7] Cf. Sabiduría 2:24: "Por la envidia del diablo entró la muerte en el mundo y la experimentan los que le pertenecen".

conocía por dónde entraba el pecado, e instruido por propia experiencia sobre lo que más ayuda a delinquir, llamó a la impaciencia en su ayuda para poder arrojar el hombre al crimen.

La impaciencia originó el primer pecado y es la madre de todos ellos

4. No puede tachárseme de temerario si afirmo que cuando la mujer se le acercó, en ese mismo instante se le inoculó la impaciencia por el aire mismo de la conversación con el diablo; de tal manera que nunca jamás pecara si con paciencia hubiese respetado la divina prohibición. Después, no soportando ella sola su caída, impaciente por hablar, acércase a Adán, que no siendo todavía su marido no tenía obligación de atenderla,[8] y así lo convierte en transmisor de una culpa que ella había sacado del mal. De este modo perece Adán por la impaciencia de Eva. Luego perece él mismo por culpa de su propia impaciencia, pues, en cuanto al mandato divino, no lo guardó; y en cuanto a la tentación diabólica, no la rechazó. Así, donde nació el delito, surgió la primera sentencia; y cuando comenzó el pecado del hombre, entonces aparece la justicia de Dios. Además, con la primera indignación de Dios, se revela también su primera paciencia, pues suavizó la violencia del castigo maldiciendo tan sólo al diablo.[9]

Donde nació el delito, surgió la primera sentencia; y cuando comenzó el pecado del hombre, entonces aparece la justicia de Dios. Además, con la primera indignación de Dios, se revela también su primera paciencia, pues suavizó la violencia del castigo maldiciendo tan sólo al diablo.

5. Y fuera de este delito de impaciencia, ¿qué otro crimen había cometido el primer hombre? Era inocente, íntimo de Dios, moraba en el Paraíso; pero tan pronto cedió a la impaciencia perdió la sabiduría divina y la capacidad de gozar de los bienes celestiales. Desde entonces es condenado a trabajar la tierra; y desterrado de la presencia de Dios comenzó a ser dominado fácilmente por la impaciencia; y así por todo lo demás, con que luego seguiría ofendiendo a Dios; porque no bien fue concebido este germen diabólico y fecundado por la maldad, procreó una hija, la ira, que ya nació amaestrada en toda

[8] Para Tertuliano, Adán y Eva sólo habrían sido esposos después del pecado, al ser expulsados del Paraíso.

[9] "Dios dijo a la serpiente: Por cuanto esto hiciste, maldita serás entre todas las bestias y entre todos los animales del campo; sobre tu pecho andarás, y polvo comerás todos los días de tu vida" (Gn. 3:14).

clase de maldades. De este modo la impaciencia que había sumergido a Adán y a Eva en la muerte, también enseñó a su hijo Caín cómo ser homicida.

6. En vano atribuiría yo todo esto a la impaciencia, si Caín –el primer homicida y primer fratricida– hubiese soportado pacientemente el justo rechazo de sus ofrendas, si no se hubiera encolerizado contra su hermano, si finalmente a nadie hubiese matado. Porque ciertamente sin ira no habría matado, ni sin impaciencia se hubiese airado; lo cual prueba que la ira realizó lo que la impaciencia había planeado. Éstos son en verdad los principios de la impaciencia, todavía niña, aún en la cuna. Después, ¡cuánto horror con su rápido crecimiento! Porque si la impaciencia fue la primera en delinquir, se sigue que ella no sólo fue la primera, sino también la única madre de todos los delitos. Como de su fuente, arrancan de ella los distintos canales de toda clase de crímenes.

Si la impaciencia fue la primera en delinquir, se sigue que ella no sólo fue la primera, sino también la única madre de todos los delitos. Como de su fuente, arrancan de ella los distintos canales de toda clase de crímenes.

Todo mal es impaciencia contra el bien

7. Ya hablé del homicidio. El primero de los cuales lo ejecutó la ira, sin embargo tanto éste como los demás pecados que siguieron después, tienen por causa y origen a la impaciencia. A quien comete homicidio –sea por enemistad o por robo– antes que el odio o la avaricia, lo impulsó la impaciencia. Ninguna violencia existe que no sea fruto maduro de la impaciencia. ¿Quién se hubiera insinuado hasta el adulterio si no hubiese sido impacientado por la lujuria? ¿Qué empuja a las mujeres a la venta de su honestidad, sino la impaciencia de conseguir el precio de la propia explotación? Y como éstos, todos los demás crímenes que son gravísimos ante Dios. Tan cierto es, que en resumen puede afirmarse: todo pecado ha de atribuirse a la impaciencia porque todo mal es impaciencia contra el bien.

8. En efecto, el impúdico se impacienta contra la honestidad; el perverso, contra la bondad; el impío, contra la piedad; y el revoltoso, contra la tranquilidad. A tal punto, que para hacerse malo basta no soportar el bien. ¿Cómo, pues, no va Dios, reprobador de malos, a ofenderse contra tal monstruo de pecados? ¿Acaso no es cosa clara que el mismo Israel pecó siempre contra Dios por impaciencia? ¿No fue por esto que, olvidándose del divino

poder que lo sacara de Egipto, exige de Aarón dioses conductores ofreciendo, para la fabricación de un ídolo, la contribución de su oro? (Éx. 32:1-6). ¿Y acaso no tomó como impaciencia las tan necesarias demoras de Moisés, que hablaba con Dios? ¿No es este mismo pueblo que, después de la nutridora lluvia del maná, después de la seguidora agua de la piedra, todavía desespera del Señor y no puede tolerar la sed de tres días?

Esta impaciencia le fue reprochada por Dios. No es necesario discurrir sobre cada uno de los demás casos, pues siempre pecaron por impaciencia.

9. Esta impaciencia le fue reprochada por Dios. No es necesario discurrir sobre cada uno de los demás casos, pues siempre pecaron por impaciencia. ¿Por qué maltrataron a los profetas, sino por la impaciencia de tener que oírlos?[10] Aun al mismo Señor, ¿no fue por la impaciencia de tenerlo que ver? ¡Se hubieran salvado de haber sido pacientes!

---

[10] Cf. Zacarías 7:11: "No quisieron escuchar, antes dieron hombro rebelado, y agravaron sus oídos para no oir"; Hechos 7:57: "Entonces dando grandes voces, se taparon sus oídos, y arremetieron unánimes contra él".

6

La paciencia es resultado de la gracia

Antes se exigía "diente por diente y ojo por ojo", se daba mal por mal, porque aún no había llegado a la tierra la paciencia, porque tampoco había llegado la fe.

1. Tan excelente es la paciencia que no sólo sigue a la fe, sino que incluso la precede. En efecto, creyó Abraham a Dios, y le fue contado por justicia (Gá. 3:6). Pero la paciencia probó su fe cuando le ordenó la inmolación de su hijo. Yo diría que no se probó su fe, sino que se lo destacó para modelo, porque bien conocía Dios a quien había aprobado por justo.[11] Y no sólo escuchó pacientemente tan grave mandato, cuya realización hubiera desagradado al Señor, sino que lo hubiera ejecutado si Dios lo hubiese querido. ¡Con razón bienaventurado, porque fue fiel; con razón fiel, porque fue paciente! De este modo, cuando la fe –gracias a una paciencia divina fue sembrada entre los pueblos por Cristo, descendiente de Abraham– colocó la gracia sobre la ley; para ampliar y cumplir la ley antepuso la paciencia como auxiliar, pues sólo ella era lo que faltaba a la enseñanza de la anterior justicia.

La antigua y la nueva dispensación

2. En efecto, antes se exigía "diente por diente y ojo por ojo", se daba mal por mal (Éx. 21:23-25 y Dt. 19:21), porque aún no había llegado a la tierra la paciencia, porque tampoco había llegado la fe. Entonces la impaciencia se gozaba de todas las oportunidades que le ofrecía la misma ley. Así acontecía antes que el Señor y Maestro de la paciencia, hubiese venido. Pero cuando hubo llegado, la paciencia unió la gracia a la fe; entonces ya no fue lícito herir ni siquiera con una palabra, ni tampoco tratar de necio sin correr el riesgo de ser juzgado (Mt. 5:21, 22). Vedada pues la ira, calmados los ánimos, dominado el atrevimiento de la mano, vaciado el veneno de la lengua,

---

[11] Cf. lo que dice en *La oración*: "Aquella debilidad y rencor pertenece al Diablo. Porque, hasta en el caso de Abraham, Dios había ordenado el sacrificio de su hijo no para tentar su fe, sino para probarla, para que en él Dios pudiera poner en adelante un ejemplo de su precepto por el cual nos enseña que nadie debe amar más a los suyos que a Dios" (8, 3).

la ley consiguió mucho más que lo que perdía, conforme a las palabras de Cristo que dice: "Amad a vuestros enemigos, bendecid a los que os maldicen y orad por vuestros perseguidores para que podáis ser hijos del Padre celestial" (Mt. 5:44). ¡Observa qué Padre nos consiguió la paciencia! Por este capital precepto queda sancionada la universal doctrina de la paciencia, pues ni siquiera se permite tratar mal a los mismos que lo merecen.

Por este capital precepto queda sancionada la universal doctrina de la paciencia, pues ni siquiera se permite tratar mal a los mismos que lo merecen.

7

Generosos en dar, pacientes en perder

Inspirándonos el despego de los bienes de este mundo, nos exhorta a la paciencia, demostrándonos que si despreciamos las riquezas no debe angustiarnos que las perdamos. Perdamos, por lo tanto, con gusto lo que es terreno y defendamos lo celestial. Es preferible perder todo lo de este mundo, si con ello nos enriquecemos de paciencia.

1. Hemos tratado ya sobre las causas de la impaciencia, ahora veremos otras obligaciones según se vayan presentando. Si el ánimo se halla perturbado a causa de la pérdida de los bienes de la fortuna, le aconsejamos con múltiples lugares de la Sagrada Escritura a despreciar el siglo. No puede encontrarse mejor exhortación al desprendimiento de las riquezas que el ejemplo de Jesucristo, que no poseyó ningún bien temporal. Siempre ensalza a los pobres (Lc. 6:20); y a los ricos los amenaza con la condenación (Lc. 6:24).

2. Inspirándonos el despego de los bienes de este mundo, nos exhorta a la paciencia, demostrándonos que si despreciamos las riquezas no debe angustiarnos que las perdamos. De ninguna manea hemos de apetecerlas, pues el Señor no estuvo apegado a ellas, sino que hemos de soportar sin pena su disminución y aun su pérdida. El Espíritu del Señor, por medio del apóstol, declaró: "El amor al dinero es la raíz de todos los males" (1ª Ti. 6:10). Y esto lo interpretamos diciendo que no está la avaricia tan sólo en el afán de lo ajeno, sino también en lo que parece ser nuestro; que en realidad es ajeno. Nada en verdad es nuestro, ni siquiera nosotros, por cuanto todo es de Dios. Si resentidos por haber sufrido alguna pérdida caemos en la impaciencia, doliéndonos de la pérdida de algo que no era nuestro, entonces estamos cerca de ser víctimas de la avaricia. Codiciamos lo ajeno cuando con amargura sufrimos la pérdida de lo que no era nuestro.

3. El que se impacienta por las pérdidas, antepone lo terreno a lo celestial y muy de cerca peca contra Dios, pues ultraja al Espíritu que de Él hemos recibido, posponiéndolo a las cosas terrenales. Perdamos, por lo tanto, con gusto lo que es terreno y defendamos lo celestial. Es preferible perder todo lo de este mundo, si con ello nos enriquecemos de paciencia. El que no se halla dispuesto a soportar el menoscabo proveniente del robo o de la violencia, o quizás del propio descuido, ignoro con qué facilidad y buena gana pueda extender su mano para dar

limosna. Porque, ¿acaso se herirá a sí mismo, quien de ninguna manera tolera ser herido por otro? El perder con paciencia enseña a dar con liberalidad. No lamenta ser generoso quien no teme la privación; porque de otra manera, "¿cómo el que tiene dos túnicas dará una al que no tiene? ¿Cómo al que roba la túnica ofrecemos la capa?" (Mt. 5:40). Y "¿cómo nos fabricaremos amigos con las riquezas" (Lc. 16:9) si las amamos tanto que no soportamos perderlas?

4. Nos perderemos con lo perdido. Porque, ¿encontraremos algo en este mundo que no debamos perder?[12] Es propio de los gentiles mostrar impaciencia por cualquier pérdida, porque ellos estiman al dinero más que a sus almas. Esto se deduce por cuanto se los ve que, dominados por la avaricia de las ganancias, soportan los grandes peligros del mar; o cuando por avidez de dinero defienden en los tribunales causas que ni siquiera dudan que están perdidas; o se contratan para los juegos y se enganchan en el ejército como mercenarios; y cuando, finalmente, asaltan en los caminos como si fueran bestias. Nosotros, en cambio, que tanto nos diferenciamos de ellos, nos conviene dejar no el alma por el dinero, sino el dinero por el alma; o sea, ser generosos en dar y pacientes en perder.

Nosotros, que tanto nos diferenciamos de ellos, nos conviene dejar no el alma por el dinero, sino el dinero por el alma; o sea, ser generosos en dar y pacientes en perder.

[12] Cf. Mateo 10:39: "El que hallare su vida, la perderá; y el que perdiere su vida por causa de mí, la hallará".

8

Tolerar con paciencia las afrentas

Si el veneno de una lengua reventase afrentándote o maldiciéndote, mira lo que fue dicho: "Cuando se os maldijere, gozaos". El mismo Señor ha sido maldecido en la ley, no obstante ser el único bendito.

1. Los que en esta vida llevamos no sólo el cuerpo, sino la propia alma expuesta a la injuria de todos, y además hemos de sobrellevarlo todavía con paciencia, ¿nos vamos a sentir heridos por algún pequeño daño? ¡Lejos del siervo de Cristo una torpeza tal, como sería la que una paciencia ejercitada para afrontar pruebas muy grandes viniese luego a quebrarse delante de unas pequeñeces! Por lo tanto, si alguno se atreviera a provocarte con su propia mano, hállese pronta la admonición del Señor, que dice: "Al que te hiriere en el rostro, ofrécele también la otra mejilla" (Mt. 5:39). Que tu paciencia agote a la maldad, cuyo golpe, ya sea de dolor como de afrenta, será frustrado y más gravemente contestado por el mismo Dios. Pues, más castigas al mal cuanto más lo soportas; y más castigado será por Aquel por quien lo sufres.[13]

2. Y si el veneno de una lengua reventase afrentándote o maldiciéndote, mira lo que fue dicho: "Cuando se os maldijere, gozaos" (Mt. 5:12). El mismo Señor ha sido maldecido en la ley, no obstante ser el único bendito (Dt. 21:23; Gá. 3:13). Por consiguiente, nosotros sus siervos, sigamos al Señor, y con paciencia soportemos el ser maldecidos para lograr ser bendecidos. Y cuando con escasa moderación se diga algo insolente o mal en contra de mí, entonces sería necesario que yo respondiese con idéntica amargura o con un silencio lleno de impaciencia; pero si por haber sido maldecido tuviese que maldecir, ¿cómo me he de considerar seguidor de las enseñanzas del Señor, las cuales afirman que el hombre no se mancha con la suciedad de los vasos, sino con lo que sale de su boca? (Mr. 7:15). Y además, ¿no hemos de dar cuenta de toda palabra vana y superflua? (Mt. 12:36). De todo lo cual se sigue que el Señor quiere apartarnos de ese mismo mal, que nos enseña a tolerar con paciencia cuando nos viene de otro.

---

[13] Cf. Romanos 12:20: "Así que, si tu enemigo tuviere hambre, dale de comer; si tuviere sed, dale de beber; que haciendo esto, ascuas de fuego amontonas sobre su cabeza".

3. Y ahora considera tú cuánta sea la ventaja de la paciencia; porque toda injuria –proceda de la lengua o de la mano– que intenta herirla se despunta con el mismo golpe, como dardo arrojado contra una piedra de inalterable dureza. Su intento, pues, es inútil e infructuoso; y todavía quizás con golpe de retorno se hiera el mismo que había arrojado la flecha. Luego, es evidente que el que desea herirte lo hace para que sufras, pues la ganancia del heridor se mide por el dolor del herido. Por tanto, si inutilizas su ganancia no doliéndote, es él quien deberá sufrir al ver frustrado su deseo. Entonces tú, no sólo saliste ileso, que es lo que más importa, sino que además de verte libre del dolor, todavía gozarás por haber malogrado la intención de tu adversario. He aquí cuánta sea la utilidad y la ventaja de la paciencia.

Es evidente que el que desea herirte lo hace para que sufras, pues la ganancia del heridor se mide por el dolor del herido. Por tanto, si inutilizas su ganancia no doliéndote, es él quien deberá sufrir al ver frustrado su deseo.

9

La paciencia y la esperanza de la resurrección ante el dolor de muerte

Constándonos la resurrección de los muertos, está demás el dolor por la muerte, y con mayor razón está de más la impaciencia de ese dolor.

1. Ni siquiera esa especie de impaciencia que se origina de la pérdida de las personas allegadas, tiene excusa, aun cuando la defienda tan especial sentimiento de afecto. Hay que anteponerle el respeto debido a la intimación del apóstol, que dice: "No os entristezcáis por la muerte de nadie, como los gentiles, que no tienen esperanza" (1ª Ts. 4:13).[14] Y con razón. Si creemos en la resurrección de Cristo, creemos también en la nuestra, pues Él por nosotros murió y resucitó (Ro. 8:34). Luego, constándonos la resurrección de los muertos, está demás el dolor por la muerte, y con mayor razón está de más la impaciencia de ese dolor. ¿Por qué, pues, te has de afligir si crees que no ha perecido? ¿Por qué has de llevar con impaciencia que se haya ido momentáneamente, el que crees que deba volver? Ausencia es lo que juzgas muerte. No se ha de llorar al que se nos adelante, sino tratar de alcanzarlo.[15]

2. Sin embargo, este mismo deseo de alcanzarlo, también debe ser moderado por la paciencia. En efecto, ¿por qué has de sufrir con impaciencia la partida de aquel a quien pronto has de seguir? Por lo demás, en estas cosas la impaciencia habla mal de nuestra esperanza y es traición a nuestra fe. Asimismo ofendemos a Cristo cuando lloramos, como si fueran infelices, a los que fueron llamados por Él. ¡Cuánto mejor expresa el deseo de los cristianos lo que dice el apóstol!; "Deseo ser desatado, y estar con Cristo, lo cual es mucho mejor" (Fil. 1:23). Por lo tanto, si con impaciencia sufrimos por los que alcanzaron su descanso, mostramos no quererlos alcanzar.

---

[14] "Tampoco, hermanos, queremos que ignoréis acerca de los que duermen, que no os entristezcáis como los otros que no tienen esperanza" (RV).

[15] Aunque desde su punto de vista Tertuliano tiene razón, no hay que olvidar atemperar este rigor, nacido del gozo y triunfo de la fe sobre la muerte, con el ejemplo de Jesucristo que "lloró" por la muerte de su amigo Lázaro (Jn. 11:35), o el dicho de Pablo: "Llorad con los que lloran" (Ro. 12:15).

10

La paciencia no se venga por sí misma

1. Otro estímulo muy grande de la impaciencia es la pasión de la venganza, tanto la que se pone a defender el honor como la que se comete por maldad. Esta clase de honra es siempre tan vana, como la maldad es siempre odiosa ante Dios. Y lo es muy especialmente en este caso en que uno, provocado por la maldad de otro, se constituye a sí mismo en juez con el fin de ejecutar la venganza. Esto es pagar con un nuevo mal; es duplicar el que se había cometido tan sólo una vez. Entre los malvados la venganza es considerada como un consuelo;[16] pero entre los buenos se la detesta como un crimen. ¿Qué diferencia hay entre el provocador y el que a sí mismo se provoca? Que aquél comete el pecado antes, y éste lo comete después. Pero tanto el uno como el otro, son reos de crimen ante Dios, que prohíbe y condena cualquier clase de maldad.

Otro estímulo muy grande de la impaciencia es la pasión de la venganza, tanto la que se pone a defender el honor como la que se comete por maldad. Esta clase de honra es siempre tan vana, como la maldad es siempre odiosa ante Dios.

2. Ser el primero o el segundo en pecar no establece diferencia; ni el lugar distingue lo que iguala la semejanza del crimen. Porque de un modo absoluto está mandado que no se devuelva mal por mal (Ro. 12:17). Por tanto, a iguales acciones corresponde igual merecido. ¿Cómo observaremos, pues, este precepto si de veras no despreciamos la venganza? A más de esto, si nos apropiamos el arbitrio de nuestra defensa, ¿qué clase de honor tributamos a Dios, que es nuestro Señor? Cualesquiera de nosotros –con ser vasos de barro– nos sentimos muy ofendidos cuando nuestros siervos se toman ellos mismos venganza contra sus compañeros. Por el contrario, no sólo alabamos a los que, recordando su humilde condición y el respeto debido a los derechos de su señor, nos ofrecen su paciencia dejando una satisfacción mucho más grande que aquella que ellos hubieran podido exigir. Ahora bien, ¿y esto mismo se lo negaremos nosotros a Dios, que es tan justo en evaluar y tan poderoso en realizar? ¿Qué cosa pensamos de este juez si no lo consideramos capaz de hacernos

---

[16] Dulce venganza, se suele llamar.

justicia? Y sin embargo, esto es lo que precisamente nos exige cuando dice: "Mía es la venganza y el pago", dejadme la venganza, que yo me vengaré (Dt. 32:35; Ro. 12:19). Es decir: dame tu paciencia que yo la he de premiar.[17]

3. Y cuando nos dice: "No quieras juzgar para no ser juzgado" (Mt. 7:1), ¿no nos exige la paciencia? ¿Y quién es el que no juzga a otro, sino el que es paciente y no se defiende? Además, ¿quién es el que juzga para perdonar? Porque si perdona, entonces se libra de la impaciencia propia del juez y roba, por tanto el honor al único juez, esto es a Dios. En verdad, ¡cuántos desastres causa la impaciencia! ¡Cuántas veces hubo que arrepentirse de haberse vengado! ¡Y en cuántas otras, la fuerza de la venganza fue más dañina que las ofensas que la motivaron! Porque nada comenzado por la impaciencia ha podido concluir sin violencia. ¡Ni nada hay realizado por la violencia que no ofenda, que no arruine y que no caiga precipitadamente! Por otro lado, si la venganza es menor que la ofensa, te enloqueces; y si mayor, te abrumas. ¿Para qué, pues, la venganza si la impaciencia de su dolor no me deja dominar su violencia? Si, por el contrario, descanso sobre la paciencia, no sufriré, y no teniendo de qué sufrir no tendré tampoco de qué vengarme.

En verdad, ¡cuántos desastres causa la impaciencia! ¡Cuántas veces hubo que arrepentirse de haberse vengado! ¡Y en cuántas otras, la fuerza de la venganza fue más dañina que las ofensas que la motivaron!

[17] "La afrenta que se me hizo tiene a Dios por juez: a Él recurro con mi querella" (Gregorio Niseno, *Epis ad Flav.*)

11

Dios castiga y reprende a los que ama

1. Después de haber tratado, dentro de nuestras posibilidades, los temas principales sobre la paciencia, ¿sobre qué otros trataremos? ¿Serán los de casa o los de fuera? Abundante y extensa es la labor del demonio. Variadísimos los dardos de este arquero dañino (Ef. 6:16). A veces son pequeños y otras muy grandes. A los menores los desprecias en razón de su misma pequeñez; pero de los mayores, ¡huye a causa de su violencia! Cuando la injuria es pequeña, entonces no es necesaria la paciencia; pero cuando es grande, entonces sí que la paciencia es muy necesaria para curar la injuria. Esforcémonos en superar los daños que nos inflija el maligno; de modo que la competencia de nuestra serenidad de ánimo supere la astucia del enemigo. Cuando nosotros mismos, por imprudencia o capricho, nos causamos daño, sufrámoslo con paciencia ya que somos culpables. Y si creemos que Dios nos prueba, ¿a quién hemos de mostrar mayor paciencia que al Señor? Porque además de habernos enseñado a sufrir con alegría, le debemos agradecer que se haya dignado hacernos objeto de un castigo divino; pues dice: "Yo a los que amo castigo" (He. 12:6; Ap. 3:19). ¡Oh feliz el siervo de cuya corrección se interesa el Señor![18] ¡Dichoso aquel contra quien se digna enojarse y a quien corrigiendo nunca engaña con disimulo!

Si creemos que Dios nos prueba, ¿a quién hemos de mostrar mayor paciencia que al Señor? Porque además de habernos enseñado a sufrir con alegría, le debemos agradecer que se haya dignado hacernos objeto de un castigo divino.

Sólo el humilde es paciente

2. Como se puede ver, estamos siempre obligados al deber y servicio de la paciencia. De cualquier parte que venga la molestia: sea de nosotros, sea de las insidias del demonio o por amonestación de Dios, ha de intervenir la paciencia con su ayuda que, además de ser una virtud grande de su condición, es también una felicidad. ¿A

[18] Cf. Hebreos 12:7: "Si sufrís el castigo, Dios se os presenta como a hijos; porque ¿qué hijo es aquel a quien el padre no castiga?"

Nadie es pobre de espíritu perfectamente, sino el humilde, y ¿quién es humilde, sino el paciente? Pues nadie puede humillarse a sí mismo, si antes no tuvo paciencia en la sumisión.

quiénes, en efecto, llamó el Señor dichosos, sino a los pacientes? "Bienaventurados, dice, los pobres de espíritu porque de ellos es el reino de los cielos" (Mt. 5:3). Nadie es pobre de espíritu perfectamente, sino el humilde, y ¿quién es humilde, sino el paciente? Pues nadie puede humillarse a sí mismo, si antes no tuvo paciencia en la sumisión.

3. "Bienaventurados los mansos" (Mt. 5:5). De ninguna manera es posible suponer que estas palabras puedan referirse a los impacientes. Asimismo, cuando distingue los pacíficos con el título de dichosos y los llama hijos de Dios, ¿podrán por casualidad tenerse los impacientes por familiares de la paz? Necio sería quien tal pensase. Y cuando dice: "Gozaos y alegraos, porque vuestra recompensa es grande en los cielos" (Mt. 5:12). Ciertamente que no es a la impaciencia que se promete la alegría, porque nadie se goza en las adversidades si antes no las hubiese despreciado, y nadie puede despreciarlas sin la práctica de la paciencia.

12

Es imposible vivir sin paciencia

1. En cuanto a la práctica de la paz tan agradable a Dios, ¿podrá el que es totalmente hijo de la impaciencia perdonar a su hermano, no digo ya las setenta y siete veces o las siete, sino una sola vez por lo menos? ¿Quién será el que mientras se encamina al juez, pueda resolver su desacuerdo en forma amigable (Mt. 5:23, 24) si antes no amputa de su alma el dolor, la dureza y el resentimiento, verdaderas venas de la impaciencia? Ninguno que tenga el ánimo agitado contra su hermano podrá llevar su ofrenda al altar si antes no torna a la paciencia para poder reconciliarse con él. ¡Ay, cuánto peligro corremos si se pusiese el sol sobre nuestra ira![19] De aquí que no sea lícito vivir sin paciencia ni siquiera un solo día.

Ninguno que tenga el ánimo agitado contra su hermano podrá llevar su ofrenda al altar si antes no torna a la paciencia para poder reconciliarse con él.

La paciencia da lugar al arrepentimiento

2. Si la paciencia, como se ve, gobierna toda clase de enseñanzas saludables, no es de maravillar que también ayude a la penitencia, cuyo oficio es socorrer a los caídos. Y así, cuando roto el matrimonio por aquella causa que hace lícito al marido o a la esposa a sufrir con perseverancia un género de viudez,[20] entonces la paciencia ayuda a esperar, a desear y a rogar hasta que la penitencia llegue alguna vez a alcanzar la salvación del cónyuge descarriado. ¡Cuántos bienes le consigue la paciencia para cada uno de los dos! A uno lo ayuda a no ser adúltero; y al otro, lo corrige. También en este sentido tenemos las parábolas del Señor, llenas de santos ejemplos de paciencia. A la oveja perdida la busca y la encuentra la paciencia del pastor, pese a la impaciencia que, por tratarse únicamente de una sola, con facilidad la abandonara. Pero la paciencia se toma el trabajo de buscarla; y Aquel que es paciente, carga

---

[19] Cf. Efesios 4:26: "Airaos, y no pequéis; no se ponga el sol sobre vuestro enojo".

[20] Cf. Mateo 5:32: "Mas yo os digo, que el que repudiare a su mujer, fuera de causa de fornicación, hace que ella adultere; y el que se casare con la repudiada, comete adulterio".

De este modo se salvó el que había perecido porque encontró a la paciencia, sin la cual no hubiese hallado la penitencia.

sobre sus hombros a la pecadora perdida (Lc. 14:3-5). Así también la paciencia del padre acoge, viste y alimenta al hijo pródigo; y todavía lo defiende de la disgustada impaciencia del hermano (Lc. 14:11-32). De este modo se salvó el que había perecido porque encontró a la paciencia, sin la cual no hubiese hallado la penitencia.

El amor se ejercita en la paciencia

3. El mismo amor –sacramento máximo de la fe y tesoro del nombre cristiano, exaltada por el apóstol con toda la inspiración del Espíritu Santo– acaso ¿no se forja en las enseñanzas de la paciencia? En efecto, dice: «La caridad es sufrida», esto supone a la paciencia. «Es benigna»; la paciencia no hace ningún mal. «No es envidiosa»; y esto es propio de la paciencia. «Ni se ensoberbece»; de la paciencia aprende a ser modesta. «No es injuriosa»; tampoco la paciencia. La caridad «no busca lo suyo»; la paciencia ofrece el suyo si a otro le aprovecha; «ni se irrita», y sino ¿qué le quedaría a la impaciencia? «Por tanto –añade– la caridad todo lo soporta, todo lo tolera», y todo esto porque es paciente. Con razón «nunca pasará» mientras las demás virtudes se desvanecerán, pasarán. El don de lenguas, las ciencias, las profecías concluyen. En cambio la fe, la esperanza y la caridad permanecen: la fe, que ha sido traída por la paciencia de Cristo; la esperanza, que es ayudada por la paciencia de los hombres; y la caridad, a la cual acompaña la paciencia enseñada por Dios mismo (1ª Co. 13).

13

La paciencia ejercita el cuerpo para el día de la prueba

1. En fin, hasta aquí se ha tratado de una paciencia espiritual y uniforme, constituida tan sólo en el alma; pero también la paciencia alcanza méritos delante de Dios de muchísimas maneras por medio del cuerpo. Este tipo de paciencia lo reveló el Señor por medio de la fortaleza de su cuerpo. Por tanto, si el alma guía al cuerpo, con facilidad le comunica la paciencia estableciéndola en él como en su morada. Pero, ¿qué clase de ganancias hará la paciencia por medio del cuerpo? En primer lugar, gana con la mortificación de la carne, que es un sacrificio de humildad que aplaca a Dios. Le ofrece al Señor el desaliño y la pobreza de la comida, contentándose con un alimento sencillo y beber agua pura. Se enriquece si a esto añade el ayuno, y cuando consigue acostumbrar el cuerpo a la penitencia y a la modestia en el vestir.

Si el alma guía al cuerpo, con facilidad le comunica la paciencia estableciéndola en él como en su morada.

2. Esta paciencia corporal hace recomendables las oraciones y asegura las plegarias porque abre los oídos de Cristo, nuestro Dios, desvaneciendo su severidad y provocando su clemencia. Así fue cómo aquel rey de Babilonia –que por haber ofendido al Señor, se vio privado durante siete años de la forma humana (Dn. 4:25-31)– ofreciendo la paciencia de su cuerpo sacrificado por la penitencia y la sordidez, recuperó el reino y satisfizo a Dios, que es lo que más deben desear los hombres. Pero más altos aún y más dichosos grados de paciencia corporal hemos de indicar, como que ella eleva a la santidad la continencia de la carne; sostiene a la viudez, conserva la virginidad, y al voluntario eunuco lo levanta hasta el reino de los cielos (Mt. 19:12). Todo lo cual nace de las fuerzas del alma; pero se perfecciona en la carne, que con la ayuda de la paciencia triunfa finalmente en las persecuciones. Y cuando aprieta la fuga, la carne lucha contra las incomodidades de la huida; y cuando la cárcel oprime, la carne sufre las cadenas, el cepo, la dureza del suelo, la privación de la luz y la falta de lo necesario para la vida.

Cuando el Señor afirmó de la carne que era débil, entonces nos enseñó que era necesario fortalecerla con la paciencia contra todo lo que sería inventado para castigar y arrancar la fe.

3. Y si la sacan para experimentar la felicidad del segundo bautismo[21] elevándola a la altura del divino trono, entonces nada la ayuda tanto como la paciencia del cuerpo, pero si «el espíritu está pronto», sin la paciencia «la carne es débil» (Mt. 26:41). De esta manera ella es la salvación para el espíritu y para la misma carne. Cuando el Señor afirmó de la carne que era débil, entonces nos enseñó que era necesario fortalecerla con la paciencia contra todo lo que sería inventado para castigar y arrancar la fe; a fin de que con toda constancia pudiera tolerar los látigos, el fuego, la cruz, las bestias y la espada, todo lo cual lo dominaron con el sufrimiento los profetas y los apóstoles.

---

[21] Se refiere al martirio.

14

Ejemplos bíblicos de paciencia

1. Contando con las fuerzas de la paciencia, Isaías no dejó de profetizar del Señor, sino cuando fue aserrado vivo.[22] Esteban, mientras era apedreado, pedía perdón para sus enemigos (Hch. 7:59-60). ¡Qué dichosísimo fue Job, el cual con toda clase de paciencia, desbarató todas las fuerzas del diablo! Jamás negó a Dios la paciencia ni la fe que le debía; ni cuando le arrebataron su hacienda, ni la totalidad de sus rebaños; ni cuando de un solo golpe perdió a sus hijos bajo las ruinas de la casa; ni siquiera cuando fue atormentado por una úlcera que cubría todo su cuerpo. ¡Contra él inútilmente ejercitó el diablo todas sus fuerzas! Éste es el mismo que, torturado por tantísimos dolores, jamás faltó al respeto a Dios, sino que se constituyó para todos nosotros en modelo y testimonio de la paciencia que debemos observar, tanto del espíritu como de la carne, tanto del alma como del cuerpo, para que no caigamos ante la pérdida de los bienes materiales, ni de las personas que nos son queridas, ni siquiera ante las aflicciones del cuerpo. ¡Qué féretro hizo Dios con este hombre para el diablo! ¡Qué estandarte desplegó contra el enemigo de su gloria, cuando este mortal, ante el amargo sucederse de los mensajeros, no abrió su boca sino para dar gracias a Dios; y cuando reprocha a su esposa que, hastiada de tantos males, le aconseja remedios perniciosos! Y ¿entre tanto? ¡Dios sonreía, mientras Satanás se despedazaba al ver cómo Job con gran serenidad de ánimo sacaba la asquerosa abundancia de sus llagas; o cuando se entretenía en devolver a sus cuevas y comida, los gusanos caídos de su destrozada carne!

¡Dios sonreía, mientras Satanás se despedazaba al ver cómo Job con gran serenidad de ánimo sacaba la asquerosa abundancia de sus llagas; o cuando se entretenía en devolver a sus cuevas y comida, los gusanos caídos de su destrozada carne!

2. Y así, este gran realizador de la victoria de Dios, después de haber mellado todos los dardos de las tentaciones con la armadura y el escudo de su paciencia, recuperó de Dios la salud de su cuerpo; y todo lo que había

[22] Según la tradición judía, Isaías murió aserrado por la mitad durante el reinado de Manasés, tradición a la que parece aludir Hebreos 11:37, y que es continuada por los escritores cristianos (Cf. Cirilo de Jerusalén, *Catequesis*).

Tan seguro estaba de Dios que dilató así su total alegría, soportando voluntariamente esta pérdida para no vivir sin algún motivo de ejercitar la paciencia.

perdido lo volvió a poseer por duplicado. Y si hubiese querido también los hijos se le hubieran restituido para que nuevamente fuera llamado padre por ellos. Prefirió, sin embargo, que se los devolviera en el último día. Tan seguro estaba de Dios que dilató así su total alegría, soportando voluntariamente esta pérdida para no vivir sin algún motivo de ejercitar la paciencia.[23]

[23] Aquí Tertuliano no sigue a la Escritura que en Job 42:13 dice que, al final de la prueba, Job "tuvo siete hijos y tres hijas".

15

La paciencia perfecciona todas las virtudes

1. El más excelente procurador de la paciencia es Dios. A tal punto que si en Él depositas la afrenta, será tu vengador; si el daño, restituidor; si el dolor, médico; y si la muerte, vivificador. ¡Cuánta fortuna la de la paciencia, que tiene a Dios por deudor! Y no sin razón; porque la paciencia defiende todo lo que Él estima, e interviene en todas sus determinaciones: defiende la fe, gobierna la paz, sostiene el amor, instruye la humildad, espera la penitencia, completa la confesión, modera la carne, protege el espíritu, refrena la lengua, contiene la mano, combate las tentaciones, desvía los escándalos, perfecciona el martirio, consuela al pobre, modera al rico, no apremia al débil ni agobia al fuerte, satisface al fiel, destaca al noble, recomienda el criado a su patrón y el patrón a Dios. La paciencia es adorno en la mujer y distinción en el varón. Se le ama en los niños, se le alaba en los jóvenes y se la admira en los ancianos; y siempre, en todo sexo y edad, es hermosa. ¡Apresúrense los que desean contemplar su rostro y ornamento! Es su cara muy serena y plácida; su frente lisa, sin arrugas de enojo ni de tristeza; gozosa y mesuradamente caídas las cejas; los ojos bajos por modestia, no por satisfacción, y los labios sellados por un silencio digno. Tiene el aspecto de persona inocente y segura. Mueve a menudo su cabeza con amenazante desdén contra el diablo. Finalmente, vístese de ropaje inmaculado, al talle de su cuerpo, sin ampulosidad ni arrastre.

¡Cuánta fortuna la de la paciencia, que tiene a Dios por deudor! Y no sin razón; porque la paciencia defiende todo lo que Él estima, e interviene en todas sus determinaciones.

Donde está Dios, allí se halla su hija la paciencia

2. Se sienta en el trono de aquel Espíritu dulcísimo y manso, que no quiso revelarse en medio del huracán, ni ocultarse en la tenebrosidad de la nube, sino en la serena brisa en la cual, a la tercera vez, Elías[24] lo vio sencillo y

[24] Cf. 1º Reyes 19:11-13: "Él le dijo: Sal fuera, y ponte en el monte delante de Jehová. Y he aquí Jehová que pasaba, y un grande y poderoso

La gracia, sin la compañía y ayuda de la paciencia, se sentiría molesta en cualquier lugar y tiempo, y no podría sufrir sola los ataques del enemigo sin los medios adecuados para poder resistirlos.

afable. Por tanto, donde está Dios, allí mismo se halla su hija la paciencia. Por lo cual, cuando el Espíritu de Dios desciende a un alma, la acompaña inseparablemente la paciencia. Si así no fuera, ¿moraría siempre con nosotros? Temo que no sería por mucho tiempo. Pues la gracia, sin la compañía y ayuda de la paciencia, se sentiría molesta en cualquier lugar y tiempo, y no podría sufrir sola los ataques del enemigo sin los medios adecuados para poder resistirlos.

---

viento que rompía los montes, y quebraba las peñas delante de Jehová; mas Jehová no estaba en el viento. Y tras el viento un terremoto; mas Jehová no estaba en el terremoto. Y tras el terremoto un fuego; mas Jehová no estaba en el fuego. Y tras el fuego un silvo apacible y delicado. Y cuando lo oyó Elías, cubrió su rostro con su manto, y salió, y se paró a la puerta de la cueva".

16

La falsa paciencia de los paganos

Honremos la paciencia de Dios y la de Cristo. Paguémosle con la nuestra, la que Él gastó por nosotros. Y ya que creemos en la resurrección del espíritu y de la carne, ofrezcámosle la paciencia de nuestra alma y la de nuestro cuerpo.

1. La paciencia cristiana es una norma, una ciencia, algo verdadero y celestial; absolutamente distinta de la pagana, que es terrena, falsa y afrentosa. El diablo quiso copiar también en esto al Señor, enseñando a sus secuaces una paciencia del todo suya. Por la intensidad se parecen; pero difieren por su objeto; lo que tiene la una de fuerza para el mal, lo tiene la otra para el bien.

2. Hablaré ahora de la paciencia diabólica. Ella hace que por una dote los maridos sean venales, o que por afán de dinero entreguen su esposa a la explotación. Ésta es también la paciencia que hace tolerar a los presuntos herederos tantos trabajos vergonzosos, condenándolos a ofrecer afectos falsos y obsequios obligados. Es la misma que encadena los parásitos hambrientos a sufrir protectores injuriosos, esclavizando su libertad a su glotonería. ¡Tales son las cosas que aprendieron los paganos de su paciencia! ¡Lástima que un nombre tan excelso, lo rebajen con acciones tan torpes! Porque la codicia los hace pacientes con sus esposas, con los ricos y con los poderosos; y tan sólo son impacientes con Dios.

3. Pero, váyase la tal paciencia a compartir con su amo el fuego que le espera. Por el contrario, nosotros honremos la paciencia de Dios y la de Cristo. Paguémosle con la nuestra, la que Él gastó por nosotros. Y ya que creemos en la resurrección del espíritu y de la carne, ofrezcámosle la paciencia de nuestra alma y la de nuestro cuerpo.

IV
LA ORACIÓN CRISTIANA

De oratione[1]

Vosotros oraréis así:
Padre nuestro que estás en los cielos,
santificado sea tu nombre.
Venga tu reino.
Sea hecha tu voluntad, como en el cielo,
así también en la tierra.
Danos hoy nuestro pan cotidiano.
Y perdónanos nuestras deudas,
como también nosotros perdonamos
a nuestros deudores.
Y no nos metas en tentación,
mas líbranos del mal;
porque tuyo es el reino,
y el poder, y la gloria,
por todos los siglos.
Amén.
Mateo 6:9, 10

[1] Escrito alrededor del año 192.

1

El vino nuevo de la oración

1. El Espíritu de Dios y la Palabra de Dios y la Razón de la Palabra-de-Dios de Razón;[2] y la Razón y el Espíritu de la Palabra-de-Jesucristo nuestro Señor, a saber, que es tanto lo uno como lo otro, ha determinado para nosotros, los discípulos del Nuevo Testamento una forma nueva de oración.[3] Porque en este particular también era conveniente que el vino nuevo fuera echado en pellejos nuevos y la pieza nueva cosida a la ropa nueva (Mt. 9:16, 17; Mr. 2:22; Lc. 5:36, 37).

Por la gracia nueva de Dios ha renovado todas las cosas de carnal en espiritual, que, con la venida del Evangelio, ha borrado completamente el sistema antiguo; por el cual nuestro Señor Jesucristo ha sido aprobado como el Espíritu de Dios, y la Palabra de Dios, y la Razón de Dios.

2. Además, independientemente de lo que haya prevalecido en los días antiguos, mucho ha sido quitado o abolido, como la circuncisión; o completado, como el resto de la Ley; o realizado, como las profecías; o traído a su perfección, como la fe misma. Por la gracia nueva de Dios ha renovado todas las cosas de carnal en espiritual, que, con la venida del Evangelio, ha borrado completamente el sistema antiguo; por el cual nuestro Señor Jesucristo ha sido aprobado como el Espíritu de Dios, y la Palabra de Dios, y la Razón de Dios: el Espíritu, por el cual Él fue poderoso; la Palabra, por la cual Él enseñó; la Razón, por Él vino.

La oración de Juan y la de Jesús

3. Así la oración compuesta por Cristo ha sido compuesta en tres partes.[4] En palabras, por las que la oración es articulada; en el espíritu, por el cual sólo ésta prevalece y por la razón que argumenta. El propio Juan había enseñado a sus discípulos a orar (Lc. 11:1), pero todas sus

[2] La Palabra de Dios expresa la razón y la posee.

[3] Esta frase es de difícil traducción, aunque lo que Tertuliano quiere enseñar resulta bastante claro: Así como Cristo es Espíritu, Palabra y Razón, la oración que Él nos enseñó también está formada por palabra, espíritu y razón.

[4] La edición de Pamelio dice: "La oración compuesta por Cristo se componía de tres partes: el lenguaje, por la que es enunciada; el espíritu, por el que prevalece, y la razón, por la que es enseñada". Rigaltio y editores posteriores escriben: "de razón, por la que es concebida", pero esta cláusula falta en los manuscritos.

Y así, hermanos benditos, consideremos su sabiduría celestial, en primer lugar respeto al precepto de orar en secreto, mediante lo cual, Él demandó la fe para creer que es visto y oído por Dios.

actividades estaban sometidas al carácter preparatorio del precursor de Cristo, hasta que Jesús creciera, como Juan mismo anunció: "conviene que Él crezca, mas que yo mengüe" (Jn. 3:30). Entonces todo el trabajo del precursor sería traspasado, junto con el espíritu mismo, al Señor. De ahí que las palabras por las cuales Juan enseñó a los hombres a orar no constan en ninguna parte, porque lo terrenal ha dado paso a lo celestial. "El que de arriba viene, sobre todos es; el que es de la tierra, terreno es, y cosas terrenas habla; el que viene del cielo, sobre todos es. Y lo que vio y oyó, esto testifica" (Jn. 3:31, 32). ¿Y qué es esto, sino que Cristo el Señor, así como su método de oración, proviene del cielo?

4. Y así, hermanos benditos, consideremos su sabiduría celestial, en primer lugar respeto al precepto de orar en secreto, mediante lo cual, Él demandó la fe para creer que es visto y oído por Dios Todopoderoso hasta cuando el hombre está dentro de la casa y fuera de la vista; y deseó una reserva modesta en la manifestación de su fe, para que el creyente ofreciera su homenaje a Dios solamente, en quien creía que le escuchaba y le veía en todas partes.

5. Más aún, ya que la sabiduría declaró el siguiente precepto, pertenece a la fe y a la modestia apropiada de la fe; no pensar que nosotros podemos acercarnos al Señor con un caudal de palabras, pues estamos seguros de que por su propio acuerdo, Él tiene cuidado de sus criaturas.[5]

La oración del Señor contiene el Evangelio completo

6. La frase concisa, que forma el tercer punto de su enseñanza, descansa para su apoyo sobre una figura de lenguaje profunda y eficaz; el pensamiento comprimido en pocas palabras lleva una inundación de significado a la mente. Porque no sólo esto abarca los deberes apropiados de la oración, a saber, la adoración de Dios y el acto del hombre de súplica, sino prácticamente cada palabra del Señor, el contenido entero de su enseñanza sobre la oración, que realmente contiene un resumen del Evangelio entero.

---

[5] Cf. Mateo 6:8: "No os hagáis, pues, semejantes a ellos; porque vuestro Padre sabe de qué cosas tenéis necesidad, antes que vosotros le pidáis".

2

La importancia del nombre "Padre"

1. La oración comienza con un testimonio de Dios y con la recompensa de la fe, cuando decimos: "Padre nuestro que estás en los cielos" (Mt. 6:9), porque al decirlo, oramos a Dios al mismo tiempo que mostramos nuestra fe, cuya recompensa es esta apelación. Está escrito: "A todos los que le recibieron, les dio potestad de ser hechos hijos de Dios, a los que creen en su nombre" (Jn. 1:12).

2. Nuestro Señor con mucha frecuencia proclamó a Dios como Padre; de hecho, hasta dio el precepto de no llamar a ninguno "padre" en la tierra, sino sólo al que tenemos en el cielo (Mt. 13:9). Así, cuando oramos de esta manera, observamos también este precepto.

3. ¡Felices los que reconocen a su Padre! Este es el reproche dirigido contra Israel, cuando el Espíritu pone al cielo y a la tierra como testigos, diciendo: "Oíd, cielos, y escucha tú, tierra; porque habla Jehová: Crié hijos, y los engrandecí, y ellos se rebelaron contra mí" (Is. 1:2).

4. Además, cuando decimos "Padre", también le llamamos Dios. Esta relación es tanto de amor filial como de poder.

5. En el Padre, el Hijo también es invocado. Ya que Cristo dijo: "Yo y el Padre somos uno" (Jn. 10:30).

6. Tampoco la Iglesia, nuestra madre, es pasada por alto sin mención, ya que en el Hijo y el Padre la madre es reconocida, de la cual asciende el nombre del Padre y del Hijo; obedecemos su precepto, y reprochamos a los que son negligentes del Padre.

¡Felices los que reconocen a su Padre! Este es el reproche dirigido contra Israel, cuando el Espíritu pone al cielo y a la tierra como testigos, diciendo: "Oíd, cielos, y escucha tú, tierra; porque habla Jehová: Crié hijos, y los engrandecí, y ellos se rebelaron contra mí".

3

Santificado sea su Nombre

El nombre de Dios "Padre no había sido revelado a nadie. Incluso Moisés, quien había preguntado por él, escuchó un nombre diferente. A nosotros esto ha sido revelado en el Hijo, ya que el Hijo es ahora el nombre nuevo del Padre.

1. El nombre de Dios "Padre" no había sido revelado a nadie. Incluso Moisés, quien había preguntado por él, escuchó un nombre diferente.[6] A nosotros esto ha sido revelado en el Hijo, ya que el Hijo es ahora el nombre nuevo del Padre. "Yo he venido en nombre de mi Padre" (Jn. 5:43), dijo, y otra vez, "Padre, glorifica tu nombre" (Jn. 12:28), y más abiertamente: "He manifestado tu nombre a los hombres que del mundo me diste" (Jn. 17:6).

2. Por aquel nombre, por tanto, pedimos que "sea santificado". No que se deje a los hombres desear el bien de Dios, como si hubiera cualquier otro[7] por quienes pueda ser deseado el bien, o como si Él sufriera a menos que lo pidamos. Claramente, esto se pide para que Dios sea bendito en todo el mundo.[8] En cada lugar y tiempo, debido a la memoria de sus ventajas, que una vez fueron deuda de cada hombre. Pero esta petición sirve también para convertirse a cambio en una bendición.

3. Si no ¿cuándo no es el nombre de Dios "santo", y "santificado" por Él mismo, viendo que Él santifica a otros? Él, a quien el coro de los ángeles le rodea sin dejar de decir, «Santo, santo, santo?» (Is. 6:3; Ap. 4:8). De manera parecida, por tanto, también nosotros, candidatos para el cielo angélico, si logramos merecerlo, comencemos aquí en la tierra a aprender de memoria la tensión en el futuro para ser levantados a Dios, y la función de la gloria futura.

---

[6] Cf. Éxodo 3:13-16: "Dijo Moisés a Dios: He aquí que llego yo a los hijos de Israel, y les digo: El Dios de vuestros padres me ha enviado a vosotros. Si ellos me preguntaren: ¿Cuál es su nombre?, ¿qué les responderé? Y respondió Dios a Moisés: YO SOY EL QUE SOY. Y dijo: Así dirás a los hijos de Israel: YO SOY me ha enviado a vosotros. Y dijo más Dios a Moisés: Así dirás a los hijos de Israel: Jehová, el Dios de vuestros padres, el Dios de Abraham, Dios de Isaac y Dios de Jacob, me ha enviado a vosotros. Este es mi nombre para siempre, este es mi memorial por todos los siglos. Ve, y junta los ancianos de Israel, y diles: Jehová, el Dios de vuestros padres, el Dios de Abraham, de Isaac, y de Jacob, me apareció".

[7] "Cualquier otro dios."

[8] Cf. Salmos 103:22: "Bendecid a Jehová, vosotras todas sus obras, en todos los lugares de su señorío".

4. Hasta aquí, sobre la gloria de Dios. Por otra parte, para nuestra propia petición, cuando decimos: "Santificado sea tu nombre", pedimos esto: que pueda ser santificado en nosotros que estamos en Él, también en otros para quienes la gracia de Dios todavía espera;[9] que nosotros podamos también obedecer este precepto, "orando por todos" (1ª Ti. 2:1); hasta para nuestros enemigos personales.[10] Y por lo tanto, llenos de admiración, no decimos: "Santificado sea tu nombre *en nosotros*", sino "en todos".

Para nuestra propia petición, cuando decimos: "Santificado sea tu nombre", pedimos esto: que pueda ser santificado en nosotros que estamos en Él, también en otros para quienes la gracia de Dios todavía espera.

[9] Cf. Isaías 30:18: "Jehová esperará para tener piedad de vosotros, y por tanto será ensalzado teniendo de vosotros misericordia; porque Jehová es Dios de juicio; bienaventurados todos los que le esperan".

[10] Cf. Mateo 5:44: "Orad por los que os ultrajan y os persiguen".

4

La voluntad de Dios

Aquellas cosas que Él usó como ejemplos, ahora nos provocan a predicar, trabajar y sufrir hasta la muerte. Necesitamos la voluntad del Dios para ser capaces de cumplir con nuestros deberes.

1. Después, añadimos esta frase: "Sea hecha tu voluntad, como en el cielo, así también en la tierra" (Mt. 6:10). No que alguien pueda impedir el cumplimiento de la voluntad de Dios y que nosotros deberíamos orar para que su voluntad se cumpla satisfactoriamente, sino que oramos para que en todo su voluntad sea hecha. Por la interpretación figurada de carne y el espíritu, nosotros somos "el cielo" y "la tierra"; aunque esto sea entendido simplemente, de todos modos el sentido de la petición es el mismo.

2. A saber, que la voluntad de Dios se cumpla en nosotros sobre la tierra, para que esta pueda ser hecha por nosotros también en el cielo. Ahora bien, ¿qué es lo que Dios quiere, sino que andemos según su enseñanza? Pedimos, por lo tanto, que Él nos conceda la sustancia de su voluntad y la capacidad para cumplirla, para que podamos ser salvos tanto en el cielo como en la tierra, ya que la suma total de su voluntad es la salvación de quienes Él ha adoptado como hijos.

3. Esta es la voluntad de Dios que nuestro Señor realizó por su enseñanza, sus obras, y sus sufrimientos. Porque, si Él mismo dijo que no "he descendido del cielo, para hacer mi voluntad, mas la voluntad del que me envió" (Jn. 6:38), sin duda que Él hizo lo que era la voluntad de su Padre; aquellas cosas que Él usó como ejemplos, ahora nos provocan[11] a predicar, trabajar y sufrir hasta la muerte. Necesitamos la voluntad de Dios para ser capaces de cumplir con nuestros deberes.

4. De la misma manera, cuando decimos: "Sea hecha tu voluntad", deseamos al mismo tiempo nuestro propio bien, porque no hay ningún mal en la voluntad de Dios, aunque dé a cada uno proporcionalmente según su mérito.

5. Así que por esta frase nosotros nos armamos de antemano a nosotros mismos con paciencia, ya que tam-

---

[11] Cf. Hebreos 10:24: "Considerémonos los unos a los otros para *provocarnos* al amor y a las buenas obras".

bién nuestro Señor quiso mostrarnos en su propia carne, carne de debilidad, por la realidad de sus sufrimientos, diciendo: "Padre, si quieres, pasa esta copa de mí", y luego, después de la reflexión, añadió: "pero no se haga mi voluntad, sino la tuya" (Lc. 22:42). Él mismo era la voluntad y el poder del Padre, y aun así, se rindió a la voluntad de su Padre para indicar la paciencia que es debida.

Él mismo era la voluntad y el poder del Padre, y aún así, se rindió a la voluntad de su Padre para indicar la paciencia que es debida.

5

La venida del Reino

Nuestra esperanza es que nuestro reinado se apresure, no que nuestra servidumbre se prolongue.

1. La frase, "Venga tu reino" (Mt. 6:10), también hace referencia al mismo fin que "sea hecha tu voluntad, como en el cielo, así también en la tierra", referida a nosotros. Porque, ¿cuándo no reina Dios, en cuya mano está el corazón de cada rey?[12] Pero todo lo que deseamos para nosotros, dirigimos nuestra esperanza hacia Él, y le atribuimos lo que esperamos de Él. Si es así, si la realización del reino de nuestro Señor pertenece a la voluntad de Dios y a nuestra expectativa ansiosa, ¿cómo es que unos piden por una prolongación del tiempo para este mundo (*soeculo*), ya que el reino de Dios, por cuya venida oramos, tiende hacia la consumación del mundo (*saeculi*)?[13] Nuestra esperanza es que nuestro reinado se apresure, no que nuestra servidumbre se prolongue.

2. Aunque no se hubiera prescrito pedir en la oración el que nosotros deberíamos pedir el advenimiento del reino, de nuestro propio acuerdo lo haríamos por el deseo de nuestra impaciencia para abrazar el objeto de nuestra esperanza.

3. Con indignación las almas de los mártires bajo el altar claman en voz alta al Señor: "¿Hasta cuándo, Señor, santo y verdadero, no juzgas y vengas nuestra sangre de los que moran en la tierra?" (Ap. 6:10). Porque, al menos al final del mundo, la venganza de ellos está ordenada.

4. ¡De verdad, tan rápidamente como sea posible, oh Señor, venga tu reino! Esta es la oración del cristiano; que perturba a los paganos y exalta a los ángeles; es por la que sufrimos, o más bien, por la que oramos.

---

[12] Cf. Proverbios 21:1: "Así está el corazón del rey en la mano de Jehová: A todo lo que quiere lo inclina".

[13] Cf. Mateo 24:3: "Y sentándose él en el monte de las Olivas, se llegaron a él los discípulos aparte, diciendo: Dinos, ¿cuándo serán estas cosas, y qué señal habrá de tu venida, y del fin del mundo?"

6

Pan del alma, pan del cuerpo

Cuando pedimos nuestro pan de cada día, pedimos vivir siempre en Cristo y estar de forma inseparable unidos a su Cuerpo.

1. ¡Con qué gracia ha ordenado la divina Sabiduría el orden de esta oración que, después de las cosas celestiales; es decir después del nombre de Dios, la voluntad de Dios, y el reino de Dios, quisiera hacer también un lugar para pedir por necesidades terrenales. Porque nuestro Señor nos ha enseñado: "Mas buscad primeramente el reino de Dios y su justicia, y todas estas cosas os serán añadidas" (Mt. 6:33).

2. Sin embargo, nosotros deberíamos entender espiritualmente la petición: "Danos hoy nuestro pan cotidiano" (Mt. 6:11). Ya Cristo es "nuestro pan", porque Cristo es nuestra vida y pan de vida. "Yo soy el pan de vida" (Jn. 6:35), dijo. Y un poco antes: "Porque el pan de Dios es aquel que descendió del cielo y da vida al mundo" (Jn. 6:33). Entonces, encontramos que su Cuerpo es tomado en cuenta en el pan: "Esto es mi cuerpo" (Mt. 26:26). Por lo tanto, cuando pedimos nuestro pan de cada día, pedimos vivir siempre en Cristo y estar inseparablemente unidos a su Cuerpo.

3. Pero, ya que también se admite una interpretación de esta frase en sentido carnal, no se puede usar sin recordar el sentido religioso y la instrucción espiritual. Cristo manda que nosotros pidamos el pan, que, para el fiel es la única cosa necesaria, ya que los paganos buscan todas otras cosas.[14] Así, también, Él inculca su enseñanza por ejemplos e instruye por parábolas, diciendo, por ejemplo, que un padre no toma el pan de sus hijos y lo echa a los perros (Mt. 15:26; Mr. 7:27). Y otra vez: "¿Qué hombre hay de vosotros, a quien si su hijo pidiere pan, le dará una piedra?" (Mt. 7:9; Lc. 11:11). Él indica lo que los hijos esperan de su padre. Aquel llamador, también, que durante toda la noche golpeó la puerta para pedir pan (Lc. 11:5-9).

[14] Cf. Mateo 6:32: "Porque los gentiles buscan todas estas cosas; que vuestro Padre celestial sabe que de todas estas cosas habéis de menester".

Él correctamente ha añadido: "Danos *hoy*", en vista de lo que Él antes había dicho: "No os congojéis por el día de mañana; que el día de mañana traerá su fatiga".

4. Además, Él correctamente ha añadido: "Danos *hoy*", en vista de lo que Él antes había dicho: "No os congojéis por el día de mañana; que el día de mañana traerá su fatiga" (Mt. 6:34; Lc. 12:29). A esta idea Él también adaptó la parábola del hombre que reflexionó sobre la ampliación de sus graneros para recoger sus próximas cosechas, y sobre la seguridad de que iba a disfrutar; pero murió aquella misma noche (Lc. 12:16-20).

7

Perdonar y ser perdonados

Pedir perdón es reconocer el pecado, ya que quien pide perdón confiesa su culpa. Así, también, vemos que el arrepentimiento es aceptable a Dios, que lo desea más que la muerte del pecador.

1. Era conveniente que, después de contemplar la liberalidad de Dios,[15] de la misma forma deberíamos rogar por su clemencia. Porque ¿de qué nos aprovecharán los alimentos si realmente les somos consignados, como si fuéramos un toro destinado para el sacrificio?[16] Nuestro Señor sabía que sólo Él era inocente y entonces nos enseña decir: "Perdónanos nuestras deudas, como también nosotros perdonamos a nuestros deudores" (Mt. 6:12). Pedir perdón es reconocer el pecado, ya que quien pide perdón confiesa su culpa. Así, también, vemos que el arrepentimiento es aceptable a Dios, que lo desea más que la muerte del pecador.[17]

2. Ahora, en las Escrituras, la "deuda" es usada en sentido figurado para indicar la culpa; igualmente debida a la sentencia de un juicio, y exigida por Él, que no evita la justa demanda a no ser que se le perdone el pago de la deuda, tal como el señor perdonó la deuda a aquel criado (Mt. 18:21-35), porque hacia aquí tiende el alcance de la parábola: que el mismo siervo que fue liberado por su señor, no liberó igualmente a su deudor y fue, por lo tanto, traído delante de su señor, que le entregó al torturador hasta que pagara el último cuadrante, que es la última y más pequeña de sus faltas. Cristo intentó, mediante esta parábola, conseguir de nosotros que también perdonemos a nuestros deudores.

3. Esto es expresado en otro lugar bajo este aspecto de oración: "No juzguéis, y no seréis juzgados; no condenéis, y no seréis condenados; perdonad, y seréis perdonados" (Lc. 6:37). Y cuando Pedro preguntó si uno debe perdonar a su hermano siete veces, nuestro Señor dijo: "Más bien setenta veces siete" (Mt. 18:21, 22); de manera que Él pudo rectificar la Ley, porque en Génesis la venganza de Caín es exigida siete veces, de Lamech setenta veces siete (Gn. 4:15, 24).

---

[15] Al darnos el pan de cada día.

[16] Es decir, si se nos alimenta y se engorda como el toro destinado para el sacrificio.

[17] Cf. Ezequiel 18:32: "Que no quiero la muerte del que muere, dice el Señor Jehová, convertíos pues, y viviréis"; Ez. 33:11: Diles: Vivo yo, dice el Señor Jehová, que no quiero la muerte del impío, sino que se torne el impío de su camino, y que viva".

8

Satán el tentador

Para completar una oración así de breve, Cristo añadió que nosotros deberíamos orar no sólo que nuestros pecados sean perdonados, sino que los evitemos por completo: "Y no nos metas en tentación"

1. Para completar una oración así de breve, Cristo añadió que nosotros deberíamos orar no sólo que nuestros pecados sean perdonados, sino que los evitemos por completo: "Y no nos metas en tentación" (Mt. 6:13), es decir, suframos antes de permitir ser conducidos por el tentador.

2. ¡No quiera Dios que nuestro Señor sea visto como el tentador,[18] como si Él fuera ignorante de la fe de uno o estuviera impaciente por trastornarlo!

3. Aquella debilidad y rencor son las características del diablo.[19] Porque, hasta en el caso de Abraham, Dios había ordenado el sacrificio de su hijo no para tentar su fe, sino para confirmarla por la prueba, para que en él Dios pudiera poner en adelante un ejemplo de su precepto por el cual nos enseña que nadie debería sentir mayor afecto que a Dios.[20]

4. Cristo mismo, cuando fue tentado por el diablo, manifestó quién preside esto y es autor de la tentación (Mt. 4:10; Lc. 4:8).

5. Este pasaje lo confirma Cristo por las palabras dirigidas a sus discípulos, cuando dice: "Orad que no entréis en la tentación" (Lc. 22:40; Mt. 26:41; Mr. 14:31). Los apóstoles estuvieron tan tentados a abandonar a su Señor, porque cedieron al sueño, en lugar de dedicarse a la oración.

6. Por lo tanto, la frase que equilibra y hace de intérprete dice: "No nos metas en tentación, mas líbranos del mal", cuyo sentido es, líbranos del *malo*.[21]

---

[18] Cf. Santiago 1:13: "Cuando alguno es tentado, no diga que es tentado de parte de Dios; porque Dios no puede ser tentado de los malos, ni él tienta a alguno".

[19] Debilidades implicadas en la hipótesis de la ignorancia.

[20] Cf. Mateo 10:37: "El que ama padre o madre más que a mí, no es digno de mí; y el que ama hijo o hija más que a mí, no es digno de mí".

[21] Cf. Lucas 11:4: "No nos metas en tentación, mas líbranos del *malo*".

9

Únicamente Dios podía enseñar esta oración

1. ¡En el sumario de tan pocas palabras, cuántas expresiones de los profetas, evangelistas y apóstoles; cuántos sermones de nuestro Señor, parábolas, ejemplos y preceptos son mencionados! ¡Cuántos deberes impuestos son simultáneamente cumplidos!

2. El honor debido a Dios en la palabra "Padre"; el testimonio de la fe del nombre, el ofrecimiento de la obediencia va en la mención de la voluntad de Dios; el recuerdo de esperanza en la mención de Su reino; una petición vitalicia en la mención del pan; la confesión de pecados en la petición de perdón; la solicitud en cuanto a tentación con la demanda de protección.

3. ¿De qué nos sorprendemos? Sólo Dios podría enseñarnos la manera de orar que Él quiere. El homenaje de la oración, entonces, es ordenado por Él y animado por su Espíritu en el momento mismo en que salió de sus labios divinos; por su propia prerrogativa, asciende al cielo, encomendando al Padre lo que el Hijo ha enseñado.

El homenaje de la oración, entonces, es ordenado por Él y animado por su Espíritu en el momento mismo en que salió de sus labios divinos, por su propia prerrogativa, asciende al cielo, encomendando al Padre lo que el Hijo ha enseñado.

10

Podemos añadir nuestras propias oraciones a la Oración del Señor

Ya que cada hombre tiene peticiones que hacer según sus propias circunstancias, nuestras necesidades adicionales tienen el derecho de ser mencionadas.

1. Ya que el Señor prevé las necesidades humanas, después de darnos esta regla de la oración, dijo: "Pedid, y se os dará; buscad, y hallaréis; llamad, y se os abrirá" (Mt. 7:7; Lc. 11:9); y ya que cada hombre tiene peticiones que hacer según sus propias circunstancias, nuestras necesidades adicionales tienen el derecho de ser mencionadas, después de comenzar con la oración prescrita y acostumbrada como el fundamento, como si se tratara de una base sobre lo que ir añadiendo nuestras peticiones, siempre con el recuerdo de los preceptos del Señor, que no estemos tan lejanos de los oídos de Dios como de sus preceptos.

11

En la oración no cabe el rencor

1. El recuerdo de estas enseñanzas prepara el terreno para que nuestras oraciones alcancen el cielo, y lo primero es que no acudamos al altar (*altare*)[22] de Dios sin antes arreglar cualquier controversia u ofensa que hayamos contraído con nuestros hermanos.[23] Porque ¿cómo puede uno acercarse a la paz de Dios sin la paz con el hermano,[24] o sin el perdón de pecados, cuando guardas rencor? ¿Cómo agradarás a tu Padre si estás enfadado con tu hermano, cuando hasta se nos ha prohibido toda la cólera desde del principio? (Mt. 5:21, 22).

¿Cómo puede uno acercarse a la paz de Dios sin la paz con el hermano, o sin el perdón de pecados, cuando guardas rencor? ¿Cómo agradarás a tu Padre si estás enfadado con tu hermano?

2. Cuando José envió a sus hermanos a casa para que trajeran a su padre dijo: "No riñáis por el camino" (Gn. 45:24). De hecho, él estaba amonestándonos a nosotros, porque en otra parte nuestro modo de vida es llamado el "Camino";[25] que el camino de la oración no ha sido ordenado para acercarnos al Padre si estamos enfadados.

3. Además, nuestro Señor, ampliando claramente la Ley,[26] añade que la cólera con un hermano equivale al asesinato (Mt. 5:21, 22). Él no permite que expresemos ni una palabra mala;[27] incluso si alguna vez nos enfadamos,

---

[22] Cf. Hebreos 13:10: "Tenemos un *altar*, del cual no tienen facultad de comer los que sirven al tabernáculo".

[23] Cf. Mateo 5:22, 23: "Yo os digo, que cualquiera que se enojare con su hermano, será culpado del juicio; y cualquiera que dijere a su hermano, *Raca*, será culpado del concejo; y cualquiera que dijere, *Fatuo*, será culpado del infierno del fuego. Por tanto, si trajeres tu presente al altar, y allí te acordares de que tu hermano tiene algo contra ti, deja allí tu presente delante del altar, y vete, vuelve primero en amistad con tu hermano, y entonces ven y ofrece tu presente".

[24] Cf. Filipenses 4:6-7: "Sean notorias vuestras peticiones delante de Dios en toda oración y ruego, con hacimiento de gracias. Y la *paz de Dios*, que sobrepuja todo entendimiento, guardará vuestros corazones y vuestros entendimientos en Cristo Jesús".

[25] Cf. Hechos 9:2; 19:9, 23: "Mas endureciéndose algunos y no creyendo, maldiciendo el Camino delante de la multitud".

[26] Cf. Mateo 5:27: "No penséis que he venido para abrogar la ley o los profetas; no he venido para abrogar, sino a cumplir".

[27] Cf. Mateo 12:16: "Yo os digo, que toda palabra ociosa que hablaren los hombres, de ella darán cuenta en el día del juicio".

nuestro enfado no debería durar más tiempo que la puesta del sol, como el apóstol nos recuerda.[28] ¡Cuán temerario es, además, pasar el día sin orar, rechazando dar la satisfacción a tu hermano, u orar en vano mientras la ira persiste!

¡Cuán temerario es, además, pasar el día sin orar, rechazando dar la satisfacción a tu hermano, u orar en vano mientras la ira persiste!

[28] Efesios 4:26: "Airaos, y no pequéis; no se ponga el sol sobre vuestro enojo".

12

Libres de toda perturbación

Un espíritu impuro no puede ser reconocido por un Espíritu santo; ni uno triste por uno alegre, ni uno atado por uno libre.

1. No simplemente de la ira, sino de toda la perturbación mental, debería verse libre el ejercicio de la oración, expresada por un espíritu tal como el Espíritu al que va dirigida. Un espíritu impuro no puede ser reconocido por un Espíritu santo;[29] ni uno triste por uno alegre,[30] ni uno atado por uno libre.[31] Nadie concede la recepción a su adversario; nadie admite la entrada de otro excepto al que es un espíritu con él.

---

[29] Cf. Efesios 4:30: "No contristéis al Espíritu Santo de Dios, con el cual estáis sellados para el día de la redención".

[30] Cf. Romanos 14:17: "Que el reino de Dios no es comida ni bebida, sino justicia y paz y gozo por el Espíritu Santo".

[31] Cf. Salmos 51:12: "Vuélveme el gozo de tu salud; y el espíritu libre me sustente".

13

Espíritu limpio, manos limpias

¿Y todas las manchas que concibe el espíritu y las manos realizan? ¡Esto es la limpieza verdadera, no la que muchos, con escrupulosa superstición observan, tomando agua en cada oración.

1. Además, ¿cuál es el sentido de orar con manos limpias, cuyo espíritu está manchado? ¿Por qué hasta las manos mismas necesitan una limpieza espiritual de modo que puedan ser levantadas al cielo,[32] libres de toda falsedad, crimen, crueldad, envenenamiento, idolatría, y todas las manchas que concibe el espíritu y las manos realizan? ¡Esto es la limpieza verdadera,[33] no la que muchos, con escrupulosa superstición observan, tomando agua en cada oración, hasta cuando vienen después de haberse dado un baño completo!

2. Cuando consideré esto detalladamente y busqué una explicación, encontré esto de Pilato, que se lavó las manos en el mismo acto de entregar a Cristo (Mt. 27:24). Adoramos a Cristo, no le entregamos. Seguramente, nosotros deberíamos observar un comportamiento bastante diferente del seguido por el traidor y por esta razón no lavar nuestras manos; excepto cuando se trata de alguna suciedad resultando de nuestro trato con los hombres, por el bien de nuestra conciencia; pero las manos están suficientemente limpias una vez que las hemos lavado junto con el cuerpo entero en Cristo.[34]

---

[32] Cf 1ª Timoteo 2:8: "Quiero, pues, que los hombres oren en todo lugar, levantando manos limpias, sin ira ni contienda".

[33] Cf. Mateo 15:10, 11, 17-20; 23:25, 26: "No lo que entra en la boca contamina al hombre; mas lo que sale de la boca, esto contamina al hombre".

[34] Por medio del bautismo.

14

Cuando oramos, confesamos a Cristo

1. Aunque Israel se lavara diariamente todos sus miembros, nunca estará limpio. Sus manos, en todos los acontecimientos, están siempre sucias, para siempre teñidas con la sangre de los profetas, y del Señor mismo. Conscientes, por lo tanto, de esta mancha hereditaria de sus padres,[35] ellos no se atreven a levantar sus manos al Señor, no sea que algún Isaías grite,[36] o que Cristo los abomine. En nuestro caso, no sólo las levantamos, sino que las extendemos, y, tomando nuestro modelo de la pasión del Señor hasta en la oración le confesamos.

No sólo las levantamos, sino que las extendemos, y, tomando nuestro modelo de la pasión del Señor hasta en la oración le confesamos.

---

[35] Cf. Mateo 27:25: "Y respondiendo todo el pueblo, dijo: Su sangre sea sobre nosotros, y sobre nuestros hijos".

[36] Cf. Isaías 1:15: "Cuando extendiereis vuestras manos, yo esconderé de vosotros mis ojos; asimismo cuando multiplicareis la oración, yo no oiré; llenas están de sangre vuestras manos".

15

Hay que evitar la superstición de los ritos

No dejaremos de censurar otras también, que por su vanidad merecen ser reprobadas, puesto que carecen de la autoridad de un precepto sea de parte de nuestro Señor o de sus apóstoles.

1. Ahora, ya que hemos mencionado un detalle de observancia vacía, no dejaremos de censurar otras también, que por su vanidad merecen ser reprobadas, puesto que carecen de la autoridad de un precepto sea de parte de nuestro Señor o de sus apóstoles. Prácticas como estas deben pertenecer no a la religión, sino a la superstición; pues son estudiadas y forzadas e indicativo de escrupulosidad más bien que de un servicio racional;[37] que merecen ser refrenadas en todos los sentidos, aunque sea por esta razón: que nos colocan en el mismo nivel que los gentiles.

2. Tomad, por ejemplo, la costumbre de algunos de quitarse sus capas o mantos cuando oran. Este es el modo en que las naciones se acercan a sus ídolos; práctica que, seguramente, si esto fuera necesario, los apóstoles la habrían incluido en sus instrucciones sobre el vestido para la oración, ¡a no ser que haya quien piense que fue durante su oración que "Pablo dejó su capa con Carpo"![38] ¡Supongo que Dios no oiría suplicantes cubiertos, el que claramente escuchó la oración de los tres jóvenes santos en el horno del rey babilonio cuando ellos oraron en su amplio pantalón oriental y con turbantes![39]

---

[37] Cf. Romanos 12:1: "Así que, hermanos, os ruego por las misericordias de Dios, que presentéis vuestros cuerpos en sacrificio vivo, santo, agradable a Dios, que es vuestro *racional culto*".

[38] Cf. 2ª Timoteo 4:13: "Trae, cuando vinieres, el capote que dejé en Troas en casa de Carpo; y los libros, mayormente los pergaminos".

[39] Cf. Daniel 3:21: "Entonces estos varones fueron atados con sus mantos, y sus calzas, y sus turbantes, y sus vestidos, y fueron echados dentro del horno de fuego ardiendo".

16

De pie en presencia del Altísimo

1. Asimismo, en cuanto a la costumbre que algunos tienen de sentarse cuando su oración ha terminado, no veo ninguna razón de ello, sino que actúan como niños.[40] ¿Qué quiero decir? Si ese Hermas, cuyas escrituras generalmente llevan el título de "El Pastor", dijera, después de haber terminado su oración, que no se sentaron sobre la cama, sino hecho alguna otra cosa, ¿adoptaríamos nosotros esa práctica también? ¡Seguramente no!

2. Porque, como está escrito: "Cuando yo había ofrecido mi oración y me había sentado sobre la cama", fue registrada simple y únicamente en el curso de la narrativa, no como un modelo de disciplina.

3. ¡De otro modo, estaríamos obligados a no ofrecer oraciones en cualquier parte, sino donde hubiera una cama!

4. Más bien, quienquiera se siente en una silla o en un banco, actuará contrariamente a esta escritura.

5. Además, dado que esto es lo que las naciones hacen –sentarse ante las imágenes de los dioses que ellos adoran–, sólo por este motivo merece ser reprobado en nosotros, porque esto es observado en la adoración de ídolos.

Además, dado que esto es lo que las naciones hacen –sentarse ante las imágenes de los dioses que ellos adoran–, sólo por este motivo merece ser reprobado en nosotros, porque esto es observado en la adoración de ídolos.

6. A esto podemos añadir la acusación de irreverencia, inteligible hasta a las naciones mismas, si tuvieran algún sentido. Si, por otra parte, es irreverente sentarse en la presencia y en la vista de quien uno tiene en alta estima y honor, cuánto más sería una falta de respeto en la presencia del Dios vivo, mientras el ángel de la oración está de pie al lado de Él.[41] ¡A no ser que nosotros reprochemos a Dios que la oración nos ha cansado!

---

[40] Que suelen imitar todo lo que ven.

[41] "Y otro ángel vino, y se paró delante del altar, teniendo un incensario de oro; y le fue dado mucho incienso para que lo añadiese a las oraciones de todos los santos sobre el altar de oro que estaba delante del trono. Y el humo del incienso subió de la mano del ángel delante de Dios, con las oraciones de los santos" (Ap. 8:3, 4).

17

Manos sin altivez, voz sin gritos

El tono de voz, también, debería ser sometido; de otro modo, ¡qué pulmones necesitaríamos, si ser escuchados dependiera del ruido que hacemos! Pero Dios no oye la voz, sino el corazón, tal como es su inspector.

1. Pero encomendamos más nuestra oración a Dios si oramos con modestia y humildad, cuando no levantamos nuestras manos con altivez, sino que las elevamos templada y decentemente; y ni siquiera nuestro semblante imprudentemente elevado.[42]

2. Porque hasta el publicano, no sólo en sus palabras, sino en su semblante también, era humilde y oró con ojos abatidos, y se marchó justificado antes que el fariseo arrogante (Lc. 18:9-14).

3. El tono de voz, también, debería ser sometido; de otro modo, ¡qué pulmones necesitaríamos, si ser escuchados dependiera del ruido que hacemos! Pero Dios no oye la voz; sino el corazón, tal como es su inspector.

4. El demonio del oráculo pitiano[43] dice: "Y entiendo al mudo, y claramente oigo al mudo" (Herodoto I, 47). Los oídos de Dios, ¿esperan un sonido? Si lo hiciera, ¿cómo podría la oración de Jonás en las profundidades del vientre de la ballena haber encontrado el camino al cielo, por encima de los órganos de tan gran bestia desde el mismo fondo del mar, por encima de tan enorme cantidad de agua?

5. ¿Cuál es la superior ventaja de los que oran tan fuertemente, aparte de molestar a sus vecinos? Más bien, al hacer audibles sus peticiones, ¿qué hacen además de orar en público?[44]

---

[42] Con presunción, se entiende.

[43] Se refiere a la divinidad llamada Pitón, que ofrecía oráculos sobre el futuro a cargo de una *pitia* o pitonisa, sacerdotisa que interpretaba en estado de trance o éxtasis los mensajes recibidos.

[44] Cf. Mateo 6:5, 6: "Y cuando ores, no seas como los hipócritas; porque ellos aman el orar en las sinagogas, y en los cantones de las calles en pie, para ser vistos de los hombres; de cierto os digo, que ya tienen su pago. Mas tú, cuando ores, éntrate en tu cámara, y cerrada tu puerta, ora a tu Padre que está en secreto; y tu Padre que ve en secreto, te recompensará en público".

18

El beso de paz

1. Hay otro uso que se ha hecho frecuente: cuando los que ayunan han terminado su oración con sus hermanos, retienen el beso de paz, que es el sello de la oración.

2. Pero, ¿cuándo debe darse el beso de paz si no en el cumplimiento de nuestras observancias religiosas, mientras nuestra oración asciende al cielo, hecha más digna de alabanza debido a nuestra caridad? Para que ellos mismos puedan compartir nuestra observancia, a la que han contribuido pasando su paz a su hermano.

¿Cuándo debe darse el beso de paz si no en el cumplimiento de nuestras observancias religiosas, mientras nuestra oración asciende al cielo, hecha más digna de alabanza debido a nuestra caridad?

3. ¿Qué oración es completa divorciada del beso santo?[45]

4. ¿Quién impide la paz en su servicio al Señor?

5. ¿Qué clase del sacrificio es el del que se marcha sin dar el beso de paz?

6. Cualquiera que sea nuestra oración, no puede pasar por alto la observancia del precepto por el cual se nos manda que ocultemos nuestro ayuno.[46] Porque cuando nos abstenemos del beso, saben que ayunamos. Pero, aunque hubiera alguna razón para esta práctica, de todos modos que no seas tenido por culpable de transgredir este precepto; si tú lo deseas, puedes prescindir del beso de paz en casa, ya que allí tú estás entre los que no es completamente posible mantener en secreto tu ayuno. Pero, en cualquier otra parte donde puedes ocultar tus actos de observancia, deberías recordar este precepto; de ese modo cumplirás satisfactoriamente con la disciplina religiosa en público, y con el uso ordinario en casa.

7. Así, también, en Viernes santo, cuando el ayuno es en general y, como si así fuera, una obligación pública, justamente renunciamos al beso, no preocupándonos para nada en ocultar lo que hacemos en común con todos.

---

[45] Cf. "Saludaos los unos a los otros con ósculo santo", Romanos 16:16; 1ª Corintios 16:20; 2ª Corintios 13:12; 1ª Tesalonicenses 5:26; 1ª Pedro 5:14.

[46] "Cuando ayunéis, no seáis como los hipócritas, austeros; porque ellos demudan sus rostros para parecer a los hombres que ayunan; de cierto os digo, que ya tienen su pago. Mas tú, cuando ayunes, unge tu cabeza y lava tu rostro; para no parecer a los hombres que ayunas, sino a tu Padre que está en secreto; y tu Padre que ve en secreto, te recompensará en público" (Mt. 6:16-18).

19

Las estaciones

Cuando el Cuerpo de nuestro Señor es recibido y reservado, cada punto queda asegurado, tanto la participación en el sacrificio, como el cumplimiento del deber.

1. Asimismo con respecto a los días de estación,[47] muchos piensan que no deberían estar presentes en las oraciones de sacrificio, alegando que la estación debería terminar cuando el Cuerpo del Señor es recibido.

2. ¿Ha cancelado, entonces, la Eucaristía, la obligación debida a Dios, o la ata más a Dios? ¿No pone sobre nosotros una obligación más grande para con Dios?

3. ¿No será tu estación más solemne si tú estás de pie en el altar (*ara*) de Dios?

4. Cuando el Cuerpo de nuestro Señor es recibido y reservado, cada punto queda asegurado, tanto la participación en el sacrificio, como el cumplimiento del deber.

5. Si la "estación" ha tomado su nombre del procedimiento militar (porque somos la milicia de Dios),[48] seguramente ninguna alegría, ni tristeza que cae sobre el campamento libera a los soldados en guardia de su deber. Porque con alegría uno realizará su deber más voluntariamente, y en la tristeza con más cuidado.

---

[47] Parece ser que esta palabra, "estación" –*statio*–, se usaba en más de un sentido en la Iglesia primitiva. En el *Pastor de Hermas* parece indicar el tiempo de ayuno.

[48] Cf. 2ª Timoteo 2:1 y ss.

20

La modestia en la mujer

1. Ahora, en cuanto al vestido de las mujeres, la variedad de observancia nos obliga a nosotros –hombres de ninguna consideración en absoluto– a tratar, presuntuosamente sin duda, lo dicho por el santo apóstol (1ª Co. 11:1-16; 1ª Ti. 2:9, 10), excepto que no será presuntuoso si lo tratamos conforme a la medida del apóstol.

2. En cuanto a la modestia del vestido y adorno, la admonición de Pedro está claramente expresada (1ª P. 3:1-6), usando las mismas palabras que Pablo, al estar inspirado por el mismo Espíritu, él impone límites a la ostentación en el vestido, la exposición orgullosa de oro, el arreglo excesivo y el arreglo ampuloso del pelo.

Las mismas palabras que Pablo, al estar inspirado por el mismo Espíritu, él impone límites a la ostentación en el vestido, la exposición orgullosa de oro, el arreglo excesivo y el arreglo ampuloso del pelo.

21

El velo de las vírgenes

Si él hubiera especificado el sexo en general por el término "hembras" habría sentado una ley absoluta relativa a cada mujer; pero ya que él designa un grupo dentro del sexo, él lo pone aparte por su silencio en cuanto a otro grupo.

1. Pero el punto que promiscuamente es observado en todas partes por las iglesias, sobre si las vírgenes deberían ser veladas o no, debe ser tratado.

2. Los que conceden a las vírgenes el derecho de llevar sus cabezas descubiertas parecen apoyar su posición en el hecho de que el apóstol designó expresamente, no a las vírgenes, sino a las *mujeres*, para que llevaran velo;[49] es decir, no se refirió al sexo, usando el término genérico "hembras", sino a un grupo dentro del sexo, diciendo "las mujeres".

3. Si él hubiera especificado el sexo en general por el término "hembras" habría sentado una ley absoluta relativa a cada mujer; pero ya que él designa un grupo dentro del sexo, él lo pone aparte por su silencio en cuanto a otro grupo.

4. Porque él podría haber incluido a las vírgenes en el término general "hembras", según razonan ellos.

---

[49] "Mas toda mujer que ora o profetiza no cubierta su cabeza, afrenta su cabeza; porque lo mismo es que si se rayese" (1ª Co. 11:5).

22

Esposas y vírgenes

1. Los que adoptan esta posición,[50] deberían prestar alguna atención al significado básico de esta palabra. ¿Qué significa "mujer" desde el principio de las páginas de la Escritura santa? Ellos descubrirán que es el término usado para designar el sexo, no una clase dentro del sexo; porque Dios llamó a Eva, aun cuando todavía no había conocido a un hombre, tanto *mujer* como *hembra* (Gn. 2:23); *hembra,* como un término general para el sexo; *mujer,* con referencia especial a una etapa de vida dentro del sexo. Así, desde Eva, quien hasta entonces era todavía soltera, fue designada por el término *mujer,* término que se ha aplicado comúnmente también a una virgen. Nada tiene de asombroso, entonces, si el apóstol, dirigido por el mismo Espíritu que ha inspirado todas las Escrituras sagradas así como aquel Libro de Génesis, ha usado esta misma palabra, "mujer", que, aplicado a Eva soltera, es aplicable también a una virgen.

Así, desde Eva, quien hasta entonces era todavía soltera, fue designada por el término *mujer,* término que se ha aplicado comúnmente también a una virgen.

2. Todo lo demás, entonces, está en acuerdo. Porque por el mismo hecho de no nombrar a las vírgenes, como es el caso en otro lugar,[51] donde él enseña sobre el matrimonio, está claro que se refiere a todas las mujeres y al sexo entero y que no hay ninguna distinción entre una mujer y una virgen ya que él no menciona a ésta en absoluto. No se olvidó de hacer una distinción en otro pasaje donde la diferencia lo exige –distingue ambas clases designando cada una con su término apropiado–, en un pasaje donde no distingue, ya que él no llama a cada uno, porque no quiere ninguna distinción.

3. Pero que del hecho que en griego, en el cual el apóstol escribió sus epístolas, el uso ordinario debe decir "mujeres" (*gunaikas*) más bien que "hembras" (*theleias*). Bien, si esta palabra es la que comúnmente se usa para

---

[50] Que hacen una diferencia entre las *mujeres* y las *vírgenes.*

[51] "Hay asimismo diferencia entre la casada y la doncella: la doncella tiene cuidado de las cosas del Señor, para ser santa así en el cuerpo como en el espíritu; mas la casada tiene cuidado de las cosas del mundo, cómo ha de agradar a su marido" (1ª Co. 7:34).

Es por causa de los ángeles, dice Pablo, que la cabeza de la mujer debe estar cubierta.

designar el sexo femenino. Con frecuencia es usado en vez del nombre del sexo. Él ha nombrado el sexo en la palabra *gunaika;* pero en el sexo hasta la virgen esta incluida.

4. La forma de expresión es inequívoca: "Toda mujer que ora o profetiza no cubierta su cabeza, afrenta su cabeza; porque lo mismo es que si se rayese" (1ª Co. 11:5). ¿Cuál es el significado de la expresión "toda mujer", sino las mujeres de cada edad, cada rango y cada posición? Al decir "toda", no excluye a ningún miembro del sexo femenino, tal como manda que los hombres tengan sus cabezas descubiertas al decir "todo hombre".[52] Por lo tanto, como en la referencia al sexo masculino bajo el término "hombre" el apóstol prohíbe que incluso los jóvenes tengan sus cabezas cubiertas, asimismo en la referencia al sexo femenino, bajo el término "mujer", él ordena que hasta las vírgenes tengan su cabeza cubierta. En el caso de ambos sexos, el más joven debería seguir la regla del mayor; o si no, dejemos que los hombres "vírgenes" tengan también su cabeza cubierta, si la mujeres "vírgenes" no tuvieran que cubrir su cabeza; porque los jóvenes no son expresamente mencionados por nombre. Dejemos que *hombre* y *joven* sean diferentes, si *mujer* y *virgen* son diferentes.

5. Desde luego, es por causa de los ángeles, dice Pablo,[53] que la cabeza de la mujer debe estar cubierta, porque los ángeles se rebelaron contra Dios debido a las hijas de los hombres (Gn. 6:2). ¿Quién afirmará, entonces, que sólo las mujeres, es decir, las casadas ya no vírgenes, son una fuente de tentación? A no ser que, desde luego, las mujeres solteras sean incapaces de sobresalir en belleza y salir al encuentro de amantes. Pero veamos si eran vírgenes sólo quien ellos desearon cuando la Escritura habla de "las hijas de hombres" (Gn. 6:2); para ello podría haber usado los términos "esposas de los hombre,", o "mujeres" indistintamente.

6. De la misma manera se dice: "Viendo los hijos de Dios que las hijas de los hombres eran hermosas, tomáronse mujeres, escogiendo entre todas" (Gn. 6:2). Esto

---

[52] "Todo varón que ora o profetiza cubierta la cabeza, afrenta su cabeza" (1ª Co. 11:4).

[53] "Por lo cual, la mujer debe tener señal de potestad sobre su cabeza, por causa de los ángeles" (1ª Co. 11:10).

es así porque las tomaron como esposas las que no tenían maridos. La Escritura habría usado una expresión diferente para las que tienen maridos. Ellas podrían no tener maridos por ser viudas o vírgenes. Así que al nombrar el sexo en general mediante el término "hijas", comprendía la especie en el género.

7. De la misma manera, cuando él dice que la naturaleza misma enseña que las mujeres deberían cubrir sus cabezas que para esto ha concedido el pelo en la mujer, como una cubierta y un adorno,[54] ¿no es lo mismo para las vírgenes también? Si es vergonzoso para una mujer tener su pelo rapado, entonces, también lo es para una virgen.

8. Desde, entonces, la misma condición es atribuida a cada una con respecto a la cabeza, la misma regulación en cuanto a la cabeza es impuesta también a aquellas vírgenes a quienes por su edad sensible protege. Porque directamente desde el principio las vírgenes son incluidas en el término "mujer". Finalmente, Israel tiene la misma regulación. Pero aunque así no fuera, nuestra ley, amplificada y complementada, exigiría una adición, imponiendo el velo sobre las vírgenes, también. Concedido que de momento, en ese período de la vida que es inconsciente de su propio sexo debería ser perdonado. Concedido que debería conservar el privilegio de su inocencia; tanto para Eva como para Adán, cuando la realización les vino, inmediatamente cubrieron lo que habían llegado a conocer (Gn. 3:6). Por lo menos, en el caso de las que han dejado la niñez, su edad debería recordar sus deberes en cuanto a la naturaleza y la disciplina. Porque las mujeres son reveladas por sus miembros y sus deberes. Nadie es una virgen desde el día que es de edad casadera, ya que la edad ahora la ha convertido en la novia de su propio compañero, es decir, del tiempo.

Finalmente, Israel tiene la misma regulación. Pero aunque así no fuera, nuestra ley, amplificada y complementada, exigiría una adición, imponiendo el velo sobre las vírgenes, también.

9. "Pero supongamos que alguna virgen en particular se ha consagrado a Dios." A pesar de todo, a partir de este tiempo, ella reorganiza su pelo y cambia su aspecto entero al de una mujer. Por lo tanto, permitamos que sea seria sobre el asunto y ofrezca la apariencia completa de una

[54] "La misma naturaleza ¿no os enseña que al hombre sea deshonesto criar cabello? Por el contrario, a la mujer criar el cabello le es honroso; porque en lugar de velo le es dado el cabello" (1ª Co. 11:14, 15).

Eres la novia de Cristo. A Él has rendido tu cuerpo; actúa conforme a las instrucciones de tu Esposo. Si Él ordena a otras novias de los hombres cubrir sus cabezas, ¡cuánto más las suyas propias!

virgen; que ella oculta por amor a Dios, dejemos que se mantenga completamente fuera de vista.[55] Es para nuestro interés confiar al conocimiento de Dios sólo lo que la gracia de Dios realiza en nosotros; la prueba la recibimos del hombre, la recompensa la tenemos en la esperanza de Dios. ¿Por qué exponer delante de los ojos de Dios[56] lo que cubrimos en presencia de hombres?[57] ¿Serás más modesto en la calle pública que en la iglesia? ¿Si es una gracia de Dios y lo has recibido, por qué la jactancia? dice el apóstol: "Porque ¿quién te distingue? ¿O qué tienes que no hayas recibido? Y si lo recibiste, ¿de qué te glorías como si no lo hubieras recibido?" (1ª Co. 4:7). ¿Por qué condenas a otras mujeres por la ostentación de ti mismo? ¿O estás invitando a otros al bien por tu vanidad? Estás en peligro de perdición si te jactas de ello, y conduces a otros a los mismos peligros. Fácilmente se destruye lo que es asumido con una inclinación a la vanidad. ¡La virgen, cubra su cabeza si es una virgen, ya que debería ruborizarse para su vergüenza! Si tú eres virgen, evita la mirada fija de tantos ojos. No dejes a nadie mirar con admiración sobre tu cara. No permitas que nadie sea engañado. Es loable para ti crear la falsa impresión de que estás casada cubriendo tu cabeza. Pero no será una impresión falsa, porque eres la novia de Cristo. A Él has rendido tu cuerpo; actúa conforme a las instrucciones de tu Esposo. ¡Si Él ordena a otras novias de los hombres cubrir sus cabezas, cuánto más las suyas propias!

10. "Pero sigamos suponiendo que alguien piensa que el arreglo de su precursor[58] no debería ser cambiado." Muchos aplican sus propias ideas y persistencia en lo mismo para la costumbre establecida por otros. Concedido que las vírgenes no deberían ser obligadas a cubrir sus cabezas; pero al menos las que están dispuestas a hacerlo, no deberían ser impedidas. Si algunas no pueden negar que ellas son vírgenes, deberían estar contentas por la conservación de su conciencia ante Dios, y arriesgar su reputación.[59]

---

[55] Mediante el velo.

[56] En la iglesia.

[57] En público.

[58] El presidente u obispo de la iglesia.

[59] "Al aparecer en público como mujeres casadas, mientras que en su corazón son vírgenes" (Oehler).

Sin embargo, con respecto a las que son prometidas, puedo declarar y confesar esto con más firmeza de lo habitual en mí: sus cabezas deberían cubrirse desde el primer día que se estremecieron en el primer tacto corporal de un hombre por el beso y la mano. Ya que con ellos han prometido cada parte de ellas, su edad, su madurez, su carne, su espíritu por medio del entendimiento, su modestia por la experiencia del beso, su esperanza por su expectativa, y su mente por su buena voluntad. Para nosotros, Rebeca es el ejemplo suficiente; cuando su futuro marido le había sido indicado cubrió su cabeza con un velo simplemente porque ella sabía que estaba destinada a casarse con él (Gn. 24:64, 65).

Sus cabezas deberían cubrirse desde el primer día que se estremecieron en el primer tacto corporal de un hombre por el beso y la mano.

23

La importancia de arrodillarse o estar de pie

Con respecto a arrodillarse, también la oración está sometida a diversidad de observancias.

1. Con respecto a arrodillarse, también la oración está sometida a diversidad de observancias; por el acto de algunos pocos hay quien se abstiene de arrodillarse en el sábado, y ya que esta disensión está siendo particularmente puesta a prueba en las iglesias, que el Señor dé su gracia a los disidentes para que puedan ceder, o sean indulgentes en su opinión sin dar motivo de escándalo a otros.

2. Nosotros, sin embargo (tal como lo hemos recibido), sólo el día de la Resurrección de nuestro Señor deberíamos abstenernos de esta costumbre de arrodillarnos; y no sólo de ésta, sino de cada postura que sea signo de solicitud. Esto incluye aplazar los negocios, no sea que demos oportunidad al diablo (Ef. 4:27). Asimismo, también en el período de Pentecostés; período que nosotros distinguimos con la misma solemnidad de gozo y exultación.[60]

3. Pero ¿quién vacilaría en postrarse cada día ante Dios, por lo menos en la primera oración con la que entramos la luz de día?

4. Además, durante los períodos de ayuno y sobre los días de la estación, ninguna oración debería hacerse sin arrodillarse y con todo otro signo de un espíritu humilde. Ya que no oramos simplemente, sino que suplicamos y ofrecemos satisfacción a Dios nuestro Señor. Nada se ha prescrito sobre el tiempo dedicado a las oraciones conmovedoras, excepto hacerlo siempre y en cada lugar (Ef. 6:18: 1ª Ts. 5:17; 1ª Ti. 2:8).

---

[60] Por ejemplo, absteniéndose de arrodillarse, que es una postura de solicitud y humillación, mientras que estar de pie lo es de confianza y alegría.

24

El lugar de la oración

Ahora bien, ¿cómo "en cada lugar", si se nos prohíbe que oremos en público? (Mt. 6:5, 6). Por cada lugar da a entender la oportunidad o hasta la necesidad, que sea conveniente, porque esto es lo que fue hecho por los apóstoles, quienes, en la cárcel, y ante la audiencia de los prisioneros,[61] sin considerar que lo hicieran contrariamente al precepto; ni aun lo que hizo Pablo, quien estando en el barco, "dio gracias a Dios en presencia de todos" (Hch. 27:35).

Por cada lugar da a entender la oportunidad o hasta la necesidad, que sea conveniente, porque esto es lo que fue hecho por los apóstoles.

Navegación de san Pablo
Iglesia de San Pablo de Ginebra

[61] "Mas a medianoche, orando Pablo y Silas, cantaban himnos a Dios; y los que estaban presos los oían" (Hch. 16:25).

25

Tiempo para orar

Aunque estas prácticas están simplemente sin ningún precepto para su observancia, de todos modos se puede conceder que es cosa buena establecer algún precedente que pueda añadir fuerza a la admonición para orar, y hacer, como si fuera una ley, que nos arrancara de nuestros negocios para cumplir tal deber.

1. Con respecto al tiempo, aunque extrínseco,[62] la observancia de ciertas horas no será sin provecho. Me refiero a aquellas horas que marcan los intervalos del día, a saber, *tercia, sexta,* y *nona;* que vemos mencionadas en las Escrituras más solemnes que el resto.

2. La primera infusión del Espíritu Santo en los discípulos congregados ocurrió en la hora tercera: "siendo la hora tercia del día" (Hch. 2:15, 1-4).

3. Fue en la hora sexta del día cuando Pedro, que había subido a la parte alta de la casa para orar (Hch. 10:9), tuvo la visión de la comunidad universal[63] representada por las criaturas del vaso en forma de lienzo (Hch. 10:10 ss.).

4. Asimismo, fue en la hora novena –*nona*– que Pedro y Juan entraron en el Templo donde fue sanado el paralítico (Hch. 3:1 ss.).

5. Aunque estas prácticas están simplemente sin ningún precepto para su observancia, de todos modos se puede conceder que es cosa buena establecer algún precedente que pueda añadir fuerza a la admonición para orar, y hacer, como si fuera una ley, que nos arrancara de nuestros negocios para cumplir tal deber, como leemos que fue observado por Daniel también,[64] y oraremos no menos de tres veces al día, deudores como somos de las tres Personas divinas, el Padre, el Hijo, y el Espíritu Santo, además de nuestras oraciones regulares que están previstas, sin necesidad de admonición, al amanecer y al anochecer.

---

[62] Extrínseco a cualquier mandamiento directo de Cristo y de sus apóstoles.

[63] Es decir, la Iglesia cristiana extendida en todo el mundo y compuesta por clase de gentes.

[64] "Daniel, cuando supo que la escritura estaba firmada, entróse en su casa, y abiertas las ventanas de su cámara que estaban hacia Jerusalén, hincábase de rodillas tres veces al día, y oraba, y confesaba delante de su Dios, como lo solía hacer antes" (Dn. 6:10); Cf. Salmos 55:17: "Tarde y mañana y a mediodía oraré y clamaré; Y él oirá mi voz".

6. Es conveniente para el fiel no tomar alimento ni ir al baño sin antes interponer una oración. El refresco y el alimento del espíritu deben ser puestos antes de las necesidades de la carne, porque las cosas del cielo tienen prioridad sobre las de la tierra.

Refresco y alimento del espíritu deben ser puestos antes de las necesidades de la carne, porque las cosas del cielo tienen prioridad sobre las de la tierra.

26

Prioridad de la oración en las relaciones fraternales

Nunca despidas sin una oración a un hermano que ha entrado en tu casa. "Quien ve a un hermano, dice la Escritura, ve a su Señor." En particular esto debe observarse en el caso de un forastero, no ocurra que sea un ángel.

1. Nunca despidas sin una oración a un hermano que ha entrado en tu casa. "Quien ve a un hermano, dice la Escritura, ve a su Señor."[65] En particular esto debe observarse en el caso de un forastero, no ocurra que sea un ángel.[66]

2. Pero, incluso después de que seas recibido por tus hermanos, no deberás participar del alimento terrenal antes del celestial. Porque tu fe será inmediatamente juzgada, según el precepto: "La paz sea a esta casa",[67] a no ser que intercambies el beso de paz con los que están en la casa.

[65] Cf. Mateo 25:34-40: "Respondiendo el Rey, les dirá: De cierto os digo que en cuanto lo hicisteis a uno de estos mis hermanos pequeñitos, a mí lo hicisteis"; y Marcos 9:37: "El que recibiere en mi nombre a uno de los tales niños, a mí me recibe; y el que a mí me recibe, no me recibe a mí, mas al que me envió".

[66] "No olvidéis la hospitalidad, porque por ésta algunos, sin saberlo, hospedaron ángeles" (He. 13:2, cf. Gn. 18).

[67] "En cualquiera casa donde entrareis, primeramente decid: Paz sea a esta casa" (Lc. 10:5).

27

Aleluyas y salmos

1. Los que son más diligentes en la oración tienen la costumbre de añadir a sus oraciones un "Aleluya" y salmos de tal carácter que aquellos que están presentes pueden responder al final de los mismos. Sin duda, la práctica es excelente en todos los sentidos para la alabanza y la honra de Dios; apunta unidamente para llevarle una oración enriquecida como una víctima selecta.[68]

Los más diligentes en la oración tienen la costumbre de añadir a sus oraciones un "Aleluya" y salmos de tal carácter que aquellos que están presentes pueden responder al final de los mismos.

[68] Probable referencia a Oseas 14:2: "Tomad con vosotros palabras, y convertíos a Jehová, y decidle: Quita toda iniquidad, y acepta el bien, y daremos becerros de nuestros labios"; cf. Hebreos 13:15: "Así que, ofrezcamos por medio de él a Dios siempre sacrificio de alabanza, es a saber, fruto de labios que confiesen a su nombre".

28

La oración es nuestro sacrificio espiritual

Nosotros somos los adoradores verdaderos y los verdaderos sacerdotes, que oran en el espíritu, cuyo sacrificio es la oración, una víctima apropiada y aceptable a Dios, que sin duda Él ha requerido (o provisto) y buscado para sí mismo.

1. Por esto la oración es la víctima espiritual que ha abolido los sacrificios prístinos.[69] "¿Para qué a mí, dice el Señor, la multitud de vuestros sacrificios? Harto estoy de holocaustos de carneros, y de sebo de animales gruesos; no quiero sangre de bueyes, ni de ovejas, ni de machos cabríos" (Is. 1:11).

2. ¿Qué, entonces? Lo que Dios requiere, el Evangelio lo enseña. "La hora viene –dice el Señor– y ahora es cuando los verdaderos adoradores adorarán al Padre en espíritu y en verdad; porque también el Padre tales adoradores busca que le adoren. Dios es Espíritu; y los que le adoran, en espíritu y en verdad es necesario que adoren" (Jn. 4:23, 24).

3. Nosotros somos los adoradores verdaderos y los verdaderos sacerdotes,[70] que oran en el espíritu,[71] cuyo sacrificio es la oración, una víctima apropiada y aceptable a Dios, que sin duda Él ha requerido (o provisto) y buscado para sí mismo.

4. Esta víctima, consagrada con todo el corazón, alimentada con la fe, preparada con la verdad, inocente por entero, pura en castidad, coronada con amor (*ágape*), esta oración debemos llevar al altar (*altare*) de Dios con abundancia de buenas obras, entre el canto de salmos e himnos y esto obtendrá de Dios para nosotros todo lo que le pedimos.

---

[69] Cf. 1ª Pedro 2:5: "Vosotros también, como piedras vivas, sed edificados una casa espiritual, y un sacerdocio santo, para ofrecer sacrificios espirituales, agradables a Dios por Jesucristo".

[70] "Y nos ha hecho reyes y sacerdotes para Dios, su Padre" (Ap. 1:6; 1ª P. 2:5).

[71] 1ª Corintios 14:15: " Oraré con el espíritu, mas oraré también con entendimiento; cantaré con el espíritu, mas cantaré también con entendimiento"; Efesios 6:18: "Orando en todo tiempo con toda deprecación y súplica en el Espíritu, y velando en ello con toda instancia y suplicación por todos los santos".

29

El poder de la oración

Ahora, por la oración de justicia se aparta la ira de Dios; está alerta sobre los enemigos, e intercede por los perseguidores.

1. ¿Cómo va Dios a rechazar[72] la oración que viene a Él en espíritu y verdad, ya que esta es la oración que Él pide? ¡Qué pruebas de su eficacia leemos y oímos y creemos! Con toda seguridad la oración que antiguamente salvaba del fuego, de las bestias y del hambre, a pesar de que aún no había recibido su forma de Cristo. ¡Entonces cuánto más se puede conseguir por la oración cristiana! Ésta no hace aparecer a un ángel con rocío en medio del fuego,[73] tampoco tapa la boca de leones, ni aumenta la comida para los hambrientos del campo,[74] no ha otorgado gracia para evitar el sentido de dolor; pero confiere resistencia al que sufre, y paciencia a los que sienten y a los que padecen dolor; porque amplía la gracia por la virtud para que la fe pueda saber que viene del Señor y entender que esto sufre por el nombre de Dios.

2. También, en el pasado, la oración podía atraer plagas, poner en fuga los ejércitos del enemigo, retener los efectos beneficiosos de la lluvia (1° R. 18; Stg. 5:17, 18). Pero ahora, por la oración de justicia se aparta la ira de Dios; está alerta sobre los enemigos, e intercede por los perseguidores. ¿Es esto asombroso si sabe cómo retener la lluvia del cielo?, que fue capaz de encender fuegos.[75] La oración

---

[72] Otros traducen: "¿Qué negará Dios…?"

[73] "El ángel del Señor bajó al horno junto a Azarías y sus compañeros, empujó fuera del horno la llama de fuego, y les sopló en medio del horno, como un frescor de brisa y de rocío, de suerte que el fuego no los toco siquiera ni les causó dolor ni molestia" ("Cántico de Azarías en el horno", Dn. 3:49-50. BJ). Texto que corresponde a un añadido apócrifo del libro de Daniel, que no consta en las versiones protestantes.

[74] "Vino entonces un hombre de Baal-salisa, el cual trajo al varón de Dios panes de primicias, veinte panes de cebada, y trigo nuevo en su espiga. Y él dijo: Da a la gente para que coman. Y respondió su sirviente: ¿Cómo he de poner esto delante de cien hombres? Mas él tornó a decir: Da a la gente para que coman, porque así ha dicho Jehová: Comerán, y sobrará. Entonces él lo puso delante de ellos, y comieron, y sobróles, conforme a la palabra de Jehová" (2° R. 4:42-44).

[75] "Elías respondió, y dijo al capitán de cincuenta: Si yo soy varón de Dios, descienda fuego del cielo, y consúmate con tus cincuenta. Y descendió fuego del cielo, que lo consumió a él y a sus cincuenta" (2° R. 1:10).

La oración es la muralla de la fe, su escudo y armadura contra el enemigo que nos vigila desde todos los ángulos. De ahí que no debamos estar nunca desarmados. Prestemos atención a nuestro deber de centinelas de día y de noche. Bajo las armas de la oración mantengamos el modelo de nuestro general y oremos como los que esperan el toque de trompeta del ángel.

es sólo aquella que vence a Dios;[76] pero Cristo ha querido que no sirviera para ningún mal, Él ha conferido todo el po-der para el bien. Y así no sabe nada, sino advertir a las almas del camino de muerte, fortalecer al débil, sanar al enfermo, liberar al poseso, abrir las puertas de la prisión, romper las cadenas del inocente. De la misma manera remite los pecados, rechaza las tentaciones, acaba con la persecución, consuela a los pusilánimes, anima al valeroso, trae de vuelta a casa a los viajantes, calma las olas, confunde a los ladrones, alimenta al pobre, gobierna al rico, levanta al caído, apoya a los caminantes, confirma a los decididos.

3. La oración es la muralla de la fe, su escudo y armadura contra el enemigo que nos vigila desde todos los ángulos. De ahí que no debamos estar nunca desarmados. Prestemos atención a nuestro deber de centinelas de día y de noche. Bajo las armas de la oración mantengamos el modelo de nuestro general y oremos como los que esperan el toque de trompeta del ángel.[77]

4. Los ángeles también oran; cada criatura ora; las bestias, domésticas y salvajes, oran doblando sus rodillas, y cuando salen de sus establos y cuevas miran al cielo con respeto. Hasta los pájaros, al levantarse por la mañana, se remontan hacia el cielo y, en lugar de las manos, estiran la cruz de sus alas y entonan algo parecido a una oración. ¿Qué necesidad hay, entonces, de hablar más sobre la necesidad de orar? Hasta nuestro mismo Señor oró, a quien sea el honor y el poder por todos los siglos.

---

[76] Referencia a Jacob y su lucha con el ángel, por la que se dijo: "No se dirá más tu nombre Jacob, sino Israel; porque has peleado con Dios y con los hombres, y has vencido" (Gn. 32:28); y a Mateo 11:12: "Desde los días de Juan el Bautista hasta ahora, al reino de los cielos se hace fuerza, y los valientes lo arrebatan".

[77] Cf. 1ª Corintios 15:52: "En un momento, en un abrir de ojo, a la final trompeta; porque será tocada la trompeta, y los muertos serán levantados sin corrupción, y nosotros seremos transformados"; 1ª Tesalonicenses 4:16.

Libro V
Respuesta a los judíos[1]

[1] Escrita en su período católico, *Adversus judaeos* es una pequeña gran obra para entender un tema que todavía hoy sigue siendo problemático en algunos círculos: la relación de la Ley mosaica con el Evangelio, la vigencia de la misma en el cristianismo, su temporalidad y caducidad, el estatuto de Israel como pueblo elegido y el carácter de la Iglesia como nuevo pueblo de Dios, el cumplimiento de las profecías, la interpretación literal o espiritual de lo profetizado en el Antiguo Testamento, etc. Tertuliano arroja luz sobre estas cuestiones y abre nuevas perspectivas.

1

El pueblo judío y el pueblo gentil en la historia divina

Recientemente tuvo lugar discusión entre un cristiano y un prosélito judío. La contienda duró todo el día, hasta llegar la noche, alternándose en una serie de preguntas y respuestas. El alboroto de los partidarios de uno y otro individuo llegó a oscurecer la verdad por una especie de nube verbal. Es por tanto, un gran alivio, dirimir esta cuestión mediante la pluma, confiando en la buena voluntad del lector, dejando a un lado la pasión de la disputa.

En la ley y en las promesas de las Escrituras vemos que la gracia divina alcanza a los gentiles y no sólo a los que son "del linaje de Israel". También los gentiles son admitidos a la Ley de Dios para prevenir el orgullo de Israel.

En la ley y en las promesas de las Escrituras vemos que la gracia divina alcanza a los gentiles y no sólo a los que son "del linaje de Israel". También los gentiles son admitidos a la Ley de Dios para prevenir el orgullo de Israel, confiando en "que las naciones son consideradas como una pequeña gota de un cubo" (Is. 40:15), o como una mota de polvo (Sal. 1:4; Dn. 2:35); aunque nosotros tenemos a Dios por fiel y mantenedor de su palabra, en lo que prometió a Abraham: "En tu simiente serán benditas todas las gentes de la tierra" (Gn. 22:18), y de la matriz de Rebeca "procederían dos pueblos y dos naciones" (Gn. 25:23), desde luego, el de los judíos, es decir Israel; y el los gentiles, que somos nosotros.

Cada uno fue llamado un pueblo y una nación; a menos que por la denominación nuncupativa alguien se atreva a reclamar para sí mismo el privilegio de gracia. Porque Dios ordenó "dos pueblos y dos naciones" como procedentes de la matriz de una mujer; la gracia no hizo distinción en la denominación nuncupativa, excepto en el orden de nacimiento; en el sentido de que quien estaba previsto preceder en su salida de la matriz, estaría sometido "al menor", es decir, al posterior. Por esto, Dios dice a Rebeca: "Dos gentes hay en tu seno, y dos pueblos serán divididos desde tus entrañas: Y el un pueblo será más fuerte que el otro pueblo, y el mayor servirá al menor" (Gn. 25:23).

En consecuencia, ya que el pueblo o nación de los judíos es anterior en el tiempo, y "más fuerte" por la gracia del favor primero de la Ley, mientras que el nuestro se

Según los registros memoriales de las Escrituras divinas, el pueblo de los judíos, esto es, el más antiguo, abandonó a Dios, y prestó un servicio degradante a los ídolos.

entiende que es "menor" en la edad de los tiempos, como habiendo obtenido en el último tiempo del siglo el conocimiento de la misericordia divina; sin duda, por medio del edicto de la proclamación divina, el pueblo primero "y más fuerte", esto es, los judíos, debe servir necesariamente al pueblo "menor", esto es, el cristiano, vencedor del "más grande".

Porque según los registros memoriales de las Escrituras divinas, el pueblo de los judíos, esto es, el más antiguo, abandonó a Dios, y prestó un servicio degradante a los ídolos; al abandonar la divinidad, se rindió a las imágenes; el pueblo dijo a Aarón: "Levántate, haznos dioses que vayan delante de nosotros" (Éx. 32: 1). Y cuando el oro de los collares de las mujeres y los anillos de los hombres fue totalmente derretido por el fuego, se forjó una cabeza parecida a un becerro, a este invento Israel, de común acuerdo, rindió diciendo: "Estos son tus dioses, que te sacaron de la tierra de Egipto" (Éx. 32:4).

Así, en los tiempos posteriores, cuando los reyes gobernaron Israel, volvieron a cometer idolatría, en conjunción con Jeroboam, adorando becerros de oro y en los lugares altos, esclavizados a Baal (1° R. 12:25-33; 2° R. 17:7-17). Por dónde queda demostrado que los judíos han sido representados en el volumen de las Escrituras divinas como culpables del crimen de idolatría; mientras nuestro pueblo "menor", es decir, el pueblo posterior, dejando a los ídolos que antes usaron servilmente para servir, han sido convertidos al mismo Dios[2] de quien Israel, como hemos relatado arriba, se había separado. Así, el "menor", esto es , el pueblo posterior, ha vencido al "pueblo más fuerte" al tiempo que logra la gracia del favor divino, de Israel se ha divorciado.[3]

---

[2] Cf. 1 Ts. 1:8-10: "Porque de vosotros ha sido divulgada la palabra del Señor no solamente en Macedonia y en Acaya, mas aun en todo lugar vuestra fe en Dios se ha extendido; de modo que no tenemos necesidad de hablar nada. Porque ellos cuentan de nosotros cuál entrada tuvimos a vosotros; y cómo os convertisteis de los ídolos a Dios, para servir al Dios vivo y verdadero. Y esperar a su Hijo de los cielos, al cual resucitó de los muertos; a Jesús, el cual nos libró de la ira que ha de venir".

[3] Pese a las intentonas judaizantes y judeocristianas, cuya intención era mantener a la naciente comunidad cristiana dentro de los límites de

Muro de las lamentaciones. Jerusalén.
"La destrucción de Jerusalén marcó la total separación del cristianismo del judaísmo de su época"

Los judíos han sido representados en el volumen de las Escrituras divinas como culpables del crimen de idolatría; mientras nuestro pueblo "menor", es decir, el pueblo posterior, dejando a los ídolos que antes usaron servilmente para servir, han sido convertidos al mismo Dios de quien Israel se había separado.

---

un judaísmo "reformado" por la nueva ley de Jesús, la Iglesia del primer siglo logró desprenderse de la sinagoga y comenzar su andadura con una conciencia clara de ser el nuevo pueblo de Dios elegido por gracia, en Cristo. La destrucción del templo de Jerusalén en el año 70 fue el momento decisivo que marcó esa separación irreversible.

2

La universalidad de la ley

En el principio del mundo Dios dio una ley a Adán y a Eva que no debían comer de la fruta del árbol plantado en medio del paraíso; y que, si lo hacían, pagarían con la muerte. En esta ley dada a Adán reconocemos el embrión de todos los preceptos que después brotaron cuando fue dada por Moisés.

¿Por qué hay que creer que Dios, el fundador del universo, el gobernador del mundo entero, el diseñador de humanidad, el sembrador[4] de las naciones universales, ha dado una ley por medio de Moisés a un pueblo, y no decir que la ha asignado a todas las naciones? Ya que si no la hubiera dado a todos, de ningún modo hubiera permitido, ni siquiera a los prosélitos de las naciones, tener acceso a ella.

La ley antes de Moisés

Pero, como es congruente con la bondad de Dios, y con su equidad, en cuanto diseñador de la humanidad, dio a todas las naciones la misma ley, que en un tiempo determinado y señalado por Él, debería observarse cuando Él quisiera y por quien Él quisiera y como Él quisiera. Porque en el principio del mundo Dios dio una ley a Adán y a Eva que no debían comer de la fruta del árbol plantado en medio del paraíso; y que, si lo hacían, pagarían con la muerte (Gn. 2:16, 17; 3:2, 3). Ley que hubiera seguido siendo suficiente para ellos de haberla guardado.

En esta ley dada a Adán reconocemos el embrión de todos los preceptos que después brotaron cuando fue dada por Moisés; es decir: "Amarás al Señor tu Dios con todo tu corazón, con toda tu alma y al prójimo como a ti mismo" (Dt. 6:4, 5; Lv. 19:18; Mt. 22:34-40; Mr. 12:28-34). "No matarás, no cometerás adulterio; no robarás; no darás falso testimonio; honra a tu padre y a tu madre; no codiciarás los bienes ajenos" (Éx. 20:12-17).

La ley primordial fue dada a Adán y a Eva en el paraíso como la matriz de todos los preceptos de Dios. En resumen, si ellos hubieran amado al Señor su Dios, no habrían contravenido su precepto; si hubieran amado

---

[4] Cf. "He aquí vienen días, dice Jehová, en que sembraré la casa de Israel y la casa de Judá de simiente de hombre y de simiente de animal" (Jer. 31:27).

habitualmente al prójimo, es decir, a ellos mismos (*semetipsos*), no habrían creído la persuasión de la serpiente, y así no habrían cometido un asesinato en ellos mismos (*semetipsos*), escindiéndose mutuamente de la inmortalidad, al contravenir el precepto de Dios; también se hubieran abstenido del robo si no hubieran tomado furtivamente de la fruta del árbol, ni se hubieran escondido angustiosos bajo un árbol para escapar de la vista de Dios; tampoco hubieran sido compañeros de las falsedades del diablo, al creer que serían "como el Dios"; y así tampoco habrían ofendido a Dios, como su Padre, quien los había formado de la arcilla de la tierra, como de la matriz de una madre; si no hubieran codiciado lo ajeno no habrían probado la fruta prohibida.

La observancia de la cual, en el caso de la fruta del árbol que Él había sancionado, reconocemos incluidos todos los preceptos, especialmente la Ley posterior, que germinó cuando se desveló a su propio tiempo. Porque la subsiguiente entrega de la ley es la obra del mismo Ser que antes había dado un precepto; ya que, además, es su providencia entrenar posteriormente a quien antes había resuelto formar, criaturas honradas. ¿De qué nos asombramos, pues, si Él amplía una disciplina que instituye? ¿Si Él adelanta a quien inicia?

Por lo tanto, en esta ley general y primordial de Dios, la observancia de la cual, en el caso de la fruta del árbol que Él había sancionado, reconocemos incluidos todos los preceptos, especialmente la Ley posterior, que germinó cuando se desveló a su propio tiempo. Porque la subsiguiente entrega de la ley es la obra del mismo Ser que antes había dado un precepto; ya que, además, es su providencia entrenar posteriormente a quien antes había resuelto formar, criaturas honradas. ¿De qué nos asombramos, pues, si Él amplía una disciplina que instituye? ¿Si Él adelanta a quien inicia?

En resumen, mantengo que antes de la Ley de Moisés escrita en tablas de piedra, había una ley no escrita, que era habitualmente entendida de forma natural, que fue guardada habitualmente por los padres. ¿Cómo hubiera sido considerado Noé "varón justo" (Gn. 6:9; 7:1) si no hubiera sido por una ley natural precedente? ¿De dónde se consideraría a Abraham "amigo de Dios" (Is. 41:8), si no hubiera sido por el fundamento de equidad y justicia en la observancia de una ley natural? ¿De dónde que Melquisedec sea llamado "sacerdote del Dios altísimo" (Gn. 14:18), si, antes del sacerdocio de la ley levítica, no hubo levitas acostumbrados a ofrecer sacrificios a Dios? Porque la Ley fue dada a Moisés después de los patriarcas mencionados, en aquel conocido tiempo de su éxodo de Egipto, después de un intervalo y espacio de cuatrocientos años. De hecho, fue "cuatrocientos treinta años" después de Abraham (Gn. 15:13; Éx. 12:40-42; Hch. 7:6) que se dio la Ley.

No anulemos el poder que Dios tiene, que reforma los preceptos de la ley en respuesta a las circunstancias de los tiempos, con miras a la salvación del hombre. En castigo, dejemos que quien contiende que aún debe observarse el sábado como un bálsamo de salvación, y la circuncisión al octavo día debido a la amenaza de muerte, que nos enseñe qué hombres justos del pasado guardaron el sábado o practicaron la circuncisión y fueron así llamados "amigos de Dios".

De aquí entendemos que la ley de Dios fue anterior incluso a Moisés, y no fue primeramente dada en Horeb, ni en el Sinaí en el desierto, sino mucho más antigua; existía en el primer paraíso, posteriormente reformado para los patriarcas, y otra vez para los judíos, en períodos determinados; así que nosotros no debemos dar a la Ley de Moisés prioridad en cuanto a la ley primitiva, sino en cuanto subsiguiente, que en un período determinado Dios ha dado también a los gentiles y, después de haberlo prometido repetidamente mediante los profetas, la ha reformado para mejor; avisando que así como "la ley fue dada por Moisés" en un tiempo determinado (Jn. 1:17), debería creerse que fue temporalmente observada y guardada.

No anulemos el poder que Dios tiene, que reforma los preceptos de la ley en respuesta a las circunstancias de los tiempos, con miras a la salvación del hombre. En castigo, dejemos que quien contiende que todavía debe observarse el sábado como un bálsamo de salvación, y la circuncisión al octavo día debido a la amenaza de muerte, que nos enseñe qué hombres justos del pasado guardaron el sábado o practicaron la circuncisión y fueron así llamados "amigos de Dios". Porque si la circuncisión purga al hombre, ya que Dios hizo a Adán incircunciso, ¿por qué no le circuncidó, ni siquiera después de pecar, si la circuncisión purga? A todos los efectos, al colocar Dios a Adán en el paraíso, designó a un incircuncidado como colono del paraíso. Por lo tanto, ya que Dios originó a Adán incircuncidado e inobservante del sábado, consecuentemente también su descendencia, Abel, ofreció sacrificios incircuncidados e inobservantes del sábado, y sin embargo fue aceptado por Él, ya que los ofrecía en la simplicidad de su corazón, y reprobó el sacrificio de su hermano Caín, que no hizo lo justo al dividir sus ofrendas (Gn. 4:1-7).

También Noé, incircuncidado e inobservante del sábado de Dios fue liberado del Diluvio (Gn. 6:18; 7:23). Porque también Enoc, el hombre más justo, incircuncidado y no observante del sábado, fue trasladado de este mundo (Gn. 5:22, 24; He. 11:5), el primero que no gustó la muerte para ser candidato a la vida eterna (*aeternitatis candidatus*), de modo que por este tiempo también nos muestra a nosotros que también podemos agradar a Dios sin la carga de la ley de Moisés.

Melquisedec, "sacerdote del Dios altísimo", incircuncidado y no observante del sábado, fue escogido para el sacerdocio de Dios. Asimismo, Lot, el hermano[5] de Abraham, demuestra que fue por los méritos de la justicia, sin la observancia de la ley, que él fue liberado de la conflagración de los sodomitas (Gn. 19:1-29; comparar 2ª P. 2:6-9).

De aquí entendemos que la ley de Dios fue anterior incluso a Moisés, y no fue primeramente dada en Horeb, ni en el Sinaí en el desierto, sino mucho más antigua; existía en el primer paraíso.

[5] Sobrino, según Génesis 11:31; 12:5.

3

La circuncisión y el cese de la vieja Ley

Abraham complació a Dios antes de su circuncisión, y todavía no observaba el sábado. Porque él "aceptó" la circuncisión como "una señal" de ese tiempo, no como la prerrogativa de un título para la salvación. De hecho, patriarcas subsiguientes fueron incircuncisos, como Melquisedec, que incircuncidado ofreció a Abraham, ya circuncidado, a la vuelta de su batalla, pan y el vino.

Pero Abraham, me dirás, ha sido circuncidado. Sí, pero él complació a Dios antes de su circuncisión,[6] y todavía no observaba el sábado. Porque él "aceptó"[7] la circuncisión como "una señal" de ese tiempo, no como la prerrogativa de un título para la salvación. De hecho, patriarcas subsiguientes fueron incircuncisos, como Melquisedec, que incircuncidado ofreció a Abraham, ya circuncidado, a la vuelta de su batalla, pan y el vino.[8]

Pero, me dirás de nuevo, en una ocasión el hijo de Moisés hubiera sido matado por un ángel, si Séfora no hubiera circuncidado el prepucio del infante con un pedernal (Éx. 4:24-25); de donde se deduce que "hay un gran peligro si alguien no circuncida el prepucio de su carne".

Pero si la circuncisión hubiera traído totalmente la salvación, incluido Moisés, en el caso de su propio hijo, no habría omitido circuncidarlo el octavo día; mientras que estamos de acuerdo que Séfora lo hizo en el viaje, obligada por el ángel. Consideremos, en consecuencia, que la circuncisión obligatoria de un solo infante no podía prescribirse para cada persona, y redondear, como si así fuera, una ley por guardar este precepto. Porque Dios, previendo que estaba dispuesto a dar la circuncisión al pueblo de Israel como una "señal", no para la salvación, urgió la circuncisión del hijo de Moisés, su líder futuro; por esta razón, a saber, ya que había comenzado, por medio de él, a dar al pueblo el precepto de la circuncisión, la gente no debía despreciarla, al ver este ejemplo –de negligencia– expuesto visiblemente en el hijo de su líder.

Porque la circuncisión había de darse, pero como una "señal", de modo que Israel, en el último tiempo, sea

---

[6] Génesis caps. 12-15, comparar con el cap. 17 y Romanos cap. 4.

[7] Tertuliano interpreta con esta palabra el texto paulino: "Y *recibió* la circuncisión por señal, por sello de la justicia de la fe que tuvo en la incircuncisión; para que fuese padre de todos los creyentes no circuncidados, para que también a ellos les sea contado por justicia" (Ro. 4:11).

[8] No parece que Abraham ya había sido circuncidado carnalmente cuando Melquisedec se encontró con él. Comparar Génesis 14 con 17.

distinguido, cuando, conforme a su acciones, le fuera prohibida la entrada en la ciudad santa, como vemos en las palabras de los profetas: "Vuestra tierra está destruida, vuestras ciudades puestas a fuego, vuestra tierra delante de vosotros comida de extranjeros, y asolada como asolamiento de extraños. Y queda la hija de Sion como choza en viña, y como cabaña en melonar, como ciudad asolada" (Is. 1:7, 8). ¿Por qué así? Porque el subsiguiente discurso del profeta les reprocha, diciendo: "Crié hijos, y los engrandecí, y ellos se rebelaron contra mí" (Is. 1:2). Y otra vez: "Cuando extendiereis vuestras manos, yo esconderé de vosotros mis ojos; asimismo cuando multiplicareis la oración, yo no oiré; llenas están de sangre vuestras manos" (v. 15). Y de nuevo: "¡Oh gente pecadora, pueblo cargado de maldad, generación de malignos, hijos depravados! Dejaron al Señor, provocaron a ira al Santo de Israel, se tornaron atrás" (v. 4).

Esta fue la previsión de Dios, que la circuncisión de Israel fuera una señal que les pudiera distinguir cuando llegara el tiempo de serles prohibida por sus obras la entrada en Jerusalén, circunstancia anunciada, porque iba a acontecer, que nosotros reconocemos ya que vemos su cumplimiento.

Esta fue, por tanto, la previsión de Dios, que la circuncisión de Israel fuera una señal que les pudiera distinguir cuando llegara el tiempo de serles prohibida por sus obras la entrada en Jerusalén, circunstancia anunciada, porque iba a acontecer, que nosotros reconocemos ya que vemos su cumplimiento.[9]

Porque, así como la circuncisión carnal, que era temporal, fue dada por "señal" a un pueblo rebelde, la espiritual ha sido dado para salvación a un pueblo obediente; mientras el profeta Jeremías dice: "Haced barbecho para vosotros, y no sembréis sobre espinas. Circuncidaos al Señor, y quitad los prepucios de vuestro corazón" (Jer. 4:3, 4). Y en otro lugar dice: "He aquí que vienen días, dice el Señor, en los cuales haré nuevo pacto con la casa de Jacob y la casa de Judá. No como el pacto que hice con sus padres el día que tomé su mano para sacarlos de tierra de Egipto; porque ellos invalidaron mi pacto, bien que fui yo un marido para ellos, dice el Señor" (Jer. 31:31, 32, comp. He. 8:8-13). De donde entendemos que era anunciado que el cese futuro de la antigua circuncisión entonces dada, y la venida de una ley –no como la que Él ya había dado a los padres–, tal como Isaías había predicho, diciendo que en

[9] Tertuliano se refiere a la ley del emperador Elio Adriano que, a raíz de la última rebelión judía de Bar Kochba contra Roma, prohibía a los judíos la entrada en Jerusalén, bajo pena de muerte.

En resumen, la futura procesión de una ley nueva de "la casa del Dios de Jacob", que Isaías anuncia se ha de entender de nosotros, quienes, enseñados por completo por la nueva ley, observamos estas prácticas, siendo abrogada la vieja ley, la venida de cuya abolición es demostrada por su acción.

los últimos días el monte del Señor y la casa de Dios serían manifiestos sobre las cimas de los montes: "Y acontecerá en lo postrero de los tiempos, que será confirmado el monte de la casa del Señor por cabeza de los montes, y será ensalzado sobre los collados, y correrán a él todas las gentes. Y vendrán muchos pueblos, y dirán: Venid, y subamos al monte del Señor, a la casa del Dios de Jacob" (Is. 2:2, 3), no de Esaú, el primer hijo, sino de Jacob, el segundo; es decir de nuestro "pueblo", cuyo "monte" es Cristo, cortado no por manos humanas, cubriendo toda la tierra, como se ve en el libro de Daniel (Dn. 2:34, 35, 44, 45).

En resumen, la futura procesión de una ley nueva de "la casa del Dios de Jacob", que Isaías anuncia en las palabras que siguen: "Porque de Sion saldrá la ley, y de Jerusalén la palabra del Señor. Y juzgará entre las gentes –esto es, entre nosotros–, y reprenderá a muchos pueblos; y volverán sus espadas en rejas de arado, y sus lanzas en hoces; no alzará espada gente contra gente" (Is. 2:3, 4), que además, por lo tanto, se ha de entender de nosotros, quienes, enseñados por completo por la nueva ley, observamos estas prácticas, siendo abrogada la vieja ley, la venida de cuya abolición es demostrada por su acción.[10] Porque el deseo de la vieja ley era vengarse a sí misma mediante la venganza del "ojo por ojo, diente por diente", "herida por herida" (Éx. 21:24, 25; Lv. 24:17-22; Dt. 19:11-21). Pero el modo de la nueva ley es señalar la clemencia, y convertir a la tranquilidad la ferocidad prístina de las "espadas" y las "lanzas", y remodelar la ejecución de los rivales de "guerra" y enemigos de la ley en acciones pacíficas de "arado" y "labranza" de la tierra.

Por lo tanto, como hemos mostrado arriba que el cese futuro de la ley vieja y de la circuncisión carnal había sido declarado, así, también, la observancia de la nueva ley y la circuncisión espiritual ha brillado en la obediencia voluntaria de paz. "Pueblo que yo no conocía, me sirvió. Así que hubo oído, me obedeció; los hijos de extraños se sometieron a mí" (Sal. 18:43, 44), anunciaron los profetas. Pero, ¿qué "pueblo" es el que Dios no conocía, sino el nuestro, que en días pasados no conocía a Dios? ¿Y quién,

---

[10] Por ejemplo, volver las espadas en rejas de arado, y las lanzas en hoces, etc.

"así que hubo oído", obedeció abandonando los ídolos, habiendo sido convertidos a Dios? Porque Israel, que había sido conocido por Dios, "criado" (Is. 1:2) en Egipto y transportado por el mar Rojo, al que alimentó en el desierto durante cuarenta años con maná, traído a semejanza de la eternidad, no contaminado con pasiones humanas, o alimentado con la carne de este mundo, sino que le dio a comer "pan de ángeles" (Sal. 78:25), y suficientemente unidos a Dios por sus beneficios, se olvidaron de su Señor y Dios, diciendo a Aarón: "Haznos dioses que vayan delante de nosotros; porque este Moisés, que nos ha sacado de la tierra de Egipto, nos ha abandonado y no sabemos dónde está". En consecuencia, nosotros, que "no éramos el pueblo de Dios",[11] hemos sido hechos su pueblo en los días pasados al aceptar la nueva ley mencionada y la nueva circuncisión predicha.

"Haznos dioses que vayan delante de nosotros: porque este Moisés, que nos ha sacado de la tierra de Egipto, nos ha abandonado y no sabemos dénde está". En consecuencia, nosotros, que "no éramos el pueblo de Dios", hemos sido hechos su pueblo en los días pasados al aceptar la nueva ley mencionada y la nueva circuncisión predicha.

---

[11] Cf Oseas 1:10: "El número de los hijos de Israel como la arena de la mar, que ni se puede medir ni contar. Y será, que donde se les ha dicho: Vosotros no sois mi pueblo, les será dicho: Sois hijos del Dios viviente". 1ª Pedro 2:10: "Vosotros, que en el tiempo pasado no erais pueblo, mas ahora sois pueblo de Dios; que en el tiempo pasado no habíais alcanzado misericordia".

4

La observancia del sábado

¿Qué sábado desea Dios que guardemos? Porque las Escrituras señalan un sábado eterno y un sábado temporal. El profeta Isaías dice: "Luna nueva y sábado, el convocar asambleas, no las puedo sufrir; son iniquidad vuestras solemnidades". De donde discernimos que el sábado temporal es humano, y que el sábado eterno es considerado divino; acerca del cual predice Isaías: "Y será que de mes en mes, y de sábado en sábado, vendrá toda carne a adorar delante de mí, dijo el Señor", que entendemos cumplido en el tiempo de Cristo.

De esto se sigue, en consecuencia, que, hasta donde la abolición de la circuncisión carnal y de la ley vieja se demuestra cómo habiendo sido consumada en su tiempo específico, así también la observancia del sábado queda demostrado que ha sido temporal.

Ya que los judíos dicen que desde el principio Dios santificó el séptimo día, al descansar de todas sus obras que hizo, y de ahí que, de la misma manera, Moisés dijera a su pueblo: "Mas el séptimo día será reposo para Jehová tu Dios; no hagas en él obra alguna, tú, ni tu hijo, ni tu hija, ni tu siervo, ni tu criada, ni tu bestia, ni tu extranjero que está dentro de tus puertas" (Éx. 20:8-11), "excepto solamente que aderecéis lo que cada cual hubiere de comer" (Éx. 12:16). De aquí entendemos nosotros que todavía más tenemos que guardarnos de "obras serviles" no sólo cada séptimo día, sino en todo tiempo.

Aquí surge una pregunta para nosotros, ¿qué sábado desea Dios que guardemos? Porque las Escrituras señalan un sábado eterno y un sábado temporal. El profeta Isaías dice: "Luna nueva y sábado, el convocar asambleas, no las puedo sufrir; son iniquidad vuestras solemnidades" (Is. 1:13). En otro lugar dice: "Habéis profanado mis sábados".[12] De donde discernimos que el sábado temporal es humano, y que el sábado eterno es considerado divino; acerca del cual predice Isaías: "Y será que de mes en mes, y de sábado en sábado, vendrá toda carne a adorar delante de mí, dijo el Señor" (Is. 66:23), que entendemos que se ha cumplido en el tiempo de Cristo, cuando "toda carne", esto es, toda nación, "ha venido a adorar en Jerusalén" a Dios Padre por medio de Jesucristo, su Hijo, tal como estaba predicho por el profeta: "He aquí, prosélitos irán por mí a ti".[13]

---

[12] No es Isaías, sino Ezequiel quien lo dice: "Mis santuarios menospreciaste, y mis sábados has profanado" (22:8).

[13] No hay ningún pasaje bíblico que corresponda literalmente a esta frase, se cree que se refiere, en síntesis, al cap. 49 de Isaías.

Por tanto, antes de este sábado temporal, había también un sábado eterno previsto y predicho; tal como antes de la circuncisión carnal había también una circuncisión espiritual prevista. En resumen, dejemos que nos enseñen, como ya hemos aceptado, que Adán observó el sábado; o que Abel, cuando ofreció a Dios una víctima santa, lo complació por una reverencia religiosa del sábado; o que Enoc, cuando trasladado, había sido un observante del sábado; o que Noé, el constructor del arca, guardó, debido al Diluvio, un sábado inmenso; o que Abraham, en observancia del sábado, ofreció a Isaac su hijo; o que Melquisedec, en su sacerdocio, recibió la ley del sábado.

Pero los judíos están seguros al decir que este precepto fue dado por Moisés, y que desde entonces su observancia es obligatoria. Según esto, el precepto no era eterno, ni espiritual, sino temporal, que cesaría un día. En resumen, es esto tan verdadero, que su solemnidad no consiste en la exención de trabajo en el sábado, o séptimo día, que Josué, hijo de Nun, en el momento en que estaba reduciendo la ciudad de Jericó por una guerra, afirmó que había recibido de Dios un precepto para que los sacerdotes llevaran el arca de la alianza de Dios siete días, haciendo el circuito de la ciudad, y así, cuando el circuito del séptimo día había sido realizado, las murallas de la ciudad cayeran espontáneamente (Jos. 6:1-20). Así se hizo y cuando el tiempo del séptimo día hubo terminado, tal como ha sido predicho, se derrumbaron los muros de la ciudad.

Los judíos están seguros al decir que este precepto fue dado por Moisés, y que desde entonces su observancia es obligatoria. Según esto, el precepto no era eterno, ni espiritual, sino temporal, que cesaría un día. En resumen, es esto tan verdadero, que su solemnidad no consiste en la exención de trabajo en el sábado, o séptimo día, que Josué, hijo de Nun, en el momento en que estaba reduciendo la ciudad de Jericó por una guerra, afirmó haber recibido de Dios un precepto para que los sacerdotes llevaran el arca de la alianza de Dios siete días.

Esto muestra evidentemente que en el número de los siete días intervino un sábado. Porque siete días, desde donde se quiera comenzar, deben incluir dentro de ellos un día sábado; en el que no sólo los sacerdotes trabajaron, sino que la ciudad fue hecha presa con el filo de la espada por todo el pueblo de Israel. Tampoco se puede dudar que realizaron "trabajo servil", cuando, en obediencia al precepto de Dios, tomaron las presas de guerra. Porque también en tiempos de los macabeos, lucharon los judíos valientemente en los sábados, y derrotaron a sus enemigos extranjeros, y recordaron la ley de sus padres, según el estilo primitivo de vida cuando lucharon los sábados.[14]

---

[14] Véase 1 Macabeos cap. 2, donde se narra la resolución de Matatías a la vista de la muerte de muchos patriotas observantes del reposo del sábado, aprovechado por sus enemigos para asesinarles fácilmente.

Es manifiesto de todo ello que la fuerza de tales preceptos era temporal, y tocante a la necesidad de circunstancias presentes; y que no fue con vistas a su observancia perpetua que Dios entregó tal ley en otros tiempos.

No debía ser la ley que reivindicaron, pienso yo, otra que la que recordaron que existía en la prescripción sobre "el día del sábado".

Es manifiesto de todo ello que la fuerza de tales preceptos era temporal, y tocante a la necesidad de circunstancias presentes; y que no fue con vistas a su observancia perpetua que Dios entregó tal ley en otros tiempos.

"Matatías y sus amigos, al saber lo ocurrido, celebraron el duelo. Sin embargo, se dijeron: 'No podemos hacer como nuestros hermanos, sino que debemos luchar contra los paganos para defender nuestra vida y nuestras costumbres. De otra manera, pronto nos habrán exterminado'. Aquel día resolvieron defenderse contra quien los atacara en día sábado, y no dejar que los asesinaran, como había pasado con sus hermanos en aquellos refugios" (1 Mac. 2:41, 42).

5

Los sacrificios

Así, de nuevo, mostramos que los sacrificios de oblaciones terrenales y de sacrificios espirituales han sido predichos; y, más aún, que desde el principio los terrenales fueron prefigurados, en la persona de Caín, que serían los del "hijo mayor", es decir, de Israel; y los sacrificios opuestos, del "hijo más joven", Abel, es decir, de nuestra gente. Porque el mayor, Caín, ofrecía a Dios dones del fruto de la tierra, pero el hijo joven, Abel, frutos de sus ovejas. "Mas no miró propicio a Caín y a la ofrenda suya. Y se ensañó Caín en gran manera, y decayó su semblante. Entonces el Señor dijo a Caín: ¿Por qué se ha mudado tu rostro? Si bien *ofrecieras,*[15] ¿no serás ensalzado? y si no ofreces bien, el pecado está a la puerta; con todo esto, a ti será su deseo, y tú te enseñorearás de él. Y habló Caín a su hermano Abel: y aconteció que estando ellos en el campo, Caín se levantó contra su hermano Abel, y le mató. Y Dios dijo a Caín: ¿Dónde está Abel tu hermano? Y él respondió: No sé; ¿soy yo guarda de mi hermano? Y él le dijo: ¿Qué has hecho? La voz de la sangre de tu hermano clama a mí desde la tierra. Ahora pues, maldito seas tú de la tierra que abrió su boca para recibir la sangre de tu hermano de tu mano... Y dijo Caín: He aquí me echas hoy de la faz de la tierra, y sucederá que cualquiera que me hallare, me matará" (Gn. 4:2-14). De este proceder deducimos que el sacrificio doble de los pueblos estaba prefigurado incluso desde el principio.

Así, mostramos que los sacrificios de oblaciones terrenales y de sacrificios espirituales han sido predichos; y, más aún, que desde el principio los terrenales fueron prefigurados, en la persona de Caín, que serían los del "hijo mayor", es decir, de Israel; y los sacrificios opuestos, del "hijo más joven", Abel, es decir, de nuestra gente.

En resumen cuando la ley sacerdotal fue preparada en el Levítico, por medio de Moisés, encontramos ordenado que el pueblo de Israel no debería ofrecer sacrificios en ningún otro lugar que en la tierra prometida; que el Señor Dios iba a dar al pueblo de Israel y a sus hermanos, para que, después de la introducción de Israel, se celebraran allí sacrificios y holocaustos por los pecados y por las almas; y en ninguna otra parte que en la tierra santa (Lv. 17:1-9;

[15] La versión de Tertuliano difiere en algunos puntos del hebreo y de la Septuaginta.

No es el sacrificio terrenal, sino el espiritual, la ofrenda que hemos de hacer a Dios, como está escrito: "Los sacrificios de Dios son el espíritu quebrantado; Al corazón contrito y humillado no despreciarás tú, oh Dios". Así, en consecuencia, se indicaba que los sacrificios espirituales de alabanza y un corazón contrito eran un sacrificio aceptable a Dios.

Dt. 12:1-26 ¿Por qué, según esto, el Espíritu predice después, mediante los profetas, que se llegaría a ofrecer sacrificios a Dios en todo lugar y en toda la tierra? Como dice por medio del ángel Malaquías, uno de los doce profetas: "Yo no recibo contentamiento en vosotros, ni de vuestra mano me será agradable el presente. Porque desde donde el sol nace hasta donde se pone, es grande mi nombre entre las gentes; y en todo lugar se ofrece a mi nombre perfume, y presente limpio; porque grande es mi nombre entre las gentes, dice el Señor de los ejércitos" (Mal. 1:10, 11).

Otra vez, en los Salmos, David dice: "Por toda la tierra salió su hilo, y al cabo del mundo sus palabras. En ellos puso tabernáculo para el sol" (Sal. 19:4, comp. Ro. 10:18). "Por toda la tierra", indudablemente porque la predicación de los apóstoles tenía que "salir" (Mt. 28:19, 20; Mr. 16:15-16; Lc. 24:45-48). "Dad al Señor la honra debida a su nombre: Tomad presentes, y venid a sus atrios" (Sal. 96:8). "Dad al Señor la gloria debida a su nombre: Humillaos al Señor en el glorioso santuario" (Sal. 29:2). Quitad las víctima de los sacrificios terrenales y entrad en sus atrios. Porque no es el sacrificio terrenal, sino el espiritual, la ofrenda que hemos de hacer a Dios, como está escrito: "Los sacrificios de Dios son el espíritu quebrantado: Al corazón contrito y humillado no despreciarás tú, oh Dios" (Sal. 51:17). Y en otro lugar: "Sacrifica a Dios alabanza, y paga tus votos al Altísimo" (Sal. 50:1).

Así, consecuentemente, se indicaba que los sacrificios espirituales de alabanza y un corazón contrito eran un sacrificio aceptable a Dios. Y así, por contra, los sacrificios carnales se entiende que son reprobados, de lo que Isaías habla, diciendo: "¿Para qué a mí, dice el Señor, la multitud de vuestros sacrificios?" (Is. 1:11), prediciendo así que los sacrificios espirituales que los profetas anuncian son aceptados.

Porque, "¿Quién demandó esto de vuestras manos, cuando vinieseis a presentaros delante de mí, para hollar mis atrios? No me traigáis más vano presente; el perfume me es abominación; luna nueva y sábado, el convocar asambleas, no las puedo sufrir; son iniquidad vuestras solemnidades. Vuestras lunas nuevas y vuestras solemnidades las tiene aborrecidas mi alma; me son gravosas; cansado estoy de llevarlas" (Is. 1:12-14). De los sacrificios terrenales dice: "Yo no recibo contentamiento en vosotros, ni de vuestra mano me será agradable el presente. Porque desde donde el sol nace hasta donde se pone, es grande mi nombre entre las gentes"; pero de los espirituales, dice a continuación: "En todo lugar se ofrece a mi nombre perfume, y presente limpio; porque grande es mi nombre entre las gentes, dice el Señor de los ejércitos" (Mal. 1:10, 11).

6

La abolición y el abolicionista de la vieja Ley

Ya que es manifiesto que se prefiguró un sábado temporal, y un sábado eterno; una circuncisión carnal y otra espiritual predicha; una ley temporal y otra ley eterna formalmente declarada; un sacrificio carnal y otro espiritual preanunciado; se sigue que, después de haber dado carnalmente al pueblo Israel todos estos preceptos, en el tiempo precedente, iba a venir un tiempo cuando cesarían los preceptos de la ley antigua y de las viejas ceremonias, se asentaría la promesa del Nuevo Pacto, al tiempo que la luz de lo alto brillaría sobre nosotros.

Por consiguiente, ya que es manifiesto que se prefiguró un sábado temporal, y un sábado eterno; una circuncisión carnal y otra espiritual predicha; una ley temporal y otra ley eterna formalmente declarada; un sacrificio carnal y otro espiritual preanunciado; se sigue que, después de haber dado carnalmente al pueblo Israel todos estos preceptos, en el tiempo precedente, iba a venir un tiempo cuando cesarían los preceptos de la ley antigua y de las viejas ceremonias, se asentaría la promesa del Nuevo Pacto, al tiempo que la luz de lo alto brillaría sobre nosotros, que habitamos en oscuridad y sombra de muerte.[16]

Y así, "nos es impuesta una necesidad" (1ª Co. 9:16), que nos obliga, ya que hemos asentado que una nueva ley fue predicha por los profetas, y tal que nunca había sido dada a los padres en el día que los sacó de la tierra de Egipto, a mostrar y probar, por un lado, que la vieja Ley ha cesado, y por otro, que la nueva ley prometida está obrando ahora.

Y, en verdad, primero debemos preguntarnos si hubo la expectación del dador de una nueva ley, y un heredero del nuevo testamento, y un sacerdote del nuevo sacrificio, y un purgador de la nueva circuncisión, y un observante del sábado, que suprimiera la vieja ley, e instituir un nuevo testamento, y ofrecer un nuevo sacrificio, y reprimir las ceremonias antiguas, y suprimir la vieja circuncisión junto con el sábado, y anunciar un reino nuevo que no es corruptible.

Debemos inquirir, digo, si este dador de la ley nueva; observante del sábado espiritual; sacerdote de sacrificios

[16] Cf.: "Nos visitó de lo alto el Oriente, para dar luz a los que habitan en tinieblas y en sombra de muerte; para encaminar nuestros pies por camino de paz" (Lc. 1:78, 79). "El pueblo que andaba en tinieblas vio gran luz; los que moraban en tierra de sombra de muerte, luz resplandeció sobre ellos" (Is. 9:2). "El pueblo asentado en tinieblas, vio gran luz; y a los asentados en región y sombra de muerte, luz les esclareció" (Mt. 4:16).

eternos; señor eterno del reino eterno, va a venir o no, para que, si ya ha venido, le prestemos el servicio que se merece; y si no ha venido todavía, que podamos esperar hasta que por su advenimiento se manifieste que los preceptos de la vieja Ley son suprimidos, y los comienzos de una nueva ley surjan en el horizonte. Y, principalmente, debemos dejar sentado que la Ley antigua y los profetas no podrían haber cesado, a menos que haya venido aquel cuya venida fue constantemente anunciada por la misma Ley y por los mismos profetas.

Debemos inquirir, digo, si este dador de la ley nueva; observante del sábado espiritual; sacerdote de sacrificios eternos; señor eterno del reino eterno, va a venir o no, para que, si ya ha venido, le prestemos el servicio que se merece; y si no ha venido aún, que podamos esperar hasta que por su advenimiento se manifieste que los preceptos de la vieja Ley son suprimidos, y los comienzos de una nueva ley surjan en el horizonte.

7

La cuestión del reinado universal de Cristo

Tenemos que examinar el tiempo para cuando los profetas anunciaban que el Cristo iba a venir. Así, si tenemos éxito en reconocer que ha venido dentro de los límites de esos tiempos, podemos creer sin duda que Él es aquel cuya venida futura era el tema de los cánticos proféticos, a quien nosotros –las naciones–, se anunció como destinados a creer.

Por lo tanto, sobre este tema permanece en pie si el Cristo, cuya venida fue constantemente anunciada, ha venido ya o si su venida es todavía motivo de esperanza. Como prueba de esta cuestión tenemos que examinar el tiempo para cuando los profetas anunciaban que el Cristo iba a venir. Así, si tenemos éxito en reconocer que ha venido dentro de los límites de esos tiempos, podemos creer sin duda que Él es aquel cuya venida futura era el tema de los cánticos proféticos, a quien nosotros –las naciones–, se anunció como destinados a creer.

Entonces, cuando nos hayamos puesto de acuerdo sobre su venida, podremos, sin lugar a dudas, creer que una nueva ley ha sido dado por Él, y no menospreciar el nuevo testamento preparado para nosotros en Él y por medio de Él.[17]

De que el Cristo había de venir sabemos que ni los judíos intentan refutarlo, puesto que es a su advenimiento que dirigen su esperanza. No necesitamos, pues, inquirir con más detenimiento en este tema, ya que desde los días pasados todos los profetas han profetizado de él, como Isaías: "Así dice el Señor Dios a mi Cristo el Señor,[18] al cual tomé yo por su mano derecha, para sujetar gentes delante de él y desatar lomos de reyes; para abrir delante de él puertas, y las puertas no se cerrarán" (Is. 45:1). Predicción que vemos realizada. Porque, ¿qué mano derecha toma Dios el Padre, sino la de Cristo, su Hijo?, a quien todas las naciones han escuchado, esto es, a quien todas las naciones han creído, cuyos predicadores, a saber, los apóstoles, se refiere David en los Salmos: "Por toda la tierra salió su

---

[17] Cf. Mateo 26:27, 28: "Y tomando el vaso, y hechas gracias, les dio, diciendo: Bebed de él todos; porque esto es mi sangre del nuevo pacto, la cual es derramada por muchos para remisión de los pecados".

[18] "Así dice el Señor a su *ungido*" (versión Reina-Valera y otras). La versión de los LXX explica la diferente lectura de Tertuliano. La letra "i" marca la diferencia, porque *kurw* (ungido) ha sido leído como *kuriw* (señor).

hilo, y al cabo del mundo sus palabras. En ellos puso tabernáculo para el sol" (Sal. 19:4).[19]

Porque, ¿a quién más han creído las naciones universales, sino al Cristo, que ya ha venido? Porque, ¿en quién creyeron las naciones citadas: "partos y medos, y elamitas, y los que habitamos en Mesopotamia, en Judea y en Capadocia, en el Ponto y en Asia, en Frigia y Panfilia, en Egipto y en las partes de África que está de la otra parte de Cirene, y romanos extranjeros, tanto judíos como convertidos" (Hch. 2:9, 10), y otras naciones (v. 5).

¿Cómo, por ejemplo, para este tiempo se sometieron a Cristo pueblos inaccesibles a los romanos, como las variadas razas y naciones de las Galias, y los límites diversos de los moros (Mauritania), todos los límites de España, y los lugares de los bretones (Britania); y de los sármatas, y dacios, y germanos, y escitas, y de muchas naciones remotas, y de provincias y muchas islas, a nosotros desconocidas, que escasamente podemos enumerar?[20]

En todos estos lugares reina el nombre del Cristo que ha venido, ante quien las puertas de todas las ciudades han sido abiertas y ninguna cerrada, ante quien "se han quebrantado puertas de bronce, y hecho pedazos los cerrojos de hierro" (Is. 45:1, 2). Aunque también haya un sentido espiritual en estas expresiones; que los corazones de los individuos, bloqueados de varios modos por el diablo, sean quebrantados por la fe de Cristo; todavía han sido cumplidas claramente, puesto que en todos estos lugares mora "el pueblo" del Nombre de Cristo.

¿Y quién podría haber reinado sobre todas las naciones, sino Cristo, el Hijo del Dios, que siempre fue anunciado como destinado a reinar sobre todos hasta la eternidad? Ya que si Salomón "reinó", porque fue dentro de los límites de Judea simplemente: "Desde Dan hasta Beer-

Porque, ¿a quién más han creído las naciones universales, sino al Cristo, que ya ha venido? ¿Cómo, por ejemplo, para este tiempo se sometieron a Cristo pueblos inaccesibles a los romanos, como las variadas razas y naciones de las Galias, y los límites diversos de los moros (Mauritania), todos los límites de España, y los lugares de los bretones (Britania); y de los sármatas, y dacios, y germanos, y escitas, y de muchas naciones remotas, y de provincias y muchas islas, a nosotros desconocidas, que escasamente podemos enumerar?

[19] Comparar Romanos 10:18: "Mas digo: ¿No han oído? Antes bien, Por toda la tierra ha salido la fama de ellos, Y hasta los cabos de la redondez de la tierra las palabras de ellos".

[20] La rápida expansión del cristianismo por todo el mundo conocido, fue considerada por los apologistas como una prueba del carácter sobrenatural de la fe de Cristo. Hasta en el siglo IV, el mismo Agustín sigue considerando la expansión universal de la Iglesia una muestra de la naturaleza divina de sus fundamentos. Por otra parte, se ve además, que ni hizo falta el reconocimiento del emperador Constantino, para que el cristianismo dominara todas las capas del imperio y más allá todavía.

El Nombre de Cristo se extiende por todas partes, creído en todo lugar, adorado por todas las naciones arriba enumeradas, reinando en todas partes sobre todos. Ningún rey, con Él, halla un favor más grande, ni ningún bárbaro menos gozo; ninguna dignidad o encumbramiento disfrutan distinciones de mérito; para Él todo es igual, a todos Rey, a todos Juez, a todos "Dios y Señor".

seba, todos los días de Salomón" (1° R. 4:25). Si, además, Darío "reinó" sobre los babilonios y partos, no tuvo poder sobre todas las naciones; si el Faraón, o quienquiera le sucediera en su reino hereditario, sobre los egipcios, en aquel país simplemente poseyó el dominio de su reino; si Nabucodonosor, con sus reyes súbditos, "desde la India hasta la Etiopía sobre ciento veintisiete provincias" (Est. 1:1); si Alejandro el macedonio, no dominó nada más universal que Asia y otras regiones, después de haberlas conquistado; si los germanos, a este día no se les permite cruzar sus propios límites; los bretones están encerrados dentro del circuito de su propio océano; las naciones de los moros, y el barbarismo de los gutilianos están bloqueadas por los romanos, no sea que excedan los límites de sus propias regiones.

¿Qué diré de los mismos romanos, que fortifican su imperio con guarniciones de sus propias legiones, y no pueden ampliar la fuerza de su reino más allá de estas naciones? Pero el Nombre de Cristo se extiende por todas partes, creído en todo lugar, adorado por todas las naciones arriba enumeradas, reinando en todas partes sobre todos. Ningún rey, con Él, halla un favor más grande, ni ningún bárbaro menos gozo; ninguna dignidad o encumbramiento disfrutan distinciones de mérito; para Él todo es igual, a todos Rey, a todos Juez, a todos "Dios y Señor".

Nadie debería vacilar a la hora de creer lo que aseveramos, puesto que cualquiera puede ver que está ocurriendo.

8

El tiempo del nacimiento y pasión de Cristo y la destrucción de Jerusalén

Debemos examinar la predicción sobre la futura natividad de Cristo, y su pasión, y la exterminación de la ciudad de Jerusalén, es decir su devastación. Ya que Daniel dice: "Se quitará la vida al Mesías, y no por sí; y el pueblo de un príncipe que ha de venir, destruirá a la ciudad y el santuario; con inundación será el fin de ella, y hasta el fin de la guerra será talada con asolamientos".

Como consecuencia de lo dicho, debemos examinar la predicción sobre la futura natividad de Cristo, y su pasión, y la exterminación de la ciudad de Jerusalén, es decir su devastación. Ya que Daniel dice: "Se quitará la vida al Mesías, y no por sí; y el pueblo de un príncipe que ha de venir, destruirá a la ciudad y el santuario; con inundación será el fin de ella, y hasta el fin de la guerra será talada con asolamientos" (Dn. 9:26). Y así, los tiempos de la venida de Cristo, nuestro jefe,[21] deben investigarse remontándonos hasta Daniel; y, después de computarlos, probar que es Él quien había de venir, incluso sobre la base de los tiempos prescritos y los competentes signos y maravillas que realizó. Asunto que probaremos, una vez más, en base a las consecuencias que iban a seguir a su advieno, según habían sido anunciadas; para que nosotros podamos creer que todo se ha realizado como estaba previsto.

De este modo, pues, Daniel predijo acerca de Él, para mostrar cuándo y en qué tiempo debía dar libertad a las naciones; y cómo, después de la pasión del Cristo, aquella ciudad iba a ser exterminada. Porque dice así: "En el año primero de Darío hijo de Asuero, de la nación de los medos, el cual fue puesto por rey sobre el reino de los caldeos; en el año primero de su reinado, yo Daniel miré atentamente en los libros el número de los años... Aún estaba hablando en oración, y aquel varón Gabriel, al cual había visto en visión al principio, volando con presteza, me tocó como a la hora del sacrificio de la tarde. Me hizo entender, y habló conmigo, y dijo: Daniel, ahora he salido para hacerte entender la declaración. Al principio de tus ruegos salió la palabra, y yo he venido para enseñártela, porque tú eres varón de deseos. Entiende pues la palabra, y entiende la visión. Setenta semanas están determinadas[22]

[21] Cf. Is. 55:4: "He aquí, que yo lo di por testigo a los pueblos, por jefe y por maestro a las naciones".

[22] *Abreviadas*, en la versión de Tertuliano.

sobre tu pueblo y sobre tu santa ciudad, para acabar la prevaricación, y concluir el pecado, y expiar la iniquidad; y para traer la justicia de los siglos, y sellar la visión y la profecía, y ungir al Santo de los santos. Sepas pues y entiendas, que desde la salida de la palabra para restaurar y edificar a Jerusalén hasta el Mesías Príncipe, habrá siete semanas, y sesenta y dos semanas; se tornará a edificar la plaza y el muro en tiempos angustiosos. Y después de las sesenta y dos semanas se quitará la vida al Mesías, y no por sí; y el pueblo de un príncipe que ha de venir, destruirá a la ciudad y el santuario; con inundación será el fin de ella, y hasta el fin de la guerra será talada con asolamientos. Y en otra semana confirmará el pacto a muchos, y a la mitad de la semana hará cesar el sacrificio y la ofrenda; después con la muchedumbre de las abominaciones vendrá el desolador, hasta que venga la consumación; y se derrame lo ya determinado sobre el pueblo asolado" (Dn. 9:1, 20-27).

Observamos, por tanto, el límite, como en verdad predice Daniel que hay 70 semanas, en las cuales, si le reciben, "se volverá a edificar la plaza y el muro", pero Dios, previendo que no meramente no le recibirían, sino que le perseguirían y lo entregarían a muerte, recapitula y dice que en la semana sesenta y dos y media nacerá Él y el santo de los santos será ungido. Pero cuando se cumpla la séptima semana y media, Él tendrá que sufrir y la ciudad será exterminada después de una semana y media, a saber cuando la séptima semana y media se haya completado. Porque se dice: "El príncipe que ha de venir destruirá la ciudad y el santuario; y su fin será con inundación, y hasta el fin de la guerra durarán las devastaciones" (Dn. 9:26).

Observamos, por tanto, el límite, como en verdad predice Daniel que hay 70 semanas, en las cuales, si le reciben, "se volverá a edificar la plaza y el muro", pero Dios, previendo que no meramente no le recibirían, sino que le perseguirían y lo entregarían a muerte, recapitula y dice que en la semana sesenta y dos y media nacerá Él y el santo de los santos será ungido. Pero cuando se cumpla la séptima semana y media, Él tendrá que sufrir y la ciudad será exterminada después de una semana y media, a saber cuando la séptima semana y media se haya completado.

¿De dónde, por tanto, deducimos nosotros que Cristo vino dentro de la setenta y dos semanas y media? Contaremos, para ello, desde el principio el año de Darío, ya que precisamente en ese tiempo particular fue mostrada a Daniel esta particular visión: "Entiende, pues, la orden, y entiende la visión" (v. 23). De aquí que seamos obligados a calcular desde el principio el año de Darío, cuando Daniel tuvo esta visión.

Veamos, pues, cómo los años se llenan hasta el advenimiento del Cristo:

Darío reinó 19 años.
Artajerjes reinó 41 años.
Entonces el rey Ochus (al que también llaman Ciro) reinó 24 años.
Argos, un año.
Otro Darío, quien también es llamado Melas, 21 años.
Alejandro el macedonio 12 años.

Entonces, después de Alejandro, que reinó sobre medas y persas, a los que había reconquistado y establecido su reino firmemente en Alejandría, llamada así en honor de su nombre, reinaron en Alejandría:

Soter, 35 años.
A quien sucede
Filadelfo, reinando 38 años.
A él sucede Euergetes, 25 años.
Entonces, Filopátor, 17 años.
Después de él, Epífanes, 24 años.
Entonces, otro Euergetes, 29 años.
Entonces, otro Soter, 38 años.
Ptolomeo, 37 años.
Cleopatra, 20 años y 5 meses.
De nuevo Cleopatra, reinó conjuntamente con Augusto, 13 años.
Después de Cleopatra, Augusto reinó otros 43 años.
Porque todos los años del imperio de Augusto fueron 56.

Veamos, además, cómo en el año cuarenta y uno del imperio de Augusto, cuando llevaba reinando 28 años después de la muerte de Cleopatra, el Cristo nació –y el mismo Augusto sobrevivió 15 años, después de que Cristo hubo nacido, y el tiempo restante de los años hasta el día del nacimiento de Cristo nos traerán al año 40 primero, que es el 28 de Augusto, después de la muerte de Cleopatra–. Suman, entonces, 337 y cinco meses –por dónde se completan las 62 semanas y media; que hacen 337 años y 6 meses– para el día del nacimiento de Cristo. Y, entonces, ungido el Santo de los santos, es decir, Cristo, sellará la visión del profeta y "pondrá fin al pecado" (v. 24), que por medio de la fe en Él son limpiados.

Veamos cómo en el año cuarenta y uno del imperio de Augusto, cuando llevaba reinando 28 años después de la muerte de Cleopatra, el Cristo nació –y el mismo Augusto sobrevivió 15 años, después de que Cristo hubo nacido, y el tiempo restante de los años hasta el día del nacimiento de Cristo nos traerán al año 40 primero, que es el 28 de Augusto, después de la muerte de Cleopatra–. Suman, entonces, 337 y cinco meses –por dónde se completan las 62 semanas y media; que hacen 337 años y 6 meses– para el día del nacimiento de Cristo.

¿Pero qué significa el dicho "sellar la visión y la profecía"? Que todos los profetas que hablaron de Él, anunciaron que iba a venir y tenía que padecer.[23] Por consiguiente, ya que la profecía se cumplió en su venida, porque por está razón se dice que "sella la visión y la profecía" (v. 24), puesto que Él es el sello de todos los profetas, realizando todas las cosas que en días pasados anunciaron de Él. Porque después del advenimiento de Cristo y su pasión ya no hay más visión o profeta que anuncie su venida.

Por consiguiente, ya que la profecía se cumplió en su venida, porque por está razón se dice que "sella la visión y la profecía", puesto que Él es el sello de todos los profetas, realizando todas las cosas que en días pasados anunciaron de Él. Porque después del advenimiento de Cristo y su pasión ya no hay más visión o profeta que anuncie su venida.

En resumen, si esto no es así, dejemos que los judíos muestren, posteriormente a Cristo, algún volumen de los profetas, milagros visibles obrados por algún ángel, que en los días pasados los patriarcas vieron hasta el advenimiento de Cristo, que ya ha venido; desde cuyo evento se ha "sellado la visión y la profecía", es decir, se ha confirmado. Y justamente escribe el evangelista: "Porque todos los profetas y la ley hasta Juan profetizaron" (Mt. 11:13; Lc. 16:16).[24] Porque, al ser Cristo bautizado, es decir, al santificar las aguas en su propio bautismo, toda la plenitud de la gracia y de los pasados dones cesaron en Cristo, sellando toda visión y toda profecía, que por su advenimiento se ha cumplido. De aquí que se diga firmemente que Su adviento "sella la visión y la profecía".

En consecuencia, mostrando (como hemos hecho), el número de años, y el tiempo del cumplimiento de las sesenta y dos semanas y media, hemos mostrado que Cristo ha venido, es decir, que ha nacido; veamos ahora qué significan las otras siete semanas y media, que hemos subdividido en la abscisión de las semanas anteriores. Veamos, principalmente, en qué eventos se han cumplido:

Porque, después de Augusto, que sobrevivió al nacimiento de Cristo, van 15 años.

A quien sucedió Tiberio César, que tuvo el imperio 20 años, 7 meses y 28 días.

---

[23] Cf. Lucas 24:25-27: "Entonces él les dijo: ¡Oh insensatos, y tardos de corazón para creer todo lo que los profetas han dicho! ¿No era necesario que el Cristo padeciera estas cosas, y que entrara en su gloria? Y comenzando desde Moisés, y de todos los profetas, declarábales en todas las Escrituras lo que de él decían".

[24] Se entiende que el evangelista registra aquí las palabras de Jesús.

(En el quincuagésimo año de su imperio, Cristo sufrió, siendo de 30 años cuando padeció).

Cayo César, también llamado Calígula, 3 años, 8 meses y 13 días.

Nerón César, 11 años, 9 meses y 13 días.

Galba, 7 meses y 6 días.

Oto, 3 días.

Vitelio, 8 meses y 27 días.

Vespasiano, que sometió a los judíos en guerra en el primer año de su imperio, hace los 53 años y 6 meses. Porque él reinó 11 años. Y así, en el día del asalto, los judíos cumplieron las setenta semanas predichas en Daniel.

Por lo tanto, cuando estos tiempos se cumplieron y los judíos fueron sometidos, cesaron en aquel lugar las "libaciones y sacrificios", que desde entonces no han podido celebrar en ese celebrado lugar; porque también la "unción", ha sido "exterminada" en aquel lugar después de la pasión de Cristo. Porque se había predicho que la unción sería exterminada en ese lugar; como en los Salmos se profetiza: "Horadaron[25] mis manos y mis pies" (Sal. 22:16). Y el sufrimiento de esta "exterminación" fue perfeccionada en el tiempo de las 70 semanas, bajo Tiberio César, durante el consulado de Rubelio Gemino y Fufio Gemino, en el mes de marzo, en la fiesta de la pascua, al octavo día antes de las calendas de abril (cf. Mt. 25), en el primer día de los panes sin levadura, en cuya víspera sacrificaban el cordero, tal como había sido ordenado por Moisés (Éx. 12:6; Mr. 14:12; Lc. 22:7). En consecuencia, toda la sinagoga de Israel lo mató, diciendo a Pilato, cuando éste deseaba soltarle: "Su sangre sea sobre nosotros, y sobre nuestros hijos" (Mt. 27:24, 25). "Si a éste sueltas, no eres amigo de César" (Jn. 19:12), para que se cumplieran todas las cosas que se habían escrito de Él.[26]

También la "unción", ha sido "exterminada" en aquel lugar después de la pasión de Cristo. Porque se había predicho que la unción sería exterminada en ese lugar; como en los Salmos se profetiza: "Horadaron mis manos y mis pies". Y el sufrimiento de esta "exterminación" fue perfeccionada en el tiempo de las 70 semanas, bajo Tiberio César, durante el consulado de Rubelio Gemino y Fufio Gemino, en el mes de marzo, en la fiesta de la pascua, al octavo día antes de las calendas de abril, en el primer día de los panes sin levadura, en cuya víspera sacrificaban el cordero, como ordenara Moisés.

---

[25] Tertuliano lee "exterminaron", en lugar de "horadaron".

[26] Cf. Lucas 24:44, 45: "Y él les dijo: Estas son las palabras que os hablé, estando aún con vosotros: que era necesario que se cumpliesen todas las cosas que están escritas de mí en la ley de Moisés, y en los profetas, y en los salmos. Entonces les abrió el sentido, para que entendiesen las Escrituras".

9

Las profecías del nacimiento y los hechos de Cristo

Bien, pues, Isaías predice que será llamado Emmanuel; y que posteriormente tomará el poder de Damasco y los despojos de Samaria, en oposición al rey de los asirios. "Pero" dicen los judíos, "ese Cristo vuestro que vino, no es llamado por ese nombre, ni ha entrado en guerra". Pero nosotros pensamos que ellos deberían ser amonestados para que recordaran también el contexto de este pasaje. Porque unido al nombre de Emmanuel está su interpretación: Dios con nosotros.

Comenzaremos por demostrar que el nacimiento de Cristo ha sido anunciado por profetas; como predice Isaías, por ejemplo: "Oíd ahora, casa de David. ¿Os es poco el ser molestos a los hombres, sino que también lo seáis a mi Dios? Por tanto el mismo Señor os dará señal: He aquí que la virgen concebirá, y parirá hijo, y llamará su nombre Emmanuel" (Is. 7:13-14), que traducido es "Dios con nosotros" (Mt. 1:23). "Comerá manteca y miel, para que sepa desechar lo malo y escoger lo bueno" (Is. 7:15). "Porque antes que el niño sepa decir, padre mío, y madre mía, será quitada la fuerza de Damasco y los despojos de Samaria, en la presencia del rey de Asiria" (Is. 8:4).

En consecuencia, dicen los judíos: Desafiemos la predicción de Isaías, y hagamos una comparación para saber si, en el caso del Cristo ya venido, es aplicable a Él, en primer lugar, el nombre que Isaías predijo, y en segundo lugar, los signos que le anunciaban.

Bien, pues, Isaías predice que será llamado Emmanuel; y que posteriormente tomará el poder de Damasco y los despojos de Samaria, en oposición al rey de los asirios.[27] "Pero" dicen los judíos, "ese Cristo vuestro que vino, no es llamado por ese nombre, ni ha entrado en guerra".

Pero nosotros, por el contrario, pensamos que ellos deberían ser amonestados para que recordaran también el contexto de este pasaje. Porque unido al nombre de Emmanuel (Is. 7:14), está su interpretación: Dios con nosotros (Is. 8:10), de modo que no se considere solamente el sonido del nombre, sino el significado también. Porque el sonido hebreo, que es Emmanuel, tiene una interpretación, que es, Dios con nosotros.

Inquieran, entonces, esta expresión, "Dios con nosotros" (que es Emmanuel), comúnmente aplicada a Cristo desde que la luz de Cristo ha alboreado, porque pienso

---

[27] Esta es la lectura que Tertuliano hace de la versión de los LXX.

que no negarán nuestro recto proceder. Ya que quienes del judaísmo creen en Cristo, desde su creencia en Él, le llaman Emmanuel, con el significado de Dios con nosotros; y así confirman que quien fue profetizado como Emmanuel ya ha venido, porque lo que Emmanuel significa, ya se ha realizado, esto es, "Dios con nosotros".

Quienes del judaísmo creen en Cristo, desde su creencia en Él, le llaman Emmanuel, con el significado de Dios con nosotros; y así confirman que quien fue profetizado como Emmanuel ya ha venido, porque lo que Emmanuel significa, ya se ha realizado, esto es, "Dios con nosotros".

Igualmente, los judíos son llevados por el sonido del nombre cuando entienden "el poder de Damasco", y "el despojo de Samaria", "y el reino de los asirios", como si éstos prefiguraran a Cristo como guerrero; sin observar las premisas de la Escritura: "Desde antes que el niño aprenda a llamar padre o madre, recibirá el poder de Damasco y el despojo de Samaria, en oposición con el rey de los asirios" (LXX). El primer paso consiste en considerar la manifestación de su edad, para ver si la edad allí indicada puede describir a Cristo como un hombre ya maduro, por no decir un general. Por su infantil grito el niño convocaría a hombres a las armas, y daría la señal de combate no con clarín, sino con un juguete, y señalaría al enemigo no desde su puesto de mando, sino desde el cuello de su niñera, y así subyugar Damasco y Samaria en lugar del pecho –es otra cuestión si, entre vosotros, los infantes se precipitan a la batalla–.[28] Ciertamente, si la naturaleza en ninguna parte permite esto, a saber, servir como soldado antes del desarrollo de la virilidad, entonces, tomar "el poder de Damasco" antes de conocer a su padre, se entiende que la declaración es visiblemente figurada.

"Pero", responden de nuevo, "la naturaleza no admite que una virgen sea madre, y aun así el profeta debe ser creído". Y tan merecidamente; porque él pidió crédito para una cosa increíble, al decir que debía ser una "señal". "Por tanto el mismo Señor os dará señal: He aquí que la virgen concebirá, y parirá hijo, y llamará su nombre Emmanuel" (Is. 7:14). Pero una señal de Dios, porque algo que no hubiera consistido en alguna novedad prodigiosa, no hubiera parecido una señal.

En una palabra, si uno estuviera ansioso por destruir la creencia en esta predicción divina, o convertir a algún simple con la audacia de la mentira, diciendo que la Es-

[28] Alusión a la guerra de los macabeos, en la que intervinieron muchos jóvenes.

Creamos a los magos de Oriente, ofreciendo oro e incienso a la infancia de Cristo como a un rey. El infante ha recibido "el poder de Damasco" sin batallas ni armas. Porque el Este, por un lado, tiene generalmente a los magos por reyes, y Damasco, por otro, antes se acostumbraba a contarlo por Arabia, antes de ser transferida a la división sirofenicia de Siria. El "poder", por tanto, que Cristo ha recibido al aceptar sus insignias: oro, incienso y mirra.

critura que contiene este anuncio, no se refiere a una "virgen", sino a una doncella, o chica joven que concibiera y alumbrara, es refutado por el hecho de que el embarazo y parto de mujeres jóvenes es algo que ocurre a diario y de ningún modo parecería una señal.

Y la presentación ante nosotros, pues, de una madre-virgen es merecidamente tomada por una señal, pero no así el de un niño-guerrero. Porque en este caso no se trataría de una señal, pero al otorgarse el mérito de señal a ese nacimiento, el siguiente paso de la señal es enunciar un orden diferente del infante,[29] que comerá "miel y mantequilla". Esto no es, desde luego, una señal. Es natural a la infancia. Pero que vaya a recibir, o aceptar, el "poder de Damasco, los despojos de Samaria en oposición al rey de los asirios" es una señal asombrosa.

Manténgase en su límite la edad infantil, e inquiere en el sentido de la predicción; más bien, paga a la verdad lo que no estás dispuesto a reconocer, la profecía se hace inteligible en relación a su cumplimiento.

Creamos a los magos de Oriente, ofreciendo oro e incienso a la infancia de Cristo como a un rey (Mt. 2:1-12). El infante ha recibido "el poder de Damasco" sin batallas ni armas. Porque, además del hecho conocido a todos de que el "poder" –porque esto es la "fuerza"– del Este acostumbra a abundar en oro y perfumes, cierto es que las Escrituras divinas consideran "el oro" como la constitución "del poder" también de todas otras naciones; como dice Zacarías: "Y Judá también peleará en Jerusalén. Y serán reunidas las riquezas de todas las gentes de alrededor: oro, y plata" (Zac. 14:14).

De este regalo de oro también dice David: "Y vivirá, y se le dará del oro de Seba" (Sal. 72:15). Y otra vez: "Los reyes de Sabá y de Seba ofrecerán dones" (Sal. 72:10).

Porque el Este, por un lado, tiene generalmente a los magos por reyes, y Damasco, por otro, antes se acostumbraba a contarlo por Arabia, antes de ser transferida a la división sirofenicia de Siria. El "poder", por tanto, que Cristo ha recibido al aceptar sus insignias: oro, incienso y mirra.

---

[29] Cf. Jueces 13:12: "¿Qué orden se tendrá con el niño, y qué ha de hacer?"

Los "despojos de Samaria" que Él recibió, al recibir a los magos, quienes, al reconocerle, le honraron con dones, y le adoraron doblando su rodilla ante el Señor y Rey, por la evidencia de la estrella que les guiaba e indicaba, los "despojos", digo, son los de la idolatría, al creer en Cristo, porque la Escritura denota la idolatría por el nombre de "Samaria", siendo Samaria un lugar de ignominia por causa de su idolatría, porque ella se rebeló contra Dios en el tiempo del rey Jeroboan. Porque esto, de nuevo, no es una novedad en las Divinas Escrituras, utilizar figurativamente la transferencia de un nombre en base al paralelismo de los crímenes. Llaman a los gobernantes de Israel "príncipes de Sodoma", y a su gente, "pueblo de Gomorra" (Is. 1:10), cuando hacía tiempo que aquellas ciudades habían desaparecido (Gn. 19:23-29). En otro sitio, dice el profeta sobre el pueblo de Israel: "Tu padre amorreo, y tu madre hetea" (Ez. 16:3, 45), de cuya raza no fueron engendrados, pero fueron llamados sus hijos a causa de la similitud de su impiedad, que de antiguo Dios había llamado a sus hijos por medio del profeta Isaías: "Crié hijos, y los engrandecí, y ellos se rebelaron contra mí" (Is. 1:2).

Así también, por Egipto se entiende a veces el mundo entero, en base a la superstición y maldición. Y para nuestro propio Juan, Babilonia es una figura de la ciudad de Roma, en cuanto es igualmente grande y orgullosa de su poder y triunfo sobre los santos.[30]

De este modo, según la Escritura, a los magos se les designa con la apelación de "samaritanos" por la idolatría –"despojados" en lo que tenían en común con los samaritanos, como dijimos–, en oposición al Señor. En "oposición", se añade además, "al rey de los asirios", es decir, en "oposición" al diablo, quien hasta este momento piensa que reinará si logra apartar a los santos de la religión de Dios.

De este modo, según la Escritura, a los magos se les designa con la apelación de "samaritanos" por la idolatría –"despojados" en lo que tenían en común con los samaritanos, como dijimos–, en oposición al Señor. En "oposición", se añade además, "al rey de los asirios", es decir, en "oposición" al diablo, quien hasta este momento piensa que reinará si logra apartar a los santos de la religión de Dios.

[30] Cf. Apocalipsis 17:1-7: " Y vino uno de los siete ángeles que tenían las siete copas, y habló conmigo, diciéndome: Ven acá, y te mostraré la condenación de la grande ramera, la cual está sentada sobre muchas aguas; con la cual han fornicado los reyes de la tierra, y los que moran en la tierra se han embriagado con el vino de su fornicación. Y me llevó en el Espíritu al desierto; y vi una mujer sentada sobre una bestia bermeja llena de nombres de blasfemia y que tenía siete cabezas y diez cuernos. Y la mujer estaba vestida de púrpura y de escarlata, y dorada con oro, y adornada de piedras preciosas y de perlas, teniendo un cáliz de oro

Miremos nosotros si el que cumple otra acción no tiene otra espada, es decir, la palabra Divina de Dios, doblemente afilada con los dos Testamentos de la Vieja y Nueva ley, afilada por la equidad de su propia sabiduría; pagando a cada según sus obras. Legal, pues, fue para el Cristo de Dios ser presentado en los Salmos sin proezas bélicas, con la espada figurada de la palabra de Dios; a cuya espada es congruente el predicado "belleza" junto a "gracia de labios".

Guerrero de paz y justicia

Además, nuestra interpretación se verá reforzada cuando descubramos que también en otros lugares de las Escrituras se designa a Cristo como un "guerrero", según deducimos de los nombres de ciertas armas y los términos empleados en ese tenor. Así, pues, mediante una comparación de los sentidos restantes, los judíos serán convencidos.

"Cíñete tu espada sobre el muslo, oh valiente, con tu gloria y con tu majestad" (Sal. 45:3). Pero ¿qué lees arriba acerca de Cristo? "Te has hermoseado más que los hijos de los hombres; la gracia se derramó en tus labios" (v. 2). Pero es muy absurdo si quien es alabado por su belleza y por la gracia de sus labios, se ciña la cintura para la guerra con una espada; de quien procede decir subjuntivamente: "Y en tu gloria sé prosperado; cabalga sobre palabra de verdad, y de humildad, y de justicia" (v. 4).

¿Quién manejará la espada sin practicar lo contrario a la humildad y la justicia; es decir, la astucia y la violencia e injusticia propia del oficio de la guerra?

Miremos nosotros, pues, si el que cumple otra acción no tiene otra espada, es decir, la palabra Divina de Dios, doblemente afilada[31] con los dos Testamentos de la Vieja y Nueva ley, afilada por la equidad de su propia sabiduría; pagando a cada según sus obras.[32]

Legal, pues, fue para el Cristo de Dios ser presentado en los Salmos sin proezas bélicas, con la espada figurada de la palabra de Dios; a cuya espada es congruente el predicado "belleza" junto a "gracia de labios; con esta espada ha sido, entonces, "ceñido su muslo"; a los ojos de David, cuando anunció su venida a la tierra en obediencia al decreto de Dios Padre.

---

en su mano lleno de abominaciones y de la suciedad de su fornicación; y en su frente un nombre escrito: MISTERIO, BABILONIA LA GRANDE, LA MADRE DE LAS FORNICACIONES Y DE LAS ABOMINACIONES DE LA TIERRA. Y vi la mujer embriagada de la sangre de los santos, y de la sangre de los mártires de Jesús; y cuando la vi, quedé maravillado de grande admiración".

[31] Hebreos 4:12; Apocalipsis 1:16, 2:12, 19:15, 21.

[32] Cf. Salmo 62:12: "Y de ti, oh Señor, es la misericordia; Porque tú pagas a cada uno conforme a su obra"; Romanos 2:6: "El cual pagará a cada uno conforme a sus obras".

"Y tu diestra te enseñará cosas terribles" –la virtud de la gracia espiritual por la que Cristo será reconocido– "Tus saetas agudas con que caerán pueblos debajo de ti" –los preceptos de Dios volando por doquiera, amenazando la exposición de cada corazón y llevando compunción a cada conciencia–, "penetrarán en el corazón de los enemigos del Rey" (Sal. 45:4, 5); "penetrarán", desde luego, en adoración.

Este Cristo poderoso en la batalla y portador de armas, recibirá los "despojos" no de los samaritanos solamente, sino de todas las naciones también. Reconoced que sus "espolios" son figurativamente aquellas armas que has aprendido a tomar alegóricamente. Y así, el Cristo que ha venido no fue un guerrero, pues no fue así predicho por Isaías.

Este Cristo poderoso en la batalla y portador de armas, recibirá los "despojos" no de los samaritanos solamente, sino de todas las naciones también. Reconoced que sus "espolios" son figurativamente aquellas armas que has aprendido a tomar alegóricamente. Y así, el Cristo que ha venido no fue un guerrero, pues no fue así predicho por Isaías.

El nombre de Jesús

"Pero si el Cristo –dicen–, que como se cree ha venido, no es llamado Jesús, ¿por qué es llamado así quien ha venido?" Bueno, cada nombre se encontrará en el Cristo de Dios, en quien se encuentra de la misma manera la apelación Jesús. Aprende el carácter habitual de tu error. En el curso de designar un sucesor a Moisés, Oseas, hijo de Nun, es ciertamente transferido de su nombre prístino, y comienza a ser llamado Jesús.[33]

Seguramente, tú dirás: "Nosotros afirmamos que esto fue una primera figura del futuro". Cierto, porque Jesucristo debía introducir al segundo pueblo –compuesto por nuestras naciones, que erraban en el desierto del mundo– en la tierra de la promesa, "que fluye leche y miel" (Éx. 3:8). Es decir, en la posesión de la vida eterna, que es mucho más dulce, y esto iba a ocurrir no mediante Moisés –esto es, mediante la disciplina de la Ley–, sino mediante Josué (es decir, mediante la nueva ley de la gracia), después de nuestra circuncisión con "un cuchillo de piedra" (Jos. 5:2-9) –es decir, con los preceptos de Cristo, porque Cristo estaba predicho en muchos modos y figuras como

---

[33] Jeusua, Jesua, Josué, Jesús, todos son formas del mismo nombre. Pero el cambio de Oseas a Hoseas a Josué parece que se hizo cuando fue enviado a espiar la tierra prometida (Nm. 13:16).

Él es llamado un "ángel", debido a la magnitud de los poderosos hechos que iba a realizar –los hechos poderosos que hizo Josué hijo de Nun, tú mismo los puedes leer–, y debido a su calidad de profeta que anuncia la divina voluntad; tal como le concedía el Espíritu, hablando en la persona del Padre, llama a Juan, el precursor de Cristo, mediante el profeta, un futuro "ángel".

una piedra–; por lo tanto el hombre que ha sido preparado para actuar como imagen de este sacramento fue inaugurado bajo la figura del nombre del Señor, y ser así llamado Jesús.

Porque quien habló a Moisés era el Hijo de Dios; el mismo que siempre vieron (Nm. 12:5-8), ya que a Dios Padre nadie puede ver y vivir (Éx. 33:20; Jn 1:18, 14:9; Col. 1:15; He. 1:3). En consecuencia, se está de acuerdo en que el mismo Hijo de Dios habló a Moisés, y dijo al pueblo: "He aquí yo envío el Ángel delante de ti –es decir, del pueblo– para que te guarde en el camino, y te introduzca en el lugar que yo he preparado. Guárdate delante de él, y oye su voz; no le seas rebelde; porque él no perdonará vuestra rebelión; porque mi nombre está en él" (Éx. 23:20, 21). Porque Josué debía introducir a la gente en la tierra de la promesa, no Moisés.

Ahora, Él es llamado un "ángel", debido a la magnitud de los poderosos hechos que iba a realizar –los hechos poderosos que hizo Josué hijo de Nun, tú mismo los puedes leer–, y debido a su calidad de profeta que anuncia la divina voluntad; tal como le concedía el Espíritu, hablando en la persona del Padre, llama a Juan, el precursor de Cristo, mediante el profeta, un futuro "ángel": "He aquí, yo envío mi mensajero –ángel–, el cual preparará el camino delante de mí –es decir, de Cristo–; y luego vendrá a su templo el Señor a quien vosotros buscáis, y el ángel del pacto, a quien deseáis vosotros" (Mal. 3:1).

No es una práctica novedosa para el Espíritu Santo llamar "ángeles" a quienes Dios ha designado como ministros de su poder. Porque el mismo Juan no es llamado meramente un "ángel" de Cristo, sino que porta una "lámpara" que brilla delante de Cristo, como David predice: "He prevenido lámpara á mi ungido –Cristo" (Sal. 132:17), y Cristo mismo vino a cumplir los profetas,[34] llamados así por los judíos. "Él era antorcha que ardía y alumbraba" (Jn. 5:35), dice. No meramente una voz que preparaba el camino del Señor en el desierto (Is. 40:3; Jn. 1:23), sino que señalaba al "Cordero de Dios" (Jn. 1:29, 36), alumbrando las mentes de los hombres mediante su proclamación,

[34] Cf. Mateo 5:17: "No penséis que he venido para abrogar la ley o los profetas; no he venido para abrogar, sino a cumplir".

para que entendieran que Él era el Cordero que Moisés anunció como destinado a sufrir.

Así, también, el hijo de Nun fue llamado Josué, debido al misterio (*sacramentum*) futuro de su nombre, porque ese nombre –que habló con Moisés– confirmó como suyo lo que había conferido en él, porque había mandado que desde entonces no fuera llamado "ángel", ni Oseas, sino Josué. Así, por tanto, cada nombre es apropiado al Cristo de Dios, para que también sea llamado Jesús así como Cristo.

Hijo de David

Y que la virgen de quien convenía a Cristo nacer, como ya mencionamos arriba, debía derivar su linaje de la semilla de David. El profeta lo afirma en un pasaje posterior: "Y saldrá una vara del tronco de Isaí –que es María–, y un vástago retoñará de sus raíces. Y reposará sobre él el espíritu del Señor; espíritu de sabiduría y de inteligencia, espíritu de consejo y de fortaleza, espíritu de conocimiento y de temor de Dios" (Is. 11:1-2).

A ningún hombre es apropiada la suma de credenciales espirituales, excepto a Cristo; comparado como es a una "flor", en razón de su gloria y de gracia; pero contado "de la raíz de Isaí", de donde se deduce su origen, por medio de María (Lc. 1:27). Porque Él era de la tierra nativa de Belén, y de la casa de David, como entre los romanos María es descrita en el censo, de quien Cristo nació (Lc. 2:1-7).

A ningún hombre es apropiada la suma de credenciales espirituales, excepto a Cristo; comparado como es a una "flor", en razón de su gloria y de gracia; pero contado "de la raíz de Isaí", de donde se deduce su origen, por medio de María. Porque Él era de la tierra nativa de Belén, y de la casa de David, como entre los romanos María es descrita en el censo, de quien Cristo nació.

Exijo saber, de nuevo –concediendo que quien fue predicho por los profetas como destinado a venir del tronco de Isaí, iba a mostrar humildad, paciencia y tranquilidad– ¿si ha venido?

Igualmente, en este caso como en el anterior, el hombre que mostrara poseer ese carácter sería el mismo Cristo que ha de venir. De Él dice el profeta: "Varón de dolores, experimentado en quebranto; como cordero fue llevado al matadero; y como oveja delante de sus trasquiladores, enmudeció, y no abrió su boca" (Is. 53:3, 7).

Si "no clamará, ni alzará, ni hará oír su voz en las plazas. No quebrará la caña cascada –la fe de Israel–, ni apagará el pábilo que humeare" (Is. 42:2, 3) –es decir, el brillo momentáneo de los gentiles, que ha hecho que brille

Cristo fue anunciado como predicador, según Isaías. Además, Él debía hacer actos de poder de parte del Padre. Obras que incluso tú no niegas que hizo Cristo, y menos cuando tú acostumbras decir que "por buena obra no te apedreamos, sino porque las haces en sábado".

más por la elevación de su propia luz–, entonces no puede ser otro que quien estaba profetizado.

La acción, pues, del Cristo que viene debe ser examinada conforme a la regla de las Escrituras. Porque, si no me equivoco, encontramos que se distingue por una operación doble: la de predicar y la de poder.

Ahora, dejemos que cada cuenta sea tratada sumariamente. En consecuencia, trabajemos en el orden que nos hemos fijado, enseñando que Cristo fue anunciado como predicador, según Isaías: "Clama a voz en cuello, no te detengas; alza tu voz como trompeta, y anuncia a mi pueblo su rebelión, y a la casa de Jacob su pecado. Que me buscan cada día, y quieren saber mis caminos, como gente que hubiese obrado justicia, y que no hubiese dejado el derecho de su Dios; pregúntanme derechos de justicia, y quieren acercarse a Dios" (Is. 58:1, 2).

Además, Él debía hacer actos de poder de parte del Padre: "El mismo Dios vendrá, y os salvará. Entonces los ojos de los ciegos serán abiertos, y los oídos de los sordos se abrirán. Entonces el cojo saltará como un ciervo, y cantará la lengua del mudo" (Is. 42:4-6), obras que incluso tú no niegas que hizo Cristo, y menos cuando tú acostumbras decir que "por buena obra no te apedreamos, sino porque las haces en sábado" (Jn. 10:31-33; 5:17, 18).

10

La Pasión de Cristo en las predicciones del Antiguo Testamento

Respecto al último punto, el de su pasión, podéis presentar una objeción, afirmando que la pasión en la cruz no estaba predicha con referencia a Cristo, insistiendo, además, que no es creíble que Dios expusiera a su propio Hijo a esa clase de muerte, porque Él mismo dijo: "Maldito de Dios es el colgado de un árbol o madero" (Dt. 21:23; Gá. 3:13).

Respecto al último punto, el de su pasión, podéis presentar una objeción, afirmando que la pasión en la cruz no estaba predicha con referencia a Cristo, insistiendo, además, que no es creíble que Dios expusiera a su propio Hijo a esa clase de muerte, porque Él mismo dijo: "Maldito de Dios es el colgado de un árbol o madero".

Pero la razón del caso antecedente explica el sentido de esta maldición, porque Él dice en Deuteronomio: "Cuando en alguno hubiere pecado de sentencia de muerte, por el que haya de morir, y le habrás colgado de un madero, no estará su cuerpo por la noche en el madero, mas sin falta lo enterrarás el mismo día, porque maldición de Dios es el colgado; y no contaminarás tu tierra, que el Señor tu Dios te da por heredad" (Dt. 21:22, 23). Por lo tanto, Dios no adjudica la maldición a Cristo por su pasión, sino que traza una división, a saber, que cualquier pecado que incurra en juicio de muerte, y muera colgado del madero, será "maldito por Dios", porque la causa de ser colgado del madero es su propio pecado.

Por otra parte, Cristo, de quien no se halló engaño en su boca[35] y anduvo en toda justicia y humildad, tal como arriba dijimos que se predijo de Él, no fue expuesto a esa clase de muerte por sus delitos, sino para que se cumpliera todo lo que los profetas habían dicho de Él. En los Salmos, el Espíritu mismo de Cristo ya cantaba diciendo: "Volviéronme mal por bien, para abatir a mi alma" (Sal. 35:12). Y: "Se han aumentado más que los cabellos de mi cabeza los que me aborrecen sin causa; se han fortalecido mis enemigos, los que me destruyen sin razón: *He venido pues a pagar lo que no he tomado*" (Sal. 69:4). "Horadaron mis manos y mis pies" (Sal. 22:16). "Me pusieron además hiel por comida, y en mi sed me dieron a beber

---

[35] Cf. 1ª Pedro 2:22: "El cual no hizo pecado; ni fue hallado engaño en su boca". Comp. Isaías 53:9: "Nunca hizo maldad, ni hubo engaño en su boca".

Isaac, conducido por su padre como una víctima, y llevando él mismo su propia "madera", estaba, incluso en aquel temprano período, indicando la muerte de Cristo; ofrecido por el Padre como una víctima, llevando, como hizo, el "madero" de su propia pasión. También José fue hecho una figura de Cristo, sufrió persecución de manos de sus hermanos, y fue vendido en Egipto, debido al favor de Dios, como Cristo fue vendido por Israel, sus "hermanos" "según la carne".

vinagre" (v. 21). "Partieron entre sí mis vestidos, y sobre mi ropa echaron suertes" (Sal. 22:18), así como ultrajes que vosotros, los judíos, ibais a cometer contra Él, según estaba escrito; todo lo cual, sufrido en realidad y a fondo, lo sufrió no por ninguna mala acción de su parte, "mas todo esto se hace, para que se cumplan las Escrituras de los profetas" (Mt. 26:56; 27:34, 35; Jn. 19:23, 24, 28, 32-37).

El misterio increíble de la pasión del Hijo de Dios

Y, desde luego, se descubre que el misterio (*sacramentum*) de la pasión tuvo que predecirse figurativamente, por ser el misterio más increíble, el más parecido a una "piedra de tropiezo" (Is. 28:16; Ro. 9:32-33; 1ª Co. 1:23; Gá. 5:11) si se hubiera predicho abiertamente. Cuanto más magnificente, más adumbrado fue, para que por la dificultad de su inteligencia se pudiera buscar la ayuda de la gracia de Dios.

Consecuentemente, para empezar, Isaac, cuando conducido por su padre como una víctima, y llevando él mismo su propia "madera",[36] estaba, incluso en aquel temprano período, indicando la muerte de Cristo; ofrecido por el Padre como una víctima, llevando, como hizo, el "madero" de su propia pasión (Gn. 22:1-10; Jn. 19:17).

También José fue hecho una figura de Cristo (*Christum figuratus*) en este punto solo, para no mencionar ninguno más, y así no retrasar mi propio curso, que sufrió persecución de manos de sus hermanos, y fue vendido en Egipto, debido al favor de Dios (Gn. cap. 37), tal como Cristo fue vendido por Israel, sus "hermanos" "según la carne",[37] cuando fue traicionado por Judas, o Judá. Porque José había recibido la bendición de su padre, de esta manera: "El es aventajado como el primogénito de su toro, y sus cuernos, cuernos de unicornio; Con ellos acorneará los pueblos juntos hasta los fines de la tierra" (Dt. 33:17).[38]

---

[36] *Lignum* = *culon;* constantemente utilizado como "árbol" por Tertuliano.

[37] Cf. Romanos 9:4, 5: "Que son israelitas, de los cuales es la adopción, y la gloria, y el pacto, y la data de la ley, y el culto, y las promesas; cuyos son los padres, y de los cuales es Cristo según la carne, el cual es Dios sobre todas las cosas, bendito por los siglos".

[38] Tertuliano confunde la bendición de Jacob con la de Moisés.

Desde luego, ningún unicornio o rinoceronte es aquí indicado, ni ningún Minotauro de dos cuernos, sino que Cristo es designado como un "toro" en virtud de su doble carácter: su fiereza para unos, en cuanto Juez, y su dulzura para otros, en cuanto Salvador, cuyos "cuernos" son las extremidades de la cruz. Porque incluso en la yarda de un barco –que es parte de una cruz–, este es el nombre por el que se llaman sus extremidades; mientras que el poste central del mástil es el "unicornio". Por este poder, de hecho, el de la cruz, y de esta manera astada, Él "acomete" a los pueblos universales por medio de la predicación salvífica, por un lado, llevándolos de la tierra al cielo; y, por otro lado, un día los "acometerá" mediante el juicio, arrojándolos del cielo a la tierra.

Él será de nuevo el "toro" en otro lugar de la misma Escritura. Cuando Jacob pronunció su bendición sobre Simeón y Levi,[39] profetiza de los escribas y fariseos; ya que derivan su origen de ellos: Simeón y Levi. Su bendición interpretada espiritualmente dice: "Simeón y Levi, iniquidad perfecta es su secta (*Perfecerunt iniquitatem ex sua secta*), en su consejo persiguieron a Cristo, en su secreto no entre mi alma, ni mi corazón se junte en su compañía, porque en su furor mataron hombres, es decir, a los profetas, y en su concupiscencia prendieron al toro, esto es, a Cristo, a quien después de la matanza de los profetas, mataron y agotaron su salvajismo traspasando sus tendones con clavos.

Pero, viniendo ahora a Moisés, ¿por qué, me pregunto, cuando Josué estaba luchando contra Amalec, él simplemente se puso a orar sentado con las manos extendidas (Éx. 17:8-16), cuando, en circunstancias tan críticas, debería más bien, seguramente, haber encomendado su oración con las rodillas dobladas y golpeando el pecho con sus manos, con el rostro postrado en tierra, excepto a no ser que allí, donde el nombre del Señor Jesús no era el tema de oración, destinado como estaba a entrar en liza un día con el diablo, la figura de la cruz fuera también

Viniendo ahora a Moisés, ¿por qué, me pregunto, cuando Josué estaba luchando contra Amalec, él se puso a orar sentado con las manos extendidas cuando, en circunstancias tan críticas, debería más bien haber encomendado su oración con las rodillas dobladas y golpeando el pecho con sus manos, con el rostro postrado en tierra, excepto a no ser que allí, donde el nombre del Señor Jesús no era el tema de oración, destinado como estaba a entrar en liza un día con el diablo, la figura de la cruz fuera también necesaria.

[39] "Simeón y Leví, hermanos: Armas de iniquidad sus armas. En su secreto no entre mi alma, Ni mi honra se junte en su compañía; Que en su furor mataron varón, y en su voluntad arrancaron muro. Maldito su furor, que fue fiero; Y su ira, que fue dura; Yo los apartaré en Jacob, y los esparciré en Israel" (Gn. 49:5-7).

¿Por qué hizo Moisés una serpiente de bronce, después de la prohibición: "No te harás imagen, ni ninguna semejanza de cosa que esté arriba en el cielo, ni abajo en la tierra, ni en las aguas debajo de la tierra"? A no ser que en este caso, Moisés estuviera exponiendo la cruz de Cristo, en la cual la "serpiente", el diablo fue "hecho un espectáculo", para que cada persona mordida por las serpientes, esto es, por sus ángeles, al volver intencionadamente de sus pecados a los sacramentos de la cruz de Cristo, la salvación le sea otorgada.

necesaria, esa figura que por medio de Jesús iba a conseguir la victoria.[40]

Árbol de salvación

¿Por qué hizo Moisés una serpiente de bronce, después de la prohibición: "No te harás imagen, ni ninguna semejanza de cosa que esté arriba en el cielo, ni abajo en la tierra, ni en las aguas debajo de la tierra" (Éx. 20:4), y la puso en un "árbol" para que la visión de ella trajera sanidad a Israel, en un momento que estaba siendo exterminado por serpientes por causa de su idolatría (Nm. 21:4-9)? A no ser que en este caso, Moisés estuviera exponiendo la cruz de Cristo, en la cual la "serpiente", el diablo fue "hecho un espectáculo" (Col. 2:15), para que cada persona mordida por las serpientes, esto es, por sus ángeles,[41] al volver intencionadamente de sus pecados a los sacramentos de la cruz de Cristo, la salvación le sea otorgada. Porque todo el que miró aquella cruz fue liberado del veneno de la mordedura de las serpientes.

Si habéis leído la expresión del profeta en los Salmos: "Decid en las gentes: El Señor reina *en un árbol*" (Sal. 96:10),[42] espero escuchar de ti lo que entiendes aquí; y teme no vayas a pensar quizás en algún rey-carpintero (*lignarium aliquem regem*) y no en Cristo, que ha reinado desde el triunfo sobre la muerte que siguió de su pasión del "árbol".

De forma parecida, Isaías dice: "Porque un niño nos es nacido, hijo nos es dado" (Is. 9:6), ¿cuál es la novedad, a menos que esté hablando del "Hijo" de Dios? "El principado sobre su hombro". ¿Qué príncipe del mundo lleva sobre su hombro la insignia de su poder y no lleva una diadema sobre su cabeza, o un cetro en la mano, o cual-

---

[40] Cf. Colosenses 2:14, 15: "Rayendo la cédula de los ritos que nos era contraria, que era contra nosotros, quitándola de en medio y enclavándola en la cruz; y despojando los principados y las potestades, los sacó a la vergüenza en público, triunfando de ellos en sí mismo".

[41] Cf. 2ª Corintios 11:14: "Y no es maravilla, porque el mismo Satanás se transfigura en ángel de luz". Apocalipsis 12:9: "Y fue lanzado fuera aquel gran dragón, la serpiente antigua, que se llama Diablo y Satanás, el cual engaña a todo el mundo; fue arrojado en tierra, y sus ángeles fueron arrojados con él".

[42] La expresión "en un árbol" (*a ligno*) no aparece en el texto.

quier otra marca distintiva? Pero el novel "Rey de los siglos", Cristo Jesús, sólo Él lleva "sobre su hombro" su novel gloria y poder y sublimidad, a saber, la cruz, para que, de acuerdo a la anterior profecía, el Señor reine desde entonces desde "el árbol".

Este es el árbol que Dios, por medio de Jeremías, señala como aquel del que vosotros decís: "Destruyamos el árbol con su fruto, y cortémoslo de la tierra de los vivientes, y no haya más memoria de su nombre" (Jer. 11:19). Desde luego, es del cuerpo de Cristo que sale este "fruto", como Él lo reveló, llamando a su cuerpo "pan" (Jn. 19:17).

Si todavía buscas más predicciones de la cruz del Señor, el Salmo 22 será suficiente para dejarte satisfecho, pues contiene con detalle la totalidad de la pasión de Cristo, cantando como hace desde el principio su gloria. "Horadaron mis manos y mis pies", que es la peculiar atrocidad de la cruz.

Si todavía buscas más predicciones de la cruz del Señor, el Salmo 22 será suficiente para dejarte satisfecho, pues contiene con detalle la totalidad de la pasión de Cristo, cantando como hace desde el principio su gloria. "Horadaron mis manos y mis pies" (v. 16), que es la peculiar atrocidad de la cruz, y cuando implora la ayuda de su Padre, "sálvame de la boca del león rugiente" (v. 21), la muerte, desde luego, "y líbrame de los cuernos de los búfalos" (v. 21), a saber, de los extremos de la cruz, como hemos demostrado arriba; cruz que David no padeció, ni ninguno de los reyes de los judíos, para que no puedas pensar que aquí se profetiza de algún otro hombre en particular, sino sólo de Aquel que fue notablemente crucificado por el pueblo.

Ahora bien, si la dureza de tu corazón persiste en rechazar y ridiculizar todas estas interpretaciones, demostraremos que puede bastar que la muerte del Cristo haya sido profetizada para que, del hecho que la naturaleza de la muerte no haya sido especificada, puede entenderse que ha sido aplicada por medio de la cruz, cuya muerte de cruz no es atribuida a nadie, sino a quien constantemente se profetizó su muerte.

Deseo mostrar, con una expresión de Isaías, su muerte, su pasión, y su sepultura. "Cortado fue de la tierra de los vivientes; por la rebelión de mi pueblo fue herido. Y se dispuso con los impíos su sepultura, mas con los ricos fue en su muerte; porque nunca hizo él maldad, ni hubo engaño en su boca. Con todo, el Señor quiso quebrantarlo, sujetándole a padecimiento" (Is. 53:8, 9, 10), y lo que sigue. Dice además: "Su sepultura fue quitada del medio" (Is. 57:2, LXX). Porque no hubiera sido enterrado de no haber muerto, ni quitado su sepultura del medio de no ser por su resurrección. Finalmente, añade: "Por tanto yo le daré parte con los grandes, y con los fuertes repartirá despojos" (Is. 53:12); ¿quién más, sino quien nació según hemos mostrado arriba, derramó su vida hasta la muerte? Por la herida de su muerte se acordó la recompensa de obtener lo logrado después de la muerte, la resurrección desde luego.

Lo que ocurrió en su pasión, que el cielo se oscureció al mediodía, estaba anunciado por el profeta Amós: "Y acontecerá en aquel día, dice el Señor, que haré se ponga el sol al mediodía, y la tierra cubriré de tinieblas en el día claro. Y tornaré vuestras fiestas en lloro, y todos vuestros cantares en endechas; y haré poner saco sobre todos lomos, y peladura sobre toda cabeza; y la tornaré como en llanto de unigénito, y su postrimería como día amargo" (Am. 8:9, 10).

Moisés profetizó que vosotros haríais esto al principio del primer mes de vuestro año nuevo, cuando ordenó a toda la comunidad de los hijos de Israel inmolar en la víspera un cordero, para ser comido en el sacrificio solemne de la pascua, día del "pan sin levadura y con hierbas amargas lo comerán" (Éx. 12:8), y añadió que es "la Pascua del Señor", esto es, la pasión de Cristo.

Moisés profetizó que vosotros haríais esto al principio del primer mes de vuestro año nuevo, cuando ordenó a toda la comunidad de los hijos de Israel inmolar en la víspera un cordero, para ser comido en el sacrificio solemne de la pascua, día del "pan sin levadura y con hierbas amargas lo comerán" (Éx. 12:8), y añadió que es "la Pascua del Señor" (v. 11), esto es, la pasión de Cristo.[43] Cuya predicción se cumplió el "primer día del pan ácimo",[44] cuando vosotros matasteis al Cristo –para que las profecías pudieran cumplirse–, el día se apresuró para llegar a la "tarde", es decir, causar la oscuridad, que se hizo al mediodía; y así vuestros días festivos Dios los convirtió en llanto y vuestros cánticos en la lamentación (Am. 8:10). Porque después de la pasión de Cristo os alcanzó hasta el cautiverio y la dispersión, predicha antes por el Espíritu Santo.[45]

---

[43] Cf. 1ª Corintios 5:7: "Porque nuestra pascua, que es Cristo, fue sacrificada por nosotros".

[44] Cf. Mateo 26:17: "Y el primer día de la fiesta de los panes sin levadura, vinieron los discípulos a Jesús, diciéndole: ¿Dónde quieres que aderecemos para ti para comer la pascua?" Mr. 14:12; Lc. 22:7; Jn. 18:28.

[45] Cf. Mateo 24:1-14; Marcos 13:1-4; Lucas 21:5, 6.

11

La profecía de Ezequiel. Sumario del argumento profético

Es por vuestra culpa que Ezequiel anuncia vuestra ruina; y no sólo en este siglo –ruina que ya ha acontecido–, sino en el día de la venganza que le seguirá. Nadie será libre de esta ruina, nadie sino sólo quien haya sido sellado en la frente con la pasión de Cristo, que vosotros habéis rechazado. Porque está escrito:

Es por vuestra culpa que Ezequiel anuncia vuestra ruina; y no sólo en este siglo –ruina que ya ha acontecido–, sino en el día de la venganza que le seguirá. Nadie será libre de esta ruina, nadie sino sólo quien haya sido sellado en la frente con la pasión de Cristo, que vosotros habéis rechazado. Porque está escrito.

"Y me dijo: Hijo de hombre, ¿has visto las cosas que los ancianos de la casa de Israel hacen en tinieblas, cada uno en sus cámaras pintadas? porque dicen ellos: No nos ve Jehová; Jehová ha dejado la tierra. Me dijo después: Vuélvete aún, verás abominaciones mayores que hacen éstos. Y me llevó a la entrada de la puerta de la casa del Señor, que está al aquilón; y he aquí mujeres que estaban allí sentadas endechando a Tammuz. Luego me dijo: ¿No ves, hijo de hombre? Vuélvete aún, verás abominaciones mayores que éstas. Y me metió en el atrio de adentro de la casa del Señor; y he aquí junto a la entrada del templo del Señor, entre la entrada y el altar, como veinticinco varones, sus espaldas vueltas al templo del Señor y sus rostros al oriente, y encorvábanse al nacimiento del sol. Y me dijo: ¿No has visto, hijo de hombre? ¿Es cosa liviana para la casa de Judá hacer las abominaciones que hacen aquí? Después que han llenado la tierra de maldad, y se tornaron a irritarme, he aquí que ponen hedor a mis narices. Pues también yo haré en mi furor; no perdonará mi ojo, ni tendré misericordia, y gritarán a mis oídos con gran voz, y no los oiré. Y clamó en mis oídos con gran voz, diciendo: Los visitadores de la ciudad han llegado, y cada uno trae en su mano su instrumento para destruir. Y he aquí que seis varones venían del camino de la puerta de arriba que está vuelta al aquilón, y cada uno traía en su mano su instrumento para destruir. Y entre ellos había un varón vestido de lienzos, el cual traía a su cintura una escribanía de escribano; y entrados, paráronse junto al altar de bronce. Y la gloria del Dios de Israel se alzó de sobre el querubín sobre el cual había estado, al umbral de la casa; y llamó el Señor al varón vestido de lienzos, que tenía a su cintura la escribanía de escribano. Y le dijo el Señor: Pasa por medio de la ciudad, por medio de Jerusalén, y pon una señal en la frente a los hombres que gimen y que claman a causa de todas las abominaciones que se hacen en medio de ella. Y a los otros dijo a mis oídos: Pasad por la ciudad en pos de él, y herid; no perdone vuestro ojo, ni tengáis misericordia. Matad viejos, mozos y vírgenes, niños y mujeres, hasta que no quede ninguno: mas a todo aquel sobre el cual hubiere señal, no llegaréis; y habéis de comenzar desde mi santuario. Comenzaron pues desde los varones ancianos que estaban delante del templo" (Ez. 8:12–9:6).

Ahora, el misterio de esta "señal" fue predicha de varios modos; una "señal" en que fue puesta la fundación de vida para la humanidad; una "señal" que los judíos no iban a creer; tal como Moisés anunció de antemano en Éxodo:[46] "Y ni aun entre las mismas gentes descansarás, ni la planta de tu pie tendrá reposo; que allí te dará el Señor corazón temeroso, y caimiento de ojos, y tristeza de alma: Y tendrás tu vida como colgada *de un árbol*[47] delante de ti, y estarás temeroso de noche y de día, y no confiarás de tu vida" (Dt. 28:65, 66).

Y así, ya que la profecía ha sido cumplida por medio de adviento, esto es, en la natividad que hemos mencionado arriba, y en la pasión que hemos explicado suficientemente, es la razón por la que Daniel dijo: "Sellar la visión y la profecía" (Dn. 9:24), porque Cristo es el "sello" de todos los profetas, cumpliendo todo lo que se había anunciado de Él; porque, desde su advenimiento y pasión personal, ya no hay más "visión" o "profeta"; de ahí que se diga enfáticamente que su advenimiento "sella la visión y la profecía".

Y así, ya que la profecía ha sido cumplida por medio de adviento, esto es, en la natividad mencionada arriba, y en la pasión que hemos explicado suficientemente, es la razón por la que Daniel dijo: "Sellar la visión y la profecía", porque Cristo es el "sello" de todos los profetas, cumpliendo todo lo que se había anunciado de Él; porque, desde su advenimiento y pasión personal, no hay más "visión" o "profeta"; de ahí que se diga enfáticamente que su advenimiento "sella la visión y la profecía".

Y así, mostrando el número de los años, y el tiempo de las sesenta y dos semanas y media, hemos probado el tiempo específico en que Cristo vino, es decir nació; y, al mostrar subdividido el tiempo de las sesenta y dos semanas y media, dentro del cual hemos mostrado que Cristo sufrió y, por una conclusión consecuente de las setenta

[46] En realidad Deuteronomio 28:64ss.

[47] "De un árbol", no aparece en la Septuaginta.

semanas, la destrucción de la ciudad, hemos demostrado que desde entonces cesó "el sacrificio y la unción".

Es suficiente hasta aquí, sobre estos puntos, haber trazado el curso del camino ordenado de Cristo, por el cual se prueba que Él es quien dijo ser, incluso con base al acuerdo de la Escritura, la que nos permite hablar, en oposición a los judíos, de acuerdo con el esquema de la parte principal. Que no cuestionen ni nieguen las escrituras que nosotros producimos;[48] pues es también un hecho que las cosas predichas sobre Cristo son reconocidas y se han cumplido para hacer imposible que nadie niegue que los escritos (cristianos) están a la par de las divinas Escrituras. Además, a menos que haya venido quien de tantas cosas se anunciaron, ¿se hubieran cumplido, o hubieran ocurrido? Y de ocurrir, ¿se hubieran probado?

Es suficiente haber trazado el curso del camino ordenado de Cristo, por el cual se prueba que Él es quien dijo ser, incluso con base al acuerdo de la Escritura, la que nos permite hablar, en oposición a los judíos, de acuerdo con el esquema de la parte principal. Que no cuestionen ni nieguen las escrituras que nosotros producimos; pues es también un hecho que las cosas predichas sobre Cristo son reconocidas y se han cumplido para hacer imposible que nadie niegue que los escritos están a la par de las divinas Escrituras.

[48] Se refiere a los escritos del Nuevo Testamento, cuyo canon estaba en proceso de formación y cuya autoridad era tenida por la Iglesia al mismo nivel que el Antiguo Testamento.

12

El llamamiento de los gentiles

Contemplemos las naciones universales emergiendo desde la venida de Cristo del vórtice del error humano hacia el Creador Dios y su Cristo; y si te atreves a negar que esto ha sido profetizado, de inmediato te recuerdo la promesa del Padre en los Salmos, que dice: "Mi hijo eres tú; yo te engendré hoy. Pídeme, y te daré por heredad las gentes, y por posesión tuya los términos de la tierra".

Contemplemos las naciones universales emergiendo desde la venida de Cristo del vórtice del error humano hacia el Creador Dios y su Cristo; y si te atreves a negar que esto ha sido profetizado, inmediatamente te recuerdo la promesa del Padre en los Salmos, que dice: "Mi hijo eres tú; yo te engendré hoy. Pídeme, y te daré por heredad las gentes, y por posesión tuya los términos de la tierra" (Sal. 2:7-8). Porque no serás capaz de afirmar que David es el "hijo", en lugar de Cristo; o que "los términos de la tierra" fueron prometidos a David, que reinó dentro de los límites de un solo país, Judea, en lugar de a Cristo, que ya ha cautivado el orbe entero con la fe del Evangelio.

Dice Isaías: "Te guardaré y te pondré por alianza del pueblo, por luz de las gentes; para que abras ojos de ciegos –tales como los que yerran–, para que saques de la cárcel a los presos –de sus cárceles de pecado–, y de casas de prisión –esto es, la muerte– a los que se asientan en tinieblas –de la ignorancia" (Is. 42:6-7).

Y si estas bendiciones derivan de Cristo, no pueden haber sido profetizadas de ningún otro que de Él, en quien nosotros consideramos que se han cumplido.[49]

[49] Cf. Lucas 2:25-33: "Y he aquí, había un hombre en Jerusalén, llamado Simeón, y este hombre, justo y pío, esperaba la consolación de Israel; y el Espíritu Santo era sobre él. Y había recibido respuesta del Espíritu Santo, que no vería la muerte antes que viese al Cristo del Señor. Y vino por Espíritu al templo. Y cuando metieron al niño Jesús sus padres en el templo, para hacer por él conforme a la costumbre de la ley, entonces él le tomó en sus brazos, y bendijo a Dios, y dijo: Ahora despides, Señor, a tu siervo, conforme a tu palabra, en paz; porque han visto mis ojos tu salvación, la cual has aparejado en presencia de todos los pueblos; Luz para ser revelada a los gentiles, y la gloria de tu pueblo Israel. Y José y su madre estaban maravillados de las cosas que se decían de él".

13

La destrucción de Jerusalén y la desolación de Judea

Ya que los hijos de Israel afirman que erramos al recibir al Cristo, que ya ha venido, presentemos una objeción contra ellos tomada de las mismas Escrituras. A saber, que el Cristo que fue el tema de las predicciones ha venido, aunque con los tiempos de Daniel hayamos probado que el Cristo objeto de los anuncios ya ha venido.

Belén, cuna del Mesías, hijo de David

Era necesario que naciera en Belén de Juda, porque así fue escrito por el profeta: "Mas tú, Beth-lehem Ephrata, pequeña para ser en los millares de Judá, de ti me saldrá el que será Señor en Israel; y sus salidas son desde el principio, desde los días del siglo" (Mi. 5:2, cf. Mt. 2:3-6). Pero si hasta ahora no ha nacido, ¿quién es el "Señor" anunciado, procedente de Belén, la tribu de Juda? Porque es necesario que proceda de la tribu de Judá y de Belén. Pero percibimos que ahora ninguno de la raza de Israel ha quedado en Belén; y así ha sido desde que se publicó el interdicto, prohibiendo la entrada a cualquier judío en los límites de ese distrito, para que también esta expresión profética se cumpla perfectamente: "Vuestra tierra está destruida, vuestras ciudades puestas a fuego, vuestra tierra delante de vosotros comida de extranjeros, y asolada como asolamiento de extraños" (Is. 1:7).

Es necesario que proceda de la tribu de Judá y de Belén. Pero percibimos que ahora ninguno de la raza de Israel ha quedado en Belén; y así ha sido desde que se publicó el interdicto, prohibiendo la entrada a cualquier judío en los límites de ese distrito, para que también esta expresión profética se cumpla: "Vuestra tierra está destruida, vuestras ciudades puestas a fuego, vuestra tierra delante de vosotros comida de extranjeros..."

En otro lugar se dice por medio del profeta: "Tus ojos verán al Rey en su gloria –es decir, Cristo, realizando obras de poder en la gloria de Dios su Padre–; y verán la tierra desde lejos" (Is. 33:17), que es lo que vosotros hacéis, estándoos prohibida la entrada a vuestra tierra desde la destrucción de Jerusalén, en recompensa a vuestros hechos; sólo os está permitido verla con vuestros ojos desde lejos.

"Tu corazón imaginará el espanto" (Is. 33:18), a saber, en el tiempo en que sufrieron la ruina. ¿Cómo, pues, va a nacer un "Señor" de Judea, y cómo, estando lejos, va a proceder de Belén, según anuncian claramente los volú-

La Escritura dice así, que "se quitará la vida al Mesías, y no por sí; y el pueblo de un príncipe que ha de venir, destruirá a la ciudad y el santuario", indudablemente se trata del Mesías que nacería de Belén y de la tribu de Juda. Y también está claro que la ciudad y el santuario serán destruidos de forma simultánea, cuando se quite la vida al Mesías o Señor, según lo profetizado en las Escrituras.

menes divinos de los profetas; ya que hasta este día no ha quedado nadie de la casa de Israel de cuyo tronco nazca el Cristo?

Ahora, si según los judíos el Mesías no ha venido todavía, ¿cuando empiece a venir, dónde será ungido?[50] Porque según la Ley dada, en cautividad no es legal componer la unción para el crisma real. Pero, si allí (en Jerusalén) ya no hay más "unción", como Daniel profetizó, pues dice que la "unción será quitada", se deduce que los judíos ya no la tendrán más, porque tampoco tienen el templo donde estaba el "cuerno", del cual acostumbraban a ser ungidos los reyes.[51] Si, por tanto, no hay unción, ¿dónde será ungido el "Señor" que nacerá en Belén? O, ¿cómo procederá de Belén, viendo que la semilla de Israel ya no existe en Belén?

El rechazo del pueblo rebelde

Veamos, por segunda vez, que Cristo ya ha venido, como estaba predicho por los profetas, y ha sufrido, y ya fue recibido de regreso al cielo, de donde ha de venir conforme a las predicciones hechas. Porque después de su advenimiento, leemos, según Daniel, que la ciudad tuvo que ser exterminada; y nosotros reconocemos que esto ya ha acontecido. Porque la Escritura dice así, que "se quitará la vida al Mesías, y no por sí: y el pueblo de un príncipe que ha de venir, destruirá a la ciudad y el santuario" (Dn. 9:26), indudablemente se trata del Mesías que nacería de Belén y de la tribu de Juda. Y también está claro que la ciudad y el santuario serán destruidos simultáneamente, cuando se quite la vida al Mesías o Señor, según lo profetizado en las Escrituras, que dicen: "Extendí mis manos todo el día a pueblo rebelde, el cual anda por camino no bueno, en pos de sus pensamientos" (Is. 65:2, comp. Ro. 10:21).

David dice en los Salmos: "Horadaron mis manos y mis pies. Contar puedo todos mis huesos; Ellos miran, considéranme" (Sal. 22:16, 17). "Me pusieron además hiel

---

50 Tertuliano juega con las palabras *Cristo, Mesías, Ungido.*

51 Cf. 1º R. 1:39: "Y tomando Sadoc sacerdote el cuerno del aceite del tabernáculo, ungió a Salomón; y tocaron trompeta, y dijo todo el pueblo: ¡Viva el rey Salomón!".

por comida, y en mi sed me dieron a beber vinagre" (Sal. 69:21). David no padeció ninguna de estas cosas, según se deduce de lo que está escrito sobre él, pero sí el Cristo que fue crucificado. Además, las manos y los pies no son dislocados y horadados, sino de quien es suspendido de un "árbol".

Porque en otro lugar, también dice David: "El Señor reina *en un árbol*" (Sal. 96:10).[52] El profeta también predice la fruta de este "árbol", diciendo: "La tierra dará su fruto" (Sal. 67:6), desde luego, la tierra virgen, todavía no irrigada con agua, ni fertilizada con lluvia, de la que se formó el hombre en el principio, y de la que ahora Cristo ha nacido de una virgen, según la carne. Y el árbol (*lignum*) dice: "llevarán su fruto" (Jl. 2:22), no el "árbol" del paraíso que dio muerte al protoplasto, sino el "árbol" de la pasión de Cristo, donde cuelga la vida, ¡que vosotros no habéis creído!

Porque este "árbol" fue en misterio (*sacramentum*) el que en tiempos antiguos de Moisés endulzó el agua amarga de la que bebió el pueblo que desfallecía de sed en el desierto y revivió (Éx. 15:22-26), igual que hacemos nosotros que, sacados de las calamidades del siglo (*saeculi*), en el que perecíamos de sed (esto es, privados de la palabra divina), al beber por fe en Él, el agua bautismal del "árbol" de la pasión de Cristo nos reaviva; fe de la que Israel ha caído, como estaba predicho por Jeremías, que dice: "Considerad cuidadosamente, y ved si se ha hecho cosa semejante a ésta: Si alguna gente ha mudado sus dioses, bien que ellos no son dioses. Pero mi pueblo ha trocado su gloria por lo que no aprovecha. Espantaos, cielos, sobre esto, y horrorizaos; desolaos en gran manera, dijo el Señor" (Jer. 2:10-12). ¿Y cuándo se espantó y se horrorizó? Indudablemente cuando Cristo sufrió. "Haré que se ponga el sol al mediodía, y la tierra cubriré de tinieblas en el día claro" (Am. 8:9). ¿Y cuándo se cubrió de tinieblas, sino cuando la tierra también tembló y el velo del templo se rasgó por la mitad?[53]

"Porque dos males ha hecho mi pueblo: dejáronme a mí, fuente de agua viva, por cavar para sí cisternas, cis-

Este "árbol" fue en misterio (*sacramentum*) el que en tiempos antiguos de Moisés endulzó el agua amarga de la que bebió el pueblo que desfallecía de sed en el desierto y revivió, igual que hacemos nosotros que, sacados de las calamidades del siglo (*saeculi*), en el que perecíamos de sed (esto es, privados de la palabra divina), al beber por fe en Él, el agua bautismal del "árbol" de la pasión de Cristo nos reaviva.

---

[52] La expresión "en un árbol" (*a ligno*) no aparece en el texto, como dijimos anteriormente, cap. X.

[53] Mateo 27:45, 50-52; Marcos 15:33, 37, 38; Lucas 23:44, 45.

ternas rotas que no detienen aguas" (Jer. 2:13). Indudablemente, al no recibir a Cristo, la fuente de agua de vida, han cavado para sí cisternas rotas, es decir, sinagogas para usar en la dispersión (*diaspora*) de los gentiles,[54] en las que el Espíritu Santo no permanece, como en los días pasados cuando estaba en el templo antes de la venida de Cristo, que es el verdadero templo de Dios.

Que los judíos iban a sufrir esta sed del Espíritu Divino, lo dijo el profeta Isaías: "Por tanto así dijo el Señor: He aquí que mis siervos comerán, y vosotros tendréis hambre; he aquí que mis siervos beberán, y vosotros tendréis sed; he aquí que mis siervos se alegrarán, y vosotros seréis avergonzados; he aquí que mis siervos cantarán por júbilo del corazón, y vosotros clamaréis por el dolor del corazón, y por el quebrantamiento de espíritu aullaréis. Y dejaréis vuestro nombre por maldición a mis escogidos, y el Señor Dios te matará; y a sus siervos llamará por otro nombre, que será bendito en la tierra" (Is. 65:13-16).

En cuanto al misterio del "árbol" (*hujus ligni sacramentum*), leemos que también se celebra en el libro de los Reyes, cuando se habla de los hijos de los profetas y de Eliseo: "Los hijos de los profetas dijeron a Eliseo: He aquí, el lugar en que moramos contigo nos es estrecho. Vamos ahora al Jordán, y tomemos de allí cada uno una viga, y hagámonos allí lugar en que habitemos. Y él dijo: Andad. Y dijo uno: Te rogamos que quieras venir con tus siervos. Y él respondió: Yo iré. Se fue pues con ellos; y como llegaron al Jordán, cortaron la madera. Y aconteció que derribando uno un árbol, se le cayó el hacha en el agua; y dio voces, diciendo: ¡Ah, señor mío, que era prestada! Y el varón de Dios dijo: ¿Dónde cayó? Y él le mostró el lugar. Entonces cortó él un palo, y lo echó allí; e hizo nadar el hierro. Y dijo: Tómalo. Y él tendió la mano, y lo tomó" (1° R. 6:1-7). De aquí entendieron que el espíritu de Elías fue conferido a él en ese momento.

En cuanto al misterio del "árbol" (*hujus ligni sacramentum*), leemos que también se celebra en el libro de los Reyes, cuando se habla de los hijos de los profetas y de Eliseo.

¿Qué es más manifiesto que el misterio (*sacramento*) de esa "madera" cortada, que la obstinación de este mundo hundida en la profundidad de error, es liberada en el bautismo por "la madera" de Cristo, es decir, de su pasión? Así, lo que antes había perecido por el "árbol" de

¿Qué es más manifiesto que el misterio (*sacramento*) de esa "madera" cortada, que la obstinación de este mundo hundida en la profundidad de error, es liberada en el bautismo por "la madera" de Cristo, es decir, de su pasión?

---

[54] Cf. 1ª Pedro 1:1: "Pedro, apóstol de Jesucristo, a los extranjeros *esparcidos* en Ponto, en Galacia, en Capadocia, en Asia, y en Bitinia".

Adán, sería restaurado por el "árbol" de Cristo,[55] mientras que nosotros, que hemos ocupado el lugar de los hijos de los profetas, actualmente recibimos del mundo ese tratamiento que los profetas siempre han sufrido por causa de su divina religión, porque algunos son apedreados; otros, desterrados y muchos más entregados a una carnicería mortal, un hecho que no se puede negar.

Este "leño", lo decimos de nuevo, fue llevado por Isaac, hijo de Abraham, para su propio sacrificio, cuando Dios ordenó que fuera sacrificado. Pero, ya que todo esto eran misterios (*sacramenta*), guardados hasta su cumplimiento perfecto en los días de Cristo, Isaac y su "leño", por un lado, fue reservado, ofreciéndose en su lugar el carnero atrapado por los cuernos en una zarza (Gn. 22:1-14); Cristo, por otro lado, llevó su "leño" sobre sus hombros, clavado a los cuernos de la cruz, con una corona de espinas rodeando su cabeza. Porque convenía que fuera sacrificado por los gentiles, "como cordero fue llevado al matadero; y como oveja delante de sus trasquiladores, enmudeció, y no abrió su boca –ya que cuando Pilato le interrogó no dijo nada–.[56] De la cárcel y del juicio fue quitado; y su generación ¿quién la contará? –ningún ser humano fue consciente de la natividad de Cristo en su concepción cuando la virgen María quedó embarazada por la palabra de Dios–. Porque cortado fue de la tierra de los vivientes; por la rebelión de mi pueblo fue herido" (Is. 53:7, 8).

El destino de los judíos y el rechazo de Cristo

¿Por qué después de su resurrección de los muertos, al tercer día, fue recibido en el cielo? Fue conforme a la profecía de Oseas, que decía: "Él arrebató, y nos curará; hirió, y nos vendará. Nos dará vida después de dos días; al tercer día nos resucitará y viviremos delante de él" (Os. 6:1, 2). Aquí tenemos su gloriosa resurrección y vuelta al cielo, de donde el Espíritu Santo vino a la Virgen

¿Por qué después de su resurrección de los muertos, al tercer día, fue recibido en el cielo? Fue conforme a la profecía de Oseas, que decía: "Él arrebató, y nos curará; hirió, y nos vendará. Nos dará vida después de dos días; al tercer día nos resucitará y viviremos delante de él". Aquí tenemos su gloriosa resurrección y vuelta al cielo, de donde el Espíritu Santo vino a la Virgen.

[55] Anselmo utiliza un argumento parecido en su *Cur Deus Homo?* (¿Por qué Dios se hizo hombre?) I, 1, 3, de próxima publicación en esta colección.

[56] Mateo 27:11-14; Marcos 15:1-5; Juan 19:8-12.

(Lc. 1:3). Nacimiento y pasión que los judíos no lograron reconocer.

Por lo tanto, ya que los judíos todavía mantienen que el Cristo no ha venido, lo que nosotros hemos refutado de muchas maneras, dejemos que los judíos reconozcan su propio destino, un destino que les fue constantemente anunciado como un hecho, debido a la injusticia y desprecio con la que mataron al Cristo. Porque, según el dicho de Isaías, en "aquel día arrojará el hombre, a los topos y murciélagos, sus ídolos de plata y sus ídolos de oro, que le hicieron para que adorase" (Is. 2:20), es decir, desde el día que nosotros, los gentiles, con nuestro pecho doblemente iluminados por la verdad de Cristo, dejemos que los judíos lo vean, arrojamos nuestros ídolos.

Por lo tanto, ya que los judíos aún mantienen que el Cristo no ha venido, lo que nosotros hemos refutado de muchas maneras, dejemos que los judíos reconozcan su propio destino, un destino que les fue constantemente anunciado como un hecho, debido a la injusticia y desprecio con la que mataron al Cristo. Porque, según el dicho de Isaías, en "aquel día arrojará el hombre, a los topos y murciélagos, sus ídolos de plata y sus ídolos de oro, que le hicieron para que adorase"

Lo que sigue se ha cumplido de la misma manera: "Porque he aquí que el Señor de los ejércitos quita de Jerusalén y de Judá el sustentador y el fuerte, todo sustento de pan y todo socorro de agua; el valiente y el hombre de guerra, el juez y el profeta, el adivino y el anciano; el capitán de cincuenta, y el hombre de respeto, y el consejero, y el artífice excelente, y el hábil orador" (Is. 3:1-3). Artífice que construye la Iglesia, el templo de Dios, la ciudad santa y la casa del Señor. Porque desde entonces la gracia ha desistido de trabajar entre ellos.

"Aun a las nubes mandaré que no derramen lluvia sobre la viña" (Is. 5:6), las nubes, que son beneficios celestiales, aquí reciben la orden de no acercarse a Israel, porque "esperaba que llevase uvas, y llevó uvas silvestres" (vv. 2, 4), "y crecerá el cardo y las espinas" (v. 6), de donde la casa de Israel confeccionó la corona para Cristo. "Esperaba juicio, y he aquí vileza; justicia, y he aquí clamor" (v. 7), el clamor que pedía que fuese entregado a la cruz.[57] Así, al ser quitados los anteriores dones de gracia "la ley y los profetas fueron hasta Juan" (Mt. 11:13; Lc. 16:16); y la piscina de Betsaida hasta el advenimiento de Cristo (Jn. 5:1-9), desde entonces ha dejado de removerse curativamente para quitar las enfermedades de Israel. Desde entonces, como resultado de su perseverancia en su locura, el nombre del Señor fue por ellos blasfemado, como está escrito: "Continuamente es blasfemado mi

[57] Mateo 27:20-25; Marcos 15:8-15, Lucas 23:13-25; Juan 19:12-16.

nombre todo el día" entre los gentiles (Is. 52:5; Ez. 36:20, 23; Ro. 2:24).

Porque es de ellos que la infamia, unida a ese nombre, comenzó a ser propagada durante el intervalo de tiempo entre Tiberio y Vespasiano. Y porque cometieron estos crímenes, y fallaron en encontrar al Cristo que debía ser hallado,[58] en el "tiempo de su visitación" (Lc. 19:41-44), su tierra se ha hecho desierta y "vuestras ciudades puestas a fuego, vuestra región delante de vosotros comida de extranjeros, y asolada como asolamiento de extraños. Y queda la hija de Sion como choza en viña, y como cabaña en melonar, como ciudad asolada" (Is. 1:7-8); a saber, desde el día que Israel no conoció a su Señor, y "provocaron a ira al Santo de Israel" (v. 4). Del mismo modo, encontramos una amenaza condicional de la espada: "Si no quisiereis y fuereis rebeldes, seréis consumidos a espada" (Is. 1:20). De donde demostramos que la espada era Cristo, por no escuchar al cual perecieron. Quien, de nuevo, en el Salmo, pide del Padre su dispersión, diciendo: "Hazlos vagar con tu fortaleza, y abátelos" (Sal. 59:11). El que en Isaías ora: "He aquí que todos vosotros encendéis fuego, y estáis cercados de centellas; andad a la luz de vuestro fuego, y a las centellas que encendisteis. De mi mano os vendrá esto; en dolor seréis sepultados" (Is. 50:11).

Fue predicho que los judíos sufrirían tales calamidades por su rechazo de Cristo, y que encontramos que las han sufrido de hecho, y les vemos enviados a la dispersión en la que se encuentran, es manifiesto que estas cosas les han sobrevenido por causa de su incredulidad en Cristo. El sentido de las Escrituras armoniza con estos eventos y con este orden de cosas.

Ya que fue predicho que los judíos sufrirían tales calamidades por su rechazo de Cristo, y que encontramos que las han sufrido de hecho, y les vemos enviados a la dispersión en la que se encuentran, es manifiesto que estas cosas les han sobrevenido por causa de su incredulidad en Cristo. El sentido de las Escrituras armoniza con estos eventos y con este orden de cosas.

Más aún, si Cristo no ha venido todavía, ¿en base a qué se predijo que estaban destinados a sufrir, si cuando Él viniera sucedería que ellos iban a sufrir?

Más aún, si Cristo no ha venido todavía, ¿en base a qué se predijo que estaban destinados a sufrir, si cuando Él viniera sucedería que ellos iban a sufrir? ¿Dónde estará entonces la hija de Sion para ser abandonada, si ahora ya no tiene existencia? ¿Dónde las ciudades para ser quemadas, las cuales ya están incendiadas y en ruinas? ¿Dónde la dispersión de la raza que está ahora en el exilio? Restaura a Judea a la condición que el Cristo debe encontrar y entonces afirma que ha de venir algún otro Cristo.

[58] Cf. "Buscad al Señor mientras puede ser hallado, llamadle en tanto que está cercano" (Is. 55:6).

14

Las dos venidas de Cristo

Afirmamos dos caracteres de Cristo demostrados por los profetas, así como dos advenimientos predichos: uno en humildad, el primero, desde luego; cuando "como cordero fue llevado al matadero; y como oveja delante de sus trasquiladores, enmudeció, y no abrió su boca". Estas características de vileza corresponden al Primer Adviento, así como las de sublimidad al Segundo.

Aprende ahora la clave de tu error sobre la cuestión que venimos considerando. Afirmamos dos caracteres de Cristo demostrados por los profetas, así como dos advenimientos predichos: uno en humildad, el primero, desde luego; cuando "como cordero fue llevado al matadero; y como oveja delante de sus trasquiladores, enmudeció, y no abrió su boca" (Is. 53:7); y de su aspecto dice el profeta: "No hay parecer en él, ni hermosura; verlo hemos, mas sin atractivo para que le deseemos. Despreciado y desechado entre los hombres, varón de dolores, experimentado en quebranto; y como que escondimos de él el rostro, fue menospreciado, y no lo estimamos" (vv. 3, 4). Puesto por el Padre como una "piedra de tropiezo",[59] "hecho poco menor que los ángeles" (Sal. 7:5; He. 2:5-9); dice de sí mismo ser "gusano y hombre, oprobio de los hombres, y desecho del pueblo" (Sal. 22:6). Estas características de vileza corresponden al Primer Adviento, así como las de sublimidad al Segundo.

Entonces ya no será roca de tropiezo, ni piedra de escándalo, sino la "roca angular",[60] que después de su reprobación en la tierra fue tomada arriba en el cielo con el objeto de consumar todo. "Roca" que leemos en Daniel, según debemos admitir, fue cortada de un monte, la cual hirió y desmenuzó los reinos de este mundo" (Dn. cap. 2).

De este segundo advenimiento de Cristo, Daniel ha dicho: "Miraba yo en la visión de la noche, y he aquí en las nubes del cielo como un hijo de hombre que venía, y llegó hasta el Anciano de grande edad, e hiciéronle llegar delante de él. Y le fue dado señorío, y gloria, y reino; y todos los pueblos, naciones y lenguas le sirvieron; su

---

[59] Cf. Is. 8:14 "Entonces él será por santuario; mas a las dos casas de Israel por piedra para tropezar, y por tropezadero para caer, y por lazo y por red al morador de Jerusalén". Ro. 9:32-33; Sal. 22; 1ª P. 2:4-5.

[60] "Por tanto, el Señor dice así: He aquí que yo fundo en Sion una piedra, piedra de fortaleza, de esquina, de precio, de cimiento estable" (Is. 28:16). "Edificados sobre el fundamento de los apóstoles y profetas, siendo la principal piedra del ángulo Jesucristo mismo" (Ef. 2:20).

señorío, señorío eterno, que no será transitorio, y su reino que no se corromperá" (Dn. 7:13, 14). Sin duda que tiene aire honorable, y una gracia no "más deficiente que la de los hijos de los hombres", porque resplandecerá de belleza en comparación con ellos. "Lo coronaste de gloria y de lustre. Lo hiciste enseñorear de las obras de tus manos" (Sal. 8:5-6; cf. He. 2:6-9). "Cíñete tu espada sobre el muslo, oh valiente, con tu gloria y con tu majestad" (Sal. 45:3).

El Padre, después de hacerle poco menor que a los ángeles, "lo coronó de gloria y honor, sujetando todo bajo sus pies" (Sal. 8:8). Entonces, "mirarán a mí, a quien traspasaron, y harán llanto sobre él, como llanto sobre unigénito, afligiéndose sobre él como quien se aflige sobre primogénito" (Zac. 12:10); desde luego, porque en días pasados no le conocieron en su condición de humildad humana. Jeremías dice: "Es un ser humano, ¿quién le conocerá?" (Jer. 17:9).[61] Porque de su natividad, dice Isaías: "¿quién lo declarará?"

También, Zacarías, en el mismo misterio (*sacramento*) del nombre Josué, el verdadero Sacerdote del Padre, su propio Cristo, es delineado con doble traje, en referencia a los dos Advenimientos. Primero fue vestido con ropaje vil, es decir, en la indignidad de la carne mortal y pasajera, cuando el diablo se le opuso tras el bautismo e instigó al traidor Judas. Después fue vestido con ropa de gala, "y pusieron una mitra limpia sobre su cabeza, y vistiéronle de ropas", es decir, del Segundo Adviento, pues demostró haber obtenido "gloria y honor".

Así también, Zacarías, en el mismo misterio (*sacramento*) del nombre Josué, el verdadero Sacerdote del Padre, su propio Cristo, es delineado con doble traje, en referencia a los dos Advenimientos. Primero fue vestido con ropaje vil (Zac. 3:3, 4), es decir, en la indignidad de la carne mortal y pasajera, cuando el diablo se le opuso después del bautismo e instigó al traidor Judas (Jn. 6:70). Después fue vestido con ropa de gala, "y pusieron una mitra limpia sobre su cabeza, y vistiéronle de ropas" (Zac. 3:5), es decir, del Segundo Adviento, ya que demostró haber obtenido "gloria y honor".

Tampoco podrás decirme que el hombre allí representado es el "hijo de Josadac", quien nunca se vistió con ropas viles, sino que siempre estuvo adornado con la ropa sacerdotal, ni nunca fue privado de la función sacerdotal. Pero el "Jesús" –o Josué– allí aludido es Cristo, el Sacerdote de Dios Padre; el que en su Primer Advenimiento vino en humildad, en forma humana, y pasible, hasta el período de su pasión; siendo hecho Él mismo, en todas las etapas de su sufrimiento, una víctima por todos nosotros; el que después de su resurrección ha sido vestido de una

[61] "Engañoso es el corazón más que todas las cosas, y perverso; ¿quién lo conocerá?" (Jer. 17:9 RV).

Puesto que los vaticinios del Primer Adviento está oscurecido con figuras diversas, y cargado con toda deshonra, mientras que el segundo, predicho de modo manifiesto y totalmente digno de Dios, ha ocurrido que al fijarse en uno sólo, que ellos podían entender y creer fácilmente, esto es, el Segundo, que es en honor y gloria, ellos han sido engañados, no inmerecidamente, en cuanto a los eventos más oscuros y más indignos, esto es, el Primero. Y así, hasta hoy, ellos afirman que su Cristo no ha venido, porque Él no ha venido en majestad; así ignoran el hecho de que primero había de venir en humildad.

ropa que le llega hasta los pies (cf. Ap. 1:13), y llamado Sacerdote de Dios el Padre para la eternidad.[62]

En cuanto a la interpretación de los dos becerros ofrecidos habitualmente en el día del ayuno (cf. Lv. cap. 16), ¿no indican ellos también las etapas sucesivas del carácter de Cristo que ya ha venido? Por una parte, un par similar,[63] debido a la identidad de la apariencia general del Señor, puesto que Él no vendrá en otra forma, ya que tiene que ser reconocido por aquellos que una vez le hirieron. Pero uno de ellos, tocado con escarlata, en medio la maldición y el rechazo universal era enviado fuera por el pueblo, lejos de la ciudad en la perdición, marcado con las señales manifiestas de la pasión de Cristo; quien, después de ser vestido con una túnica escarlata, y sometido al universal escarnio, fue escupido y afligido con todas las afrentas, y crucificado fuera la ciudad.

El otro becerro, sin embargo, ofrecido para expiar los pecados, y dado como alimento a los sacerdotes del templo, dio señales evidentes de la segunda aparición, en la medida en que, después de la expiación de los pecados, los sacerdotes del templo espiritual, esto es, la Iglesia, debían disfrutar una distribución pública de la gracia del Señor, mientras los demás ayunaban de la salvación.

Puesto que los vaticinios del Primer Adviento está obscurecido con figuras diversas, y cargado con toda deshonra, mientras que el segundo, predicho de modo manifiesto y totalmente digno de Dios, ha ocurrido que al fijarse en uno sólo, que ellos podían entender y creer fácilmente, esto es, el Segundo, que es en honor y gloria, ellos han sido engañados, no inmerecidamente, en cuanto a los eventos más oscuros y más indignos, esto es, el Primero. Y así, hasta el momento presente, ellos afirman que su Cristo no ha venido, porque Él no ha venido en majestad; así ignoran el hecho de que primero había de venir en humildad.

Bueno, bastante es, mientras tanto, haber seguido hasta aquí el curso de la corriente del orden de Cristo, por

---

[62] Cf. Salmo 110:4: "Juró Jehová, y no se arrepentirá: Tú eres sacerdote para siempre según el orden de Melquisedec". Comp. Hebreos 5:5-10.

[63] "Después tomará dos machos cabríos y los presentará delante del Señor" (Lv. 6:8).

el cual queda demostrado que fue constantemente anunciado, para que, como consecuencia de esta armonía de las Escrituras divinas, nosotros podamos entender que todos los acontecimientos predichos que iban a ocurrir después de Cristo, pueda creerse que se han realizado conforme a la disposición del plan divino.

Por tanto, si tú ves las naciones del mundo emergiendo de la profundidad del error humano hacia Dios el Creador y su Cristo, lo que no puedes atreverte a negar que haya sido profetizado, según la promesa que dice: "Mi hijo eres tú; Yo te engendré hoy. Pídeme, y te daré por heredad las gentes, y por posesión tuya los términos de la tierra" (Sal. 2:7, 8).

Tampoco será capaz de justificar que el sujeto de aquella predicción fue el hijo de David, Salomón, en lugar de Cristo, el Hijo del Dios; ni "los términos de la tierra", como prometidos al hijo de David, que reinó dentro de los límites de tierra de Judea solamente, sino a Cristo, el Hijo de Dios, que ya ha iluminado el mundo entero con los rayos de su evangelio.

En resumen y una vez más: "Tu trono, eterno y para siempre (Sal. 45:6; cf. He. 1:8), es más apropiado a Cristo, el Hijo del Dios, que a Salomón, el rey temporal que reinó sobre Israel solamente. Porque actualmente todas las naciones invocan al Cristo que no conocieron; y mucha gente acude al cuerpo de Cristo, que ignoraban en otros tiempos.[64] No puedes afirmar que esto ocurrirá en el futuro, a no ser que niegues que estos eventos han sido profetizados, los cuales puedes ver delante de tus ojos. O que creas que se han cumplido al mismo tiempo que los lees. Una y otra posición llevan a afirmar que todo lo que se ha profetizado se ha cumplido en Él.

En resumen y una vez más: "Tu trono, eterno y para siempre es más apropiado a Cristo, el Hijo del Dios, que a Salomón, el rey temporal que reinó sobre Israel solamente. Porque actualmente todas las naciones invocan al Cristo que no conocieron; y mucha gente acude al cuerpo de Cristo, que ignoraban en otros tiempos". No puedes afirmar que esto ocurrirá en el futuro, a no ser que niegues que estos eventos han sido profetizados, los cuales puedes ver delante de tus ojos.

---

[64] Cf. Is. 55:4-5: "He aquí, que yo lo di por testigo a los pueblos, por jefe y por maestro a las naciones. He aquí, llamarás a gente que no conociste, y gentes que no te conocieron correrán a ti; por causa de Jehová tu Dios, y del Santo de Israel que te ha honrado".

Índice de conceptos teológicos

Títulos de la colección Patrística

Obras escogidas de Agustín de Hipona Tomo I
La verdadera religión
La utilidad de creer
El Enquiridion

Obras escogidas de Agustín de Hipona Tomo II
Confesiones

Obras escogidas de Agustín de Hipona Tomo III
La ciudad de Dios

Obras escogidas de Clemente de Alejandría
El Pedagogo

Obras escogidas de Ireneo de Lyon
Contra las herejías
Demostración de la enseñanza apostólica

Obras escogidas de Juan Crisóstomo
La dignidad del ministerio
Sermón del Monte. Salmos de David

Obras escogidas de Justino Mártir
Apologías y su diálogo con el judío Trifón

Obras escogidas de los Padres Apostólicos
Didaché
Cartas de Clemente. Cartas de Ignacio Mártir. Carta y Martirio de Policarpo. Carta de Bernabé. Carta a Diogneto. Fragmentos de Papías. Pastor de Hermas

Obras escogidas de Orígenes
Tratado de los principios

Obras escogidas de Tertuliano
Apología contra gentiles. Exhortación a los Mártires. Virtud de la Paciencia. La oración cristiana. La respuesta a los judíos.

Printed in the USA
CPSIA information can be obtained
at www.ICGtesting.com
JSHW010952280424
62064JS00004B/16

9 788494 452727